Monika Rennert

Co-Abhängigkeit

Was Sucht für die Familie bedeutet

Monika Rennert

Co-Abhängigkeit

Was Sucht für die Familie bedeutet

Lambertus

CIP-Titelaufnahme der Deutschen Bibliothek

Rennert, Monika:
Co-Abhängigkeit: Was Sucht für die Familie
bedeutet / Monika Rennert. – 2., unveränd. Aufl.
– Freiburg im Breisgau: Lambertus, 1990
ISBN 3-7841-0443-6

2., unveränderte Auflage 1990

© 1989, Lambertus-Verlag, Freiburg im Breisgau
Umschlaggestaltung: Christa Berger, Solingen
Umschlagfoto: Christoph Maas, Solingen
Herstellung: Druckerei F. X. Stückle, Ettenheim
ISBN 3-7841-0443-6

Inhalt

Vorbemerkung

„Machen Sie sich bitte nicht verrückt, wenn Professionelle von ‚dysfunktionalen Familien‘ sprechen! Hat nicht in der ersten Familie, von der uns die Bibel berichtet, Kain seinen Bruder Abel erschlagen?“: Mit diesen Worten eröffnete Nell Taylor, betroffene Mutter, Familientherapeutin und Leiterin des Familienprogramms im amerikanischen Glenbeigh Adolescent Hospital, vor einigen Jahren einen Informationsabend für Angehörige von drogenabhängigen Jugendlichen. Abgesehen von der eigenwilligen Inanspruchnahme des Alten Testaments, traf ihre Provokation ein Unbehagen, das ich bei meiner Arbeit in der Bundesrepublik schon seit längerem verspürt hatte. So wird in der Suchtkrankenhilfe bei uns auf der einen Seite geradezu demonstrativ erklärt, „Suchtkranke kommen aus ganz normalen Familien“, aber andererseits wird immer wieder von Drogenabhängigen als „Symptomträgern dysfunktionaler Familien“ gesprochen sowie von machthungrigen Müttern und Ehefrauen, die ihrerseits anscheinend einen suchtkranken Menschen brauchen, – und ihn vielleicht sogar in die Abhängigkeit von Alkohol oder anderen Drogen getrieben haben ...

Die im folgenden vorgestellten Sichtweisen von „Co-Abhängigkeit“ der Angehörigen von Suchtkranken, die ich zuerst in den USA kennengelernt habe, haben meine praktische Arbeit neu orientiert und dazu beigetragen, die Kluft zwischen den „Professionellen in der Suchtkrankenhilfe“ und den Betroffenen zu überbrücken.

An dieser Stelle möchte ich zunächst den Müttern, Vätern, „Kindern“ aller Altersstufen, Geschwistern und Lebenspartnerinnen der Suchtkranken danken, von denen ich in der gemeinsamen Arbeit gelernt habe. Für lange Diskussionen und hilfreiche Kritik danke ich Christa Appel, Elvira Eyrich und Berthold Kilian, für ihre Geduld, ihre moralische Unterstützung, sowie insbesondere für die Hilfe beim „Kampf um die Kontrolle“ der technischen Probleme Ulla Heling und Bernhard Schulte.

Im Hinblick darauf, daß sich die meisten vorliegenden Untersuchungen und Beschreibungen von Suchtkrankheit auf männliche Alkohol- bzw. Drogenabhängige beziehen, übernehme ich für die allgemeine Darstellung auch den vorherrschenden Sprachgebrauch und rede von „dem Suchtkranken“. Die dargestellte Dynamik von Sucht- und Co-Abhängigkeit kann sich in ihren wesentlichen Zügen auch dann entwickeln, wenn die suchtkranke Person weiblichen Geschlechts ist.

Damit soll auf keinen Fall der Eindruck erweckt werden, daß es keine geschlechtsspezifischen Unterschiede im Verhalten von Süchtigen und Co-Abhängigen gäbe – ich denke dabei vor allem an sexuellen Mißbrauch sowie an Gewalttätigkeiten, die vorwiegend gegen Mädchen und Frauen gerichtet sind.

Sämtliche nicht anders gekennzeichneten Übersetzungen amerikanischer Texte stammen von mir. Zitate, die nicht eigens belegt sind, sind Äußerungen von Betroffenen im Rahmen meiner praktischen Arbeit – im Elternkreis, in Einzel- oder Familiengesprächen. Bei der Darstellung der Lebenssituation der Klientinnen habe ich Daten, die zu einer Identifizierung beitragen könnten, weggelassen oder geändert.

1 Vorstellung der Betroffenen — Sucht aus systemischer Sicht

Es geht um die Frage, wie Angehörige von Alkohol- bzw. Drogenabhängigen durch die Sucht betroffen sind und in die Arbeit einer Jugend- und Drogenberatung einbezogen werden können. Nach den Richtlinien des „Hessischen Programms zur Bekämpfung des Drogenmißbrauchs" bestehen die Aufgaben einer Jugend- und Drogenberatung in Vorbeugung und Beratung, in der Gewährung von Hilfe, in der Vermittlung von Hilfen einschließlich stationärer Behandlung und in der Nachsorge für „psychisch und physisch und sozial gefährdete und geschädigte junge Menschen, insbesondere für Suchtgefährdete und Abhängige". Die Einbeziehung der Familie wird erst in einem Unterpunkt als „je nach Lage des Einzelfalls" notwendiger Schritt angeführt (Hessisches Programm zur Bekämpfung des Drogenmißbrauchs 1983, 46). Meine mittlerweile zehnjährige Tätigkeit in einer solchen Beratungsstelle gab mir jedoch genügend Gelegenheit, zu der festen Überzeugung zu gelangen, daß die Einbeziehung der Familie nicht den Einzel-, sondern den Regelfall darstellen sollte. Ich habe beobachtet, daß Personen, die eng mit Suchtkranken befreundet sind oder mit ihnen zusammenleben, selbst in ganz spezifischer Weise von der Sucht betroffen werden, — und zwar unabhängig davon, ob es sich bei der konsumierten Droge um Alkohol, Tabletten oder illegale Mittel handelt. Um dies zu illustrieren, möchte ich zunächst einige der Betroffenen vorstellen.
Herr A, 50 Jahre, Vater eines langjährig Drogenabhängigen, sagt in der Elterngruppe: „Ich habe Depressionen. Ich weiß nicht, ob das Leben überhaupt noch einen Sinn hat. Auf der Arbeit merke ich, daß ich mich nur mit Mühe konzentrieren kann. Ich habe schon öfters Fehler gemacht, die ich früher nie gemacht hätte. Ich frage mich immer wieder, wozu das alles..." Frau D, 23 Jahre, ist tablettenabhängig. Sie hat Depressionen, Angstzustände, traut sich nicht alleine aus der Wohnung. Sie ist überzeugt davon, im Grunde nichts wert zu sein. Ihre Eltern sind vor vier Jahren gestorben, beide waren alkoholsüchtig. Frau C, 24 Jahre, ist die Schwester eines Heroinabhängigen, für den sie eine Therapie sucht. Sie hat das Gefühl, daß sie selbst auch Hilfe braucht. Sie rackert sich für andere ab und fühlt sich für ihre Familienangehörigen verantwortlich. Obwohl sie davon überzeugt ist, daß ihre Anstrengungen nicht gewürdigt werden, leidet sie

unter starken Schuldgefühlen, wenn sie einmal etwas für sich tun will. Frau F, 26 Jahre, ist seit zehn Jahren eß- und brechsüchtig. Sie ist zwanghaft überverantwortlich, gewissenhaft und genau. Sie meidet jeglichen privaten Kontakt mit Männern, obwohl sie gerne von einer eigenen Familie träumt. Sie ist aber überzeugt davon, häßlich und nicht liebenswert zu sein. Frau F ist in einer Familie mit einem alkoholkranken Vater großgeworden.

Frau E, 22, kommt wegen Angstzuständen zur Beratung. Sie hat manchmal das Gefühl, „nicht richtig da zu sein" und kann erst durch Körperkontakt zurückgeholt werden. Sie kann „sich selbst nicht richtig trauen"; sie braucht andere, die ihr bestätigen, daß sie da sein darf. Da sein darf sie, wenn sie für andere sorgt. Frau E studiert Sozialpädagogik. Sie sagt, sie komme aus einer ganz normalen Familie. Im Laufe der Therapie stellt sich heraus, daß ihre Schwester seit Jahren Drogen nimmt und inzwischen davon abhängig ist. Frau O, 36 Jahre, ist sozial fast völlig isoliert. Sie hat niemanden, mit dem sie reden kann. Dabei ist sie „völlig fertig mit den Nerven", raucht eine Zigarette nach der anderen und ist stark abgemagert. Zuhause muß sie dauernd ihren Mann im Auge behalten, der von Aufputschmitteln und Kokain abhängig ist. Er hat sie schon wiederholt bedroht und geschlagen; sie ist ständig in „Hab-Acht-Position". Sie fragt sich, ob sie daran schuld ist, daß er Drogen nimmt. Frau O berichtet, daß sie als Kind von ihrem Vater häufig geschlagen wurde.

Als Herr G, 46 Jahre, wegen seines drogenabhängigen Sohnes zur Beratungsstelle kam, erzählte er, er selbst habe psychosomatische Beschwerden, vor allem der Magen mache Probleme. Nachdem der Sohn inzwischen drogenfrei lebt, stellt die Familie fest, daß Herr G Alkoholiker ist. Frau H, 48 Jahre, befürchtet, daß ihre Ehe in die Brüche geht. Die Tochter ist heroinabhängig, und sie selbst hat immer mehr Probleme, sich mit ihrem Mann auf eine Linie im Verhalten der Tochter gegenüber zu einigen. Frau H glaubt, vieles verkehrt gemacht zu haben. Nachts liegt sie grübelnd im Bett und kann nicht schlafen. Ihr Mann hat sich in verschiedenen Vereinen engagiert und ist kaum noch zuhause. Der Arzt hat ihr Valium verschrieben.

Allen genannten Personen ist es gemeinsam, daß sie eine Zeitlang mit einem suchtkranken Menschen zusammenlebten bzw. eine enge Beziehung zu ihm hatten oder noch haben. Alle empfinden sich selbst als seelisch, körperlich oder sogar geistig krank und hilfsbedürftig. Im Gegensatz zu den sogenannten Drogentoten stellen die von der Sucht betroffenen Angehörigen ein wesentlich weniger spektakuläres Thema dar. Das öffentliche Desinteresse betrifft sowohl die Frauen und Kinder von Alkoholikern und anderen Suchtkranken als auch die Geschwister von Drogenabhängigen, – lediglich die Eltern von Drogenabhängigen haben sich organisiert und selbst für einen gewissen Informationsstand über den engen Kreis der Betroffenen hinaus gesorgt. Die Fachöffentlichkeit hat zur Zeit noch erstaunlich wenig zu sagen: Die Angehörigen waren bisher nur dann interessant, wenn sie als Boykotteure der Therapie ausfindig gemacht oder als potentielle Urheber des Drogenkonsums des Abhängigen in Betracht gezogen wurden.

In Beratungs- und Behandlungseinrichtungen für Suchtkranke hat sich zwar die Erkenntnis durchgesetzt, daß Angehörige dazu beitragen können, die Sucht aufrechtzuerhalten, und daß sie deshalb in die Arbeit einbezogen werden müssen. Daß diese Angehörigen jedoch mehr sind als nur an der Interaktion mit dem Suchtkranken Beteiligte, daß sie ihrerseits gekränkt werden, wurde bisher bestenfalls als zweitrangig angesehen. Insbesondere durch Fortbildung in Familientherapie vermehrt sich langsam die Zahl der Professionellen, die die Angehörigen als Menschen sehen, die auch individuell von einer Störung (manche reden explizit von einer Krankheit)[1] – der Co-Abhängigkeit – betroffen sind, die möglicherweise sogar einen eigenständigen Verlauf nimmt. Zur Zeit überwiegt in der Praxis jedoch noch eine andere Sichtweise. Nach dem Motto „Die Angehörigen müssen nur lernen, wie sie sich richtig verhalten", tun viele Helfer genau das, was sie den betroffenen Müttern und Ehefrauen zum Vorwurf machen: Sie konzentrieren sich ganz auf den Suchtkranken und darauf, daß dieser aufhören möge, Drogen zu nehmen.

Der Stellenwert, der den Angehörigen und ihrem Schicksal von unserer Gesellschaft und von vielen Fachleuten beigemessen wird, ist treffend in einem Gedicht von Märta Tikkanen[2] geschildert, in dem die Frau des Alkoholikers nach Hilfe für sich und die Kinder sucht, „bevor es auch für uns zu spät ist":

Der Psychiater blätterte bekümmert
in den Adressen der Unfehlbaren
Hier habe ich zwei, sagte er,
die ganz hervorragend sein sollen

Den besten, sagte er,
heben wir uns vorsichtshalber
für Ihren Mann auf
falls er mal Hilfe haben möchte

Aber hier, sagte er freundlich,
ist die Adresse des Nächstbesten
für Sie und die Kinder

Im Gegensatz zur vorherrschenden Praxis in der Bundesrepublik ist es in den USA seit Jahren üblich, Drogenabhängigkeit als „family affair" (Johnson Institute 1979) zu betrachten, als Krankheit, von der die gesamte Familie betroffen ist und die zugleich jedes Familienmitglied in besonderer Weise beeinträchtigt. Daher gehören ganz spezifische Angebote für Angehörige aller Art zum üblichen Programm vieler Beratungs- und Behandlungseinrichtungen. Nachdem ich diese Ansätze zunächst aus Veröffentlichungen kennengelernt hatte, erhielt ich 1985 die Gelegenheit, die amerikanische Sicht- und Arbeitsweise auch in der Praxis zu studieren[3]. Dabei konnte ich mich weiter mit dem Konzept der Co-Abhängigkeit auseinandersetzen und feststellen, daß vieles, was ich in der Einzel- und Gruppenarbeit mit betroffenen Eltern, Geschwistern, Ehefrauen und jugendlichen wie erwachsenen Kindern von Suchtkranken beobachtet hatte, durch dieses Konzept in ein neues Licht gerückt wurde. Ich werde daher die verschiedenen Ansätze zur Therapie der Co-Abhängigkeit vorstellen sowie die praktische Erfahrungen berichten, die ich in der Arbeit damit gesammelt habe.

Unter „Drogen" sollen in diesem Zusammenhang psychoaktive chemische Substanzen verstanden werden, also Alkohol, Aufputsch- und Beruhigungsmittel, Haschisch, Heroin, Kokain und ähnliche Stoffe. Der Begriff der „Drogenabhängigkeit" bezieht sich dabei auf die Qualität der Beziehung der konsumierenden Person zur Droge. Früher war es üblich, Sucht im Zusammenhang mit Symptomen körperlicher Abhängigkeit zu definieren. Aufgrund der Erfahrungen mit Substanzen wie Haschisch und Kokain, bei denen kaum einheitliche körperliche Symptome beim Absetzen der Droge beobachtet werden können, orientiert sich die Definition von Abhängigkeit in dem hier vorgestellten Ansatz an anderen Kriterien. So wird eine Person dann als abhängig betrachtet, wenn ihre Beziehung zur Droge einen zwanghaften Charakter hat, nicht mehr von ihr kontrolliert werden kann, und von ihr weitergeführt wird, obwohl sich negative Konsequenzen ergeben[4].

Die Begriffe „Abhängigkeit" und „Sucht" werden hier synonym gebraucht, ebenso die Begriffe „Droge", „Rauschmittel" und „Suchtmittel". Entsprechend der Definition von Droge werden unter der Bezeichnung „Drogenabhängige" auch Alkoholkranke verstanden. Wenn die Abhängigkeit von einem bestimmten Suchtmittel spezifiziert werden soll, wird explizit darauf hingewiesen oder zum Beispiel von Alkoholismus oder Heroinabhängigkeit gesprochen.

Diese Vorgehensweise orientiert sich an der Praxis in den USA, wo in den letzten Jahren die althergebrachte Trennung zwischen Alkohol-

und Tablettensucht einerseits und Abhängigkeit von illegalen Drogen andererseits durch das weitergefaßte Konzept der „chemical dependency" (Smith 1984; Smith/Milkman/Sunderwirth 1985) aufgehoben wurde. Gleichzeitig berücksichtigt sie damit den Trend in der Bundesrepublik, daß immer mehr Süchtige von mehreren Rauschmitteln zugleich abhängig sind.

In der Praxis der Suchtkrankenhilfe besteht in der Bundesrepublik allerdings noch immer eine Kluft zwischen den Einrichtungen für Alkohol- und Medikamentensüchtige und denen für Drogenabhängige, wobei hier unter Drogenabhängigen Personen verstanden werden, welche überwiegend illegale Drogen benutzen. Zwar ist diese Trennung vor dem Hintergrund der Entstehungsgeschichte der jeweiligen Hilfsdienste verständlich, nachteilig wirkt sich aber darin aus, daß die Erkenntnisse, die in den verschiedenen Arbeitsbereichen gewonnen wurden, bisher noch nicht zu einem übergreifenden Ansatz integriert und für alle Betroffenen nutzbar gemacht worden sind. Mit dem hier vorgestellten Ansatz soll ein Beitrag für diese Integration geleistet werden.

Zur Entstehung von Drogenabhängigkeit gibt es die unterschiedlichsten Erklärungsansätze aus den verschiedenen wissenschaftlichen Disziplinen. Die gegenwärtig vorliegenden Theorien bieten eher ein Bild des Widerspruchs und der Differenz als der Gemeinsamkeit. Andererseits zeigt sich in der praktischen klinischen Arbeit, daß bei Suchtkranken bestimmte Verhaltensmuster und -konsequenzen zuverlässiger identifiziert und vorhergesagt werden können, als sich deren Ursachen bestimmen lassen. Die Arbeit einer Beratungsstelle setzt an eben diesen Konsequenzen des Konsumverhaltens an, und diese Konsequenzen betreffen nicht nur die Süchtigen, sondern auch die, die ihnen nahe stehen. So kommt zum Beispiel die Mutter eines Drogenabhängigen zur Beratung, weil sie den Streß des Zusammenlebens mit ihrem Kind nicht mehr ertragen kann. Ein junger Alkoholiker kommt, weil seine Frau mit Scheidung droht, wenn er nicht mit dem Trinken aufhört. Für die praktische Arbeit, die an diesem Punkt ansetzt, ist es von ganz besonderer Bedeutung zu erkennen und zu verstehen, welche Veränderungen sich aus dem Drogenkonsum in der Beziehung der Betroffenen ergeben haben. Dieser Ansatz entspricht einer familientherapeutischen Sichtweise, die sich an Konzepten der Systemtheorie orientiert. Sie betrachtet die Drogenabhängigkeit nicht als ein individuelles Problem, sondern als ein problematisches Verhalten, das in Interaktion mit anderen Verhaltensweisen steht und das seinerseits von Interaktionen und Veränderungen beeinflußt wird.

15

Daraus ergeben sich drei Thesen. *Erstens*: Sucht ist ein systemischer, also zirkulärer Prozeß: Der Konsum einer psychoaktiven Substanz wirkt sich im Hinblick auf Veränderungs- und Anpassungsprozesse auf vielen systemischen Ebenen aus und wird seinerseits von Reaktionen auf diesen Ebenen beeinflußt. *Zweitens*: Drogenkonsum tritt im Rahmen eines größeren sozialen Kontextes auf. Er wird durch kulturelle Einflüsse geformt und stellt gleichzeitig eine Rückmeldung an diesen sozialen Kontext dar. *Drittens*: Drogenkonsum und Sucht sind multifaktoriell bedingt und schaffen aus sich selbst heraus neue multifaktorielle Bedingungen, die alle beteiligten Systeme betreffen.

Die Systemtheorie urteilt nicht über die Ursachen der Sucht, die vielmehr sowohl als Ursache als auch als Wirkung von systemischen Veränderungen und als ein Prozeß betrachtet wird, der sich während eines längeren Zeitraumes entwickelt. Weiterhin wird angenommen, daß an diesem Prozeß Interaktionen auf verschiedenen Ebenen beteiligt sind. So setzen die physiologischen und psychologischen Wirkungen einer Droge langfristig Veränderungen in Gang, die zum Beispiel die Selbstwahrnehmung der konsumierenden Person und ihre Interaktion beeinflussen. Umgekehrt beeinflußt die Interaktion auch die Art des Drogenkonsums und die Selbstwahrnehmung. Die Abhängigkeit von psychoaktiven Substanzen unterscheidet sich also in einem ganz wesentlichen Aspekt von anderen Problemen, die familientherapeutisch behoben werden sollen: Sie führt ein anderes Element in den Informationskreislauf ein, welches das System beeinflußt. Der Abhängige steht nicht nur in Interaktion und Informationsaustausch mit anderen Personen, sondern er entwickelt auch eine Beziehung zur Droge und erfährt durch deren Konsum Veränderungen in seinem Erleben und Verhalten: So erhält er Rückmeldungen in Form von physiologischen Wirkungen, die angenehme Erfahrungen wie Wärme, Entspannung, Enthemmung und Euphorie mit sich bringen und damit die Information, daß er sich mit diesem Mittel besser fühlen kann. Selbst negative Erfahrungen wirken nach dem Prinzip der intermittierenden Verstärkung und erhöhen damit noch die beschriebene Wirkung. Der Gefühlszustand drogenkonsumierender Personen erfährt daher kontinuierlich Veränderungen durch die zusätzliche Dimension ihrer Beziehung mit einer stimmungsverändernden Substanz, welche als „fiktiver Anderer" (Bateson 1971) wahrgenommen wird, und diese Beziehung entwickelt sich nach eigenen Gesetzmäßigkeiten.

Die übrigen Mitglieder des familiären Systems, um die es hier geht, sind von dieser Entwicklung mitbetroffen – und sie spielen in gewisser Weise auch mit. Das Konzept der Co-Abhängigkeit, wie es hier

16

vorgestellt und verstanden wird, berücksichtigt beides. Da ich bei der Beratung, Therapie und Begleitung Abhängiger und ihres Umfelds immer wieder die im Konzept der Co-Abhängigkeit enthaltenen Erklärungsansätze bestätigt gefunden habe, möchte ich mit der folgenden Darstellung dazu beitragen, daß sich die vorherrschende Einstellung gegenüber Angehörigen von Suchtkranken als Verursacher der Krankheit oder Saboteure der Genesung verändert zugunsten der Wahrnehmung von Menschen, die selbst in einer Situation gefangen sind, welche kränkt und sogar krank machen kann, und auch dazu, daß sowohl die intrapsychische als auch interpersonale Dynamik verstanden wird, die zu dem beobachteten Verhalten der Angehörigen führt, das eine Veränderung behindert; dieses Verständnis soll schließlich in die Entwicklung von Arbeitsansätzen münden, die allen Betroffenen, den Süchtigen wie den Co-Abhängigen, menschliche Wertschätzung und Anerkennung ihrer positiven Seiten entgegen bringen, die es ihnen ermöglichen, sich aus ihren Illusionen, wechselseitigen Verstrickungen, Abwehr- und Anspruchshaltungen zu befreien. Diese neue Sicht- und Arbeitsweise ist Bestandteil einer Entwicklung, die in der Bundesrepublik gerade am Anfang steht.

Anmerkungen

[1] In der amerikanischen Literatur wird in diesem Zusammenhang von Krankheit gesprochen. Da Krankheit in der Bundesrepublik jedoch anders gewertet und stigmatisiert wird als in den USA, scheinen mir die Begriffe der Kränkung oder der Störung (Dörner/Plog 1978, 11) hier zunächst angemessener zu sein.

[2] Der poetische Roman „Die Liebesgeschichte des Jahrhunderts" von Tikkanen schildert das Leben mit einem Alkoholiker (Tikkanen 1981, 34)

[3] Es handelte sich dabei um einen viermonatigen Studienaufenthalt im Rahmen eines Austauschprogramms für Fachkräfte aus sozialen Bereichen, das vom Council of International Programs durchgeführt und in der Bundesrepublik finanziell durch das Bundesministerium für Jugend, Familie, Frauen und Gesundheit sowie die Fulbright-Kommission unterstützt wird (Siehe Rennert 1986).

[4] Für die Sucht ist typisch, daß diese negativen Konsequenzen verleugnet werden, aber im Grunde wissen Abhängige jedoch sehr wohl, welche Folgen sie tragen.

2 Die Herkunftsfamilien von Drogenabhängigen aus der Sicht der traditionellen empirischen Forschung

In vielen Fällen sind es die Angehörigen der Drogenabhängigen, die zuerst Kontakt zu einer Beratungsstelle suchen. In dieser Hinsicht unterscheidet sich die Situation heute nicht von jener in den siebziger Jahren, als die ersten professionellen Einrichtungen in diesem Bereich aufgebaut wurden. Damals suchte ich für die Arbeit mit den betroffenen Eltern neben praktischen Erfahrungen anderer (z. B. Schaltenbrand / Schaltenbrand / Reh 1977; Thamm 1977) auch theoretische Hilfsmittel, um das offensichtlich widersprüchliche Verhalten dieser Eltern besser verstehen zu können. Insbesondere hoffte ich Hinweise in Untersuchungen aus den USA zu finden, da es dort schon länger Erfahrungen mit Drogenabhängigen gab. Diese Erwartungen wurden zunächst jedoch nicht erfüllt, und statt dessen sah ich mich mit einer Menge widersprüchlicher Informationen konfrontiert, die letztlich für die Praxis kaum hilfreich waren. Dennoch möchte ich an dieser Stelle auch auf die amerikanische Forschungsliteratur über Familien von Drogenabhängigen eingehen und zwar aus folgenden Gründen: Amerikanische Untersuchungsergebnisse werden immer wieder im deutschsprachigen Raum zitiert bzw. zur Unterstützung verschiedener Hypothesen herangezogen. Durch meine Darstellung möchte ich eine Basis dafür schaffen, einige der als typisch bezeichneten Muster in den betroffenen Familien vor einem differenzierten Hintergrund zu interpretieren. Die amerikanische Forschung spiegelt in der jüngeren Zeit eine Veränderung in der Sichtweise der betroffenen Familien wider, die in der Bundesrepublik noch kaum Eingang in die wissenschaftliche Auseinandersetzung gefunden hat.

Im folgenden werde ich daher einen Überblick über den derzeitigen Stand der Forschung über Herkunftsfamilien von Drogenabhängigen geben und dabei verdeutlichen, in welches Licht diese Familien bisher seitens der Wissenschaft gestellt wurden. Der Gegenstand dieser Untersuchung sowie des vorliegenden Kapitels sind Familien, aus denen die Konsumenten illegaler Drogen stammen. Im Unterschied zu vergleichbaren Studien über Alkoholismus und Familie steht dabei der Abhängige als Kind einer Familie im Vordergrund und nicht als Lebenspartner oder Elternteil.

In den USA gibt es eine unüberschaubare Masse von Arbeiten über die Herkunftsfamilien von Drogenabhängigen. So wurden bereits 1981 für die Dokumentation „Drugs and the Family" des National Institute on Drug Abuse über 400 Artikel und Bücher herangezogen. Im Vergleich hierzu nimmt sich die vorliegende Literatur aus der Bundesrepublik recht bescheiden aus.

2.1 WIDERSPRÜCHLICHES AUS DEN USA

Die ersten Arbeiten über die Herkunftsfamilien von Drogenabhängigen wurden in den USA durchgeführt, nachdem sich dort der Konsum und die Abhängigkeit von Heroin in den späten sechziger Jahren rapide ausgebreitet hatten. In dieser Zeit wurde die Droge hauptsächlich von farbigen männlichen Jugendlichen der Großstadtslums konsumiert, in denen viele Familien aus alleinerziehenden Müttern und deren Kindern bestanden. Als nächste griffen auch die Jugendlichen aus anderen Minoritätengruppen zu Heroin, vor allem Puertoricaner. Nachdem amerikanische Vietnam-Veteranen die Droge auch unter der weißen Mittelschicht bekanntgemacht hatten, erreichte die „Heroinepidemie" (Schmerl 1984) ihren Höhepunkt. Zu dieser Zeit vermerken viele Untersuchungen ausdrücklich, daß die jeweils untersuchten Abhängigen aus allen Schichten der Bevölkerung kamen. Heute konzentriert sich das Phänomen Heroinabhängigkeit wieder auf die schwarzen Slums, und Heroinabhängige werden als ‚auf der Straße herumlungernde Süchtige‘ eingeschätzt, womit sie eindeutig als eine Randgruppe innerhalb des großen Heeres der Suchtmittelabhängigen betrachtet werden. Inzwischen haben sich andere Drogen stark verbreitet (vgl. zum Beispiel Goode 1984; Ungerleider/Andrysiak 1984). Kokain, das früher überwiegend von der weißen Mittel- und Oberschicht konsumiert wurde, hat inzwischen die Straße erreicht (Clayton 1985), und das gleiche gilt für die Verbreitung des Kokain-Abkömmlings „crack". Sogar in die bundesdeutsche Presse gelangen seit 1986 Meldungen, die zu der Auffassung beitragen, daß es eigentlich jeden erwischen kann − so wie die dpa-Meldung über einen 16jährigen Musterschüler in New York, der als bisher völlig unauffällig beschrieben wurde und nach dem Konsum von crack seine Mutter umgebracht haben soll. Immer neue Medikamente tauchen als Ersatzdrogen auf dem Markt auf; Aufputschmittel (‚speed‘) und synthetische Drogen (‚designer drugs‘) werden zunehmend angeboten und konsumiert.
Vor dem Hintergrund dieser Entwicklung wird verständlich, daß die

Untersuchung der Drogenabhängigen sich je nach Distribution der jeweils konsumierten Droge mit völlig unterschiedlichen Gruppen der Bevölkerung beschäftigt hat, in denen auch die Familien jeweils unterschiedlich strukturiert sind. Dementsprechend verwirrend und widersprüchlich sind auch die Forschungsergebnisse. Handelt es sich zum Beispiel um die erste Generation von Heroinabhängigen – die schwarzen Jugendlichen aus den Ghettos –, so wird im allgemeinen die Abwesenheit des Vaters festgestellt bzw. eine „zerrüttete Familie" (Fort 1954; Vaillant 1966a). Mehr als zehn Jahre später konnte die Hypothese „Kinder alleinerziehender Eltern schließen sich häufiger drogenkonsumierenden Gleichaltrigen an als Kinder aus vollständigen Familien" bei einer groß angelegten Untersuchung an schwarzen und weißen Jugendlichen jedoch nicht (mehr) bestätigt werden (Blechman/Berberian/Thompson 1977). Auch Fawzy u.a. (1987) fanden keine Korrelation zwischen Familienstruktur und Drogenkonsum bei Jugendlichen. Nach Blechman (1982) sind die bisherigen Ergebnisse, die für die Hypothese der „zerrütteten Familien" sprechen, weitgehend in Frage zu stellen, da sie schwerwiegende methodische Mängel aufweisen.

In einer Befragung von drogenabhängigen jungen Frauen stellte Binion (1979) fest, daß diese, ebenso wie die Kontrollgruppe, „sowohl relativ glückliche als auch stabile Kindheiten – oft mit beiden Eltern" erlebt hatten, und der Vergleich der Herkunftsfamilien beider Gruppen erbrachte keine signifikanten Unterschiede (zitiert aus Glynn 1981,70). In einer Untersuchung, deren Stichprobe nach demographischen Charakteristika gemischt war, gaben Frauen wie Männer überwiegend an, daß sie befriedigende Beziehungen zu ihren Eltern erlebt und ihre Herkunftsfamilie als warm empfunden hatten (Ben-Yehuda/Schindell 1981).

Eine Studie über weiße Mittelschichtsfamilien führte zu dem Ergebnis, daß ein sehr strenger Vater für Familien mit einem drogenabhängigen Kind charakteristisch sei (Alexander/Dibb 1975). In anderen Arbeiten stellte sich heraus, daß die Führungsposition des Vaters in den betroffenen Familien nur eine Fiktion war und in Wahrheit die Mutter das Sagen hatte (Kirschenbaum/Leonoff/Maliano 1974; Schwartzman 1975). Weiterhin wird der Vater in manchen Untersuchungen als emotional distanziert und die Mutter als emotional verstrickt dargestellt, während es sich in anderen Arbeiten genau umgekehrt verhält (Kaufman 1974, 1981; Ben-Yehuda/Schindell 1981). Das Studium der Literatur läßt schließlich die Vermutung aufkommen, für jede Hypothese lasse sich ein empirischer Beleg finden.

Ein Teil der dargestellten Widersprüchlichkeiten konnte bereits mit den unterschiedlichen sozialen Gruppierungen erklärt werden, aus denen die untersuchten Abhängigen bzw. Drogenkonsumenten stammen. Weiterhin spielt hier auch die Eigenart der amerikanischen Bevölkerung eine wesentliche Rolle: Sie besteht überwiegend aus Eingewanderten. Die Art und Weise, wie die Mitglieder einer Familie miteinander kommunizieren und welche Rollen sie entwickeln, ist derart stark von ihrer ethnischen und kulturellen Zugehörigkeit geprägt, daß dieser Effekt nach Kaufman (1986) häufig bedeutungsvoller ist als die Art der konsumierten Drogen. So unterscheidet sich zum Beispiel das Bild der Familie in der hispanischen Kultur ganz wesentlich von dem der weißen und protestantischen Amerikaner. Ebenso unterscheidet sich auch die Wertung des Konsums psychoaktiver Substanzen, seelischer Gesundheit und seelischer Krankheit. So benutzen „Hispanics" zum Beispiel Drogen in erster Linie zur Selbstmedikation und nicht wegen der Suche nach Sensationen (Collado-Herrell 1980). Kaufman (1986) weist darauf hin, daß der „distanzierte Vater" typisch für weiße, protestantische und für schwarze amerikanische Familien ist, und daß die als verstrickt beschriebenen Väter in Untersuchungen gefunden wurden, deren Stichprobe sich überwiegend aus italienischen und jüdischen Familien zusammensetzte.

Die Effekte der ethnisch-kulturellen Zugehörigkeit sind davon abhängig, wie lange die jeweilige Familie schon in den Vereinigten Staaten gelebt hat, wie stark sie an ihrer Tradition festhält, wie homogen die Nachbarschaft ist, in der sie lebt usw. . Bei der Beschreibung von ethnischen Charakteristika muß weiterhin berücksichtigt werden, daß es auch hier oft zu unzulässigen Verallgemeinerungen kommt, da es selbst innerhalb der ethnischen Gruppen individuelle Variationen gibt: Unterschiede zwischen den Schwarzen, die im Süden auf dem Land, und denen, die im Norden in der Stadt leben, zwischen Einwanderern aus dem Süden oder dem Norden Italiens usw. . Je nach dem kulturellen Hintergrund der beobachteten Familien kann es daher zu einer völligen Fehleinschätzung der familiären Dynamik kommen, wenn diese an einer als „typisch amerikanisch" betrachteten Rollenverteilung gemessen wird.

Allgemein spielt der Konflikt zwischen Jugendlichen, die sich als „Americans" fühlen, amerikanisch sprechen und eventuell sogar in den USA geboren wurden, und ihren Eltern, die einer anderen Kultur entstammen, eine sehr große Rolle. Alexander und Dibb (1975) und Vaillant (1966b) beschrieben bereits vor Jahren, daß die Kinder von „immigrants", die entweder aus einem anderen Bundesstaat der USA oder aus einem ganz anderen Land eingewandert waren, wesentlich häufiger drogenabhängig wurden als ihre Eltern. Nach meinen Beobachtungen an den Jugendlichen im Glenbeigh-Hospital (vgl. Kapitel 10) ist diese Problematik noch immer aktuell. Vaillant stellte weiterhin fest, daß in den USA geborene Kinder stärker suchtgefährdet waren als ihre Geschwister, die noch im Herkunftsland der Eltern geboren worden waren. Eine mögliche Erklärung für die oft beobachtete übermäßige Abhängigkeit der Mütter von ihren drogengefährdeten Kindern sieht er darin, daß die eingewanderten Eltern der zusätzlichen Belastung ausgesetzt sind, sich in ihrer neuen Umgebung zurechtzufinden; die Stabilität der Eltern und ihrer Beziehung ist häufig durch die Migration beeinträchtigt. Die Mütter, die in vielen Fällen besonders isoliert sind, können die vermißten Familienbindungen durch Bindung ihrer Kinder auszugleichen versuchen, wobei sie diesen die ihrer Reife entsprechende Selbständigkeit häufig nicht einräumen. Stanton u. a. (1982) weisen darauf hin, daß diese Eltern nicht nur den Verlust der zuhause zurückgebliebenen Verwandten bewältigen müssen, sondern oft auch noch Schuldgefühle, da sie glauben, jene im Stich gelassen zu haben. Auf jeden Fall zeige sich, daß viele Eltern in Einwandererfamilien zur Abhängigkeit von emotionaler und anderer Unterstützung durch ihre Kinder neigen, „sich an diese klammern und entsetzt sind, wenn die Kinder das Adoleszenzalter erreichen und ihr Individuationsprozeß einsetzt" (a.a.O., 16).

2.2 Auch die Forschungsergebnisse aus der Bundesrepublik und der Schweiz sind widersprüchlich

Das bisher Dargestellte macht deutlich, wie problematisch eine Übertragung amerikanischer Untersuchungsergebnisse auf die Situation in der Bundesrepublik sein kann. Widersprüche sind jedoch auch hier zu finden. Der Schwerpunkt der Forschungsliteratur der Bundesrepublik und der Schweiz liegt im allgemeinen auf den Sozialisationsbedingungen von Drogenabhängigen und -gefährdeten, wobei die Themen Schichtzugehörigkeit, Familienzerrüttung und Beziehung zu den Eltern die größte Rolle spielen. So legen einige ältere Untersuchungen (Gerdes/von Wolffersdorff-Ehlert 1974; Skarabis/Becker 1979; Lazarus 1980) die Vermutung nahe, Heroinabhängige kämen vorwiegend aus der Unterschicht – eine These, die von der Projektgruppe Tudrop (1984) als nicht haltbar kritisiert wurde. In einer eigenen Untersuchung fand die Projektgruppe weder sichere Nachweise

für einen gegenwärtig überproportionalen Anteil von Unterschichts-
angehörigen unter den Heroinabhängigen noch Anhaltspunkte für
einen Trend in diese Richtung. Stiksrud/Margraf resümieren aufgrund verschiedener Arbeiten aus den siebziger Jahren sogar: „Drogenabhängige kommen demzufolge überwiegend aus Mittelschichtsfamilien, Angehörige der Unterschicht finden sich seltener, diese
gehören jedoch vorwiegend der ‚harten Scene‘ an, während Mittel-
und Oberschichtkinder die ‚weiche Scene‘ stellen" (Stiksrud/Margraf
1982, 275).

Zum Schwerpunkt Familienzerrüttung gibt es ebenfalls unterschiedliche Ergebnisse. 1979 veröffentlichte die Schweizer Gruppe Bösch/
Bickel/Uchtenhagen Ergebnisse einer Untersuchung, die sie an Drogenabhängigen in der Psychiatrie durchgeführt hatte. Gefragt war
nach dem Zusammenhang zwischen äußerlich gestörten Familienver-
hältnissen, sozialem Status und Suchtmittelkonsum der Eltern und
dem Drogenkonsum der Jugendlichen. Diese Variablen erwiesen sich
jedoch hinsichtlich des Drogenkonsums der jungen Leute als unge-
eignete Risikofaktoren – ein Zusammenhang zwischen Art und Ausmaß des Drogenkonsums und der auf die Eltern bezogenen Variablen
konnte nicht nachgewiesen werden. In späteren Studien kamen Uchtenhagen u. a. jedoch zu dem Ergebnis, daß gestörte Familienverhältnisse oder mehrfacher Wechsel in der Fremderziehung sich über-
durchschnittlich häufig in der Vorgeschichte von Opiatabhängigen
finden (Uchtenhagen/Zimmer-Höfler/Widmer 1982; Uchtenhagen/
Zimmer-Höfler 1985) und daß Opiatabhängige signifikant weniger
zufriedenstellende Beziehungen zu ihren Eltern haben als Vergleichs-
gruppen. Weitere Hinweise auf besondere Drogengefährdung in zerrütteten bzw. unvollständigen Familien finden sich bei Stahl/Panzer
(1973), Lazarus (1980), Berger/Reuband/Widlitzek (1980) sowie bei
Schmerl (1984).

Schmerl weist bei der Interpretation ihrer Ergebnisse jedoch ausdrücklich darauf hin, daß auch innerhalb der untersuchten Gruppen
Vergleiche durchgeführt werden müssen: „Obwohl die entsprechenden Häufigkeiten innerhalb der Opiatgruppe signifikant höher waren
als in der Vergleichsgruppe, so zeigte sich doch andererseits innerhalb
der Opiatgruppe ein nicht zu unterschätzender Anteil von Jugendlichen, die trotz Fehlens des entsprechenden Kriteriums eine Abhängigkeit entwickelt hatten; umgekehrt fanden sich in der Kontrollgruppe eine ganze Anzahl Personen, die trotz Anwesenheit des frag-
lichen Merkmals keine Abhängigkeit entwickelt hatten" (a.a.O.,
106). Weiterhin betont sie, daß negative soziale Umstände wie zerrüttete Familienverhältnisse, Heimaufenthalte, mangelnde Zuwendung

etc. wohl offensichtlich die Wahrscheinlichkeit sprunghaft steigen lassen, „daß sich hiervon Betroffene in Interaktionen verstricken, die mehr oder weniger gradlinig auch zur Drogenabhängigkeit führen können – wie aber zu anderen Außenseiterkarrieren ebenso" (a.a.O., 82). Sie wendet sich explizit gegen Interpretationen nach Art eines sozialwissenschaftlichen Determinismus, der die gehäuft bei Drogenabhängigen gefundenen negativen sozialen Merkmale aus der Kindheit dazu verwendet, „sie nach Art einer ‚sozialen Prägung' als gradlinig disponierend für eine spätere Sucht darzustellen" (a.a.O., 82).

Stiksrud und Margraf (1982) fanden keine Bestätigung für die Hypothese der zerrrütteten Familie. In der Untersuchung der Projektgruppe Tudrop (1984) entspricht die Scheidungsrate der Eltern der befragten Heroinabhängigen in etwa der der Normalbevölkerung, und der einzige signifikante Unterschied in den Sozialisationsbedingungen der Heroinabhängigen lag im Vergleich zur entsprechenden Altersgruppe der Normalbevölkerung in einem erhöhten Anteil früherer Heimaufenthalte.

Die kritischen Hinweise Schmerls (1982) sind nur zu berechtigt, wenn man sieht, wie mit entsprechenden Daten Meinung, Stimmung und Politik gemacht werden kann. So stellte zum Beispiel das Bundesministerium für Jugend, Familie und Gesundheit 1985 in einem Informationsblatt eine Studie von Infratest Gesundheitsforschung vor. Bei dieser repräsentativen Untersuchung (Bundesminister für Jugend, Familie und Gesundheit 1983) wurden 11 711 junge Leute zwischen 12 und 24 Jahren bezüglich ihres Konsums von Alkohol, illegalen Drogen, Tabak und Medikamenten befragt. Betonenswert schien dem Ministerium folgende Aussage: „Ein zerrüttetes Elternhaus geben 15 % aller Befragten, aber 25 % der aktuellen Drogenkonsumenten an." Somit bleibt noch immer eine beachtliche Mehrheit von 75 % der aktuellen Drogenkonsumenten, die aus anderen Verhältnissen kommen müssen. „Wir waren kein ‚broken home'", schreibt Else Meyer vom Elternkreis Bonn in einem Plädoyer für die betroffenen Familien, die sich gegen tendenziöse Veröffentlichungen wenden und das angeführte Beispiel als Pseudo-Beruhigung für Angehörige bezeichnen (Meyer 1985a, 13). Die Eltern wehren sich auch gegen die Veröffentlichung der Züricher Forschungsgruppe um Uchtenhagen, die weniger zufriedenstellende Beziehungen zwischen Eltern und Kind bei Opiatabhängigen festgestellt hatte (vgl. hierzu die Kontroverse im drogen-report Nr. 5/85 und 1/86).

In anderen Untersuchungen wurde (früher) ein schlechtes Verhältnis der Drogenabhängigen zum Vater gefunden (Schmerl 1984) bzw. war

24

der Vater den Jugendlichen eher fremd (Berger 1976) oder wurde von ihnen abgelehnt (Lazarus 1977). Gestörte Beziehungen zwischen Eltern und Kindern oder den Eltern selbst sind jedoch keineswegs drogenspezifische Bedingungen. Die Kritik der betroffenen Eltern richtet sich vor allem gegen die Vorgehensweise, nur die Abhängigen zu befragen, deren Sichtweise gerade aufgrund ihrer Abhängigkeit und der damit verbundenen familiären Probleme und Belastungen sehr einseitig und sogar verzerrt ist (vgl. Kapitel 3). Die Befragungen fanden im allgemeinen in Justizvollzugsanstalten, psychiatrischen Landeskrankenhäusern und auf der Szene statt – also in Situationen, in denen die Abhängigen in ihrer Wahrnehmung, ihrem Denken und Erleben noch durch die Sucht geprägt sind. Daß die Einschätzungen von Eltern und Kindern unterschiedlich ausfallen, wurde zum Beispiel von Novak und Kleber (1984) nachgewiesen, die auch ähnliche Ergebnisse anderer Autoren zitieren; daß die Einschätzungen derselben Personen vor und nach einer Therapie unterschiedlich ausfallen können, ist eine Alltagserfahrung in der Drogenarbeit (vgl. auch Kaufman 1983).

Die bisher genannten Untersuchungen im deutschsprachigen Raum befassen sich überwiegend mit Heroinkonsumenten, die zum großen Teil schon langjährig abhängig waren, bevor die Datenerhebungen durchgeführt wurden. Die befragten Konsumenten anderer Drogen nahmen das, was seinerzeit den Markt beherrschte: Haschisch. In der Zwischenzeit hat sich jedoch auch in der Bundesrepublik die Szene verändert und ein neuer Markt entwickelt. In den letzten Jahren konnte sich vor allem der Konsum von Amphetaminen („speed") und Kokain verbreiten, und immer mehr Konsumenten sind von mehreren Drogen zugleich abhängig. Weiterhin führen viele Drogenabhängige ein bürgerlich angepaßtes Leben (Deissler 1986), während Schmerl (1984) noch vor wenigen Jahren den typischen Abhängigen als Mitglied einer Subkultur beschreibt, „in der unter anderen gemeinsamen Idolen die Droge eine zentrale Rolle spielt, indem sich Unterhaltungen, Aktivitäten und Kooperation der Mitglieder fast ausschließlich nur noch um die Droge selbst drehen" (a.a.O., 44; vgl. auch Berger 1982). Es steht zu befürchten, daß die mit mehr oder weniger wissenschaftlicher Akribie zusammengetragenen Forschungsergebnisse hinter den ständigen Veränderungen der Drogen- und Konsumentenszene herhinken. Die Erfahrung in der Praxis von Drogenberatern, die im Rahmen einer aufsuchenden Arbeit, zum Beispiel als ‚streetworker', Kontakt zu Konsumenten haben, läßt vermuten, daß zu den heutigen Drogenabhängigen ganz normale Jugendliche[1] aus ganz normalen Familien gehören. Diese Jugendlichen gewinnen aus eigener Initiative keinen Kontakt zu einer Beratungsstelle oder Therapieeinrichtung; sie sind daher zum größten Teil gar nicht ‚institutionell bekannt‘, zumindest nicht als Abhängige, und für Untersuchungen kaum zugänglich.

In der praktischen Arbeit sind Drogenberatungsstellen jedoch oft auch dann bereits mit Eltern, Geschwistern oder Freunden von Abhängigen konfrontiert, wenn die Abhängigen selbst noch keinerlei Interesse an einer Beratung zeigen. Bei der Arbeit mit diesen betroffenen Angehörigen zeigen sich immer wieder wesentliche Gemeinsamkeiten. Im Gegensatz zu den widersprüchlichen Ergebnissen von Untersuchungen, die nach ‚Ursachen in der Familie‘, forschen, sind viel mehr Gemeinsamkeiten zu beobachten, wenn familiäre Prozesse und Verhaltensmerkmale der Betroffenen als Reaktion auf das Drogenproblem betrachtet werden.

2.3 Die Gemeinsamkeiten betroffener Familien sind nicht suchtspezifisch

Nicht nur im deutschsprachigen Raum begann die Untersuchung der betroffenen Familien mit der mehr oder weniger explizit formulierten Frage nach den Ursachen von Heroinabhängigkeit. „The causes of heroin addiction" heißt eine Literaturübersicht von Salmon und Salmon (1977), die zu dem Ergebnis kommen: „Die Literatur über Familien von Drogenabhängigen bietet eine Vielfalt von Themen. Hierzu gehören sowohl die Bilder des Abhängigen als unreifer Person mit einer instabilen familiären Umgebung als auch des Vaters als einer Figur, die sich überwiegend im Hintergrund hält, sowie der Mutter als der dominierenden Kraft in der Familie. Armut, entwürdigende Lebensumstände und andere Streßfaktoren werden als einflußreich betrachtet. Dennoch muß betont werden, daß viele Menschen, die solchen Bedingungen ausgesetzt sind, nicht abhängig werden" (a.a.O., 945).

Wurden die Verhältnisse innerhalb einer Familie untersucht, so beschränkten sich die amerikanischen Studien bis zu Beginn der siebziger Jahre vor allem auf die Charakteristika einzelner Familienmitglieder oder von Dyaden wie Mutter/abhängiges Kind und Vater/abhängiges Kind. Außer den bereits angeführten Widersprüchlichkeiten bietet die Literatur jener Zeit auch eine Fülle deskriptiver und empirisch gewonnener Daten, in denen das Stereotyp einer dominierenden und verwöhnenden Mutter in Kombination mit einem entweder überhaupt nicht vorhandenen oder doch wenigstens emotional distanzierten Vater vorherrscht. Hierzu bemerken Harbin und Maziar, daß „schließlich dasselbe Muster in der Herkunftsfamilie von Homosexuellen, Schizophrenen und Kindern mit Schulangst gefunden wurde" (Harbin/Maziar 1975, 427). Nachdem jahrelang eine „schizophrenogene Mutter" für die unterschiedlichsten Störungen in der Entwicklung des Kindes verantwortlich gemacht worden war, wurde zwar endlich die längst fällige Frage nach dem dazugehörigen Vater gestellt – doch auch das Konzept eines „subdominanten Vaters" stellt lediglich eine laterale Verschiebung und keine echte Weiterentwicklung dar (vgl. Collado-Herrell 1980): Beide Konzepte übersehen, daß eine Familie ein System darstellt, das sich aus *allen* Mitgliedern sowie deren Interaktion zusammensetzt.

Die Frage nach diesem „System Familie" wurde in den USA seit Mitte der siebziger Jahre zum zentralen Gegenstand von Forschung und Praxis: Nun wurden entsprechende familientherapeutische Ansätze in die Arbeit mit Suchtkranken einbezogen. Bei einer Umfrage in Beratungs- und Behandlungszentren wurden 1978 am häufigsten die Konzepte von Virginia Satir, Jay Haley und Salvatore Minuchin als wegweisend für die Praxis benannt, gefolgt von Nathan Ackerman, Don Jackson, Carl Whittaker und Murray Bowen (Coleman/Davis 1978). Inzwischen haben Kaufman[2] sowie Stanton[3] eigene Ansätze zur Familientherapie bei Drogenabhängigen entwickelt. Einige ihrer Veröffentlichungen sind auch ins Deutsche übersetzt worden. Gegenstand der familientherapeutisch orientierten Betrachtung ist in erster Linie, wie Drogenkonsum und -abhängigkeit durch die Familie aufrechterhalten wird. Sowohl Kaufman als auch Stanton weisen darauf hin, daß es in den betroffenen Familien typische Gemeinsamkeiten gibt, die ihrer Meinung nach im Gegensatz zu den früher gefundenen Stereotypen eher suchtspezifisch sind. Zum Teil werden diese Beobachtungen auch durch Ergebnisse von Untersuchungen gestützt, die im Rahmen einer traditionell an individuellen Merkmalen orientierten Fragestellung gefunden wurden.

In der folgenden Übersicht konzentriere ich mich – wie bisher in diesem Kapitel – auf Arbeiten über Abhängige von illegalen Drogen, wobei hier überwiegend Heroinabhängige gemeint sind. Die Familien von derart Drogenabhängigen sowie die von Alkoholkranken weisen in ihrer Dynamik und Rollenverteilung so wesentliche Übereinstimmungen auf (Kaufman/Kaufmann 1983; Ziegler/Driscoll 1979; Kaufman 1980), daß eine gesonderte Darstellung der Forschung über Alkoholismus und Familie an dieser Stelle nicht notwendig erscheint[4].

Aus dem deutschsprachigen Raum liegen bisher keine Untersuchungen vor, die sich direkt auf das Familiensystem von Drogenabhängigen beziehen. Auch die detaillierte Studie von Siegert (1979) ist am Ursachenmodell und nicht systemisch orientiert: Siegert untersucht zwar Interaktionsstrukturen, er interpretiert diese jedoch einseitig als Einfluß der Eltern auf das Kind. In einzelnen Praxisberichten, Jahresberichten verschiedener Einrichtungen sowie in theoretisch und praktisch orientierten Beiträgen auf Tagungen und Kongressen im Bereich der Suchtkrankenhilfe wird die familientherapeutische Sichtweise zwar schon seit Jahren aufgegriffen[5], doch fehlt eine systematische Forschung. Daraus ist es zu erklären, daß die genannten Beiträge und Berichte sich immer wieder auf Arbeiten aus den USA beziehen. Im allgemeinen unterbleibt jedoch die Information über den Hintergrund dieser Ansätze sowie eine kritische Überprüfung der dortigen Praxis auf ihre Übertragbarkeit in die Bundesrepublik. So muß bei den unterschiedlichen Ansätzen von Kaufman und Stanton berücksichtigt werden, daß beide in einem ausgesprochen klinischen Setting arbeiten, und daß sie beide auch Methadon- und andere medikamentengestützte Programme einsetzen, die zu einer Beruhigung im familiären Geschehen führen und somit erst familientherapeutische Arbeit ermöglichen. Schließlich muß man im Auge behalten, daß beide mit Urinkontrollen arbeiten, bei denen das Ergebnis der Analyse kurzfristig zur Verfügung steht, daß insbesondere Kaufman (1985) eng mit dem Netz der Selbsthilfegruppen der „Anonymous" (vgl. Kapitel 8) zusammenarbeitet und die Notwendigkeit eines integrativen und multimodalen Ansatzes betont, der zusätzlich zur Familientherapie auch andere Programme und Techniken einbezieht. Bei langjährig Heroinabhängigen besteht er auf einer stationären Langzeittherapie, bevor er mit der Familie arbeitet.

Bei den im folgenden dargestellten Merkmalen von Familien mit drogenabhängigen Jugendlichen handelt es sich nicht um „die Ursachen" von Drogenkonsum, als welche sie manchmal fälschlicherweise interpretiert werden. Das Verhalten der betroffenen Familien wurde im allgemeinen erst nach langjähriger Abhängigkeit beobachtet, die die Interaktion in der Familie mitgeprägt hat. Zum Zeitpunkt der Beobachtung hat es zwar die Funktion, die Abhängigkeit weiter aufrechtzuerhalten, aber dies sagt nichts über ihre Ursachen aus.

Erstens: Der Abhängige steht in enger Bindung zu seiner Herkunftsfamilie, auch wenn dies oft nach außen hin kaschiert ist (Vaillant 1966a, 1966b; Noon/Reddig 1976; Stanton u.a. 1982; Welter-Enderlin 1982). Dies gilt auch dann, wenn der Abhängige eine eigene Familie gegründet hat. Dieses Merkmal scheint zunächst dann bemerkenswert, wenn vorausgesetzt wird, Drogenabhängige hätten keine Beziehung bzw. keinen Kontakt zu ihrer Herkunftsfamilie. Diese

Annahme scheint jedoch noch nie Allgemeingültigkeit besessen zu haben. Andererseits besagt eine enge Bindung zur Herkunftsfamilie wenig und braucht keineswegs dysfunktional zu sein.

Zweitens: Das abhängige Familienmitglied verstärkt das Bedürfnis der Eltern oder eines Elternteiles, das Kind zu überwachen und die elterliche Fürsorge zu verstärken. So wird dieses häufig übertrieben beschützt und als hilflose, unfähige Person behandelt (Stanton/Todd 1983; Kaufman/Kaufmann 1983a). Dieses Merkmal ist ebenso in Familien mit einem behinderten Kind, einem depressiven oder in anderer Weise beeinträchtigten Familienmitglied zu finden (vgl. z. B. Balzer/Rolli 1979; Minuchin/Fishman 1983).

Drittens: In den betroffenen Familien zeigen sich häufig Hierarchiestörungen. Der Süchtige ist dabei an einer Koalition mit einem Familienmitglied einer anderen Generation beteiligt (Intergenerationsbündnis): zum Beispiel mit der Großmutter gegen die Mutter oder, auf der Elternebene, mit der Mutter gegen den Vater (Kaufman/Kaufmann 1983a; Madanes u. a. 1981; Welter-Enderlin 1982; Stanton/Todd 1983). Die Koalitionen innerhalb der Familie sind dabei offen deklariert und erkennbar; dies unterscheidet Familien von Drogenabhängigen von anderen Familien, in welchen solche Bündnisse im allgemeinen geleugnet werden. Haley will die Betrachtung generationsübergreifender Koalitionen jedoch grundsätzlich erweitern: Nach seinen Beobachtungen tritt ein Bündnis zwischen einem gestörten Kind und einem Elternteil so oft in Verbindung mit der Koalition eines Eltern- mit einem Großelternteil auf, daß man annehmen könnte, diese seien nicht voneinander zu trennen (Haley 1980). Von Schlippe kommt daher sogar zu der Vermutung, „es wäre eine interessante Hypothese zu untersuchen, ob sich diese Struktur in *allen* Familien mit einem gestörten Kind findet" (von Schlippe 1984, 55).

Viertens: Stehen beide Eltern zur Verfügung – in einer Familie oder auch getrennt –, so dient der Abhängige als Kommunikationsträger zwischen den Angehörigen der Elterngeneration. Er hat somit eine wichtige Funktion in deren Beziehung (Kaufman/Kaufmann 1983a; Welter-Enderlin 1982). Dies ist das klassische Triangulationsmuster, das grundsätzlich in jeder Familie zu finden ist – erst dann, wenn es sich verfestigt hat, wird es destruktiv und zum „perversen Dreieck" (Haley). Generell fehlt bei der Auflistung solcher struktureller Merkmale der Entwicklungsaspekt: Die einzelnen Muster können zeitweise durchaus funktional sein. Sie nehmen einen dysfunktionalen Charakter an, wenn sie erstarren und wenn keine Alternativen mehr zugelassen werden. Die beschriebenen Familien zeichnen sich durch eine solche Rigidität aus, die am Ende einer Entwicklung steht.

Fünftens: In der Familie von Suchtkranken gibt es häufig unerwartete, frühe Todesfälle (Unfall, Suizid) und unbearbeitete Trauer (Trennung, chronische Krankheiten, Tod) (Reilly 1983; Coleman 1980; Stanton u. a 1982; Welter-Enderlin 1982). Diese Beobachtung ist bisher nicht ausreichend im Vergleich zu anderen Familien mit, zum Beispiel, psychosomatisch kranken Mitgliedern untersucht.

Sechstens: Die Geschichte von Familien mit Suchtkranken ist häufig durch Abhängigkeitsprobleme über verschiedene Generationen hinweg belastet (Kaufman/Kaufmann 1983a; Stanton u. a 1982; Welter-Enderlin 1982). Auch diese Beobachtung ist bisher nicht ausreichend im Hinblick auf andere Familien verglichen worden. Sie wird jedoch in den folgenden Kapiteln wieder aufgegriffen.

Die beiden zuletzt angeführten Merkmale unterscheiden sich von den mehr an der familiären Struktur orientierten Charakteristika: Sie bieten sich besonders dafür an, im Sinne des Ursache-Wirkungs-Denkens als die zugrundeliegende Problematik der Süchtigen betrachtet zu werden. Dabei wird jedoch übersehen, daß sowohl einzelne Familienmitglieder als auch ganze familiäre Systeme in unterschiedlicher Weise auf derartige Probleme reagieren können.

Grundsätzlich liegt die Gefahr bei der Auflistung von bestimmten Merkmalen darin, daß diese zu Vereinfachungen und vorschnellen Schlüssen verleiten, die weder der Familie insgesamt noch den einzelnen Betroffenen angemessen sind. So weist auch die Schweizer Familientherapeutin Welter-Enderlin, die mehrere Jahre an einem Forschungsprojekt mit betroffenen Familien in den USA mitgearbeitet hat, darauf hin: „Nicht jede Familie, die diese Merkmale aufweist, wird ein Suchtproblem entwickeln, und nicht jedes Kind einer betroffenen Familie wird abhängig" (Welter-Enderlin 1982, 203).

2.4 RESÜMEE

Die Untersuchung der vorliegenden Literatur macht deutlich, daß die herkömmliche empirische Forschung, die in erster Linie an der Erhebung statistischer Daten interessiert ist, nicht zum Verständnis der Situation beiträgt, in der sich die Angehörigen von Suchtkranken befinden.

Die Schwerpunkte der skizzierten Forschung lassen sich zwei Fragestellungen zuordnen, die durchaus unterschiedlichen Sicht- und Denkweisen entsprechen. Die, in den USA vorwiegend älteren, Studien des ersten Typus versuchen, die Bedeutung der Eltern und der sozioökonomischen Situation der Familie für die Entstehung der

Drogenabhängigkeit zu erfassen. Sie sind am Ursache-Wirkungs-Denken orientiert und haben zu einer Palette sehr widersprüchlicher Ergebnisse geführt oder aber zu derart allgemeinen Aussagen, daß keine suchtspezifischen Erkenntnisse darin enthalten sind. Im Hinblick auf die Situation der Angehörigen hat diese Forschung trotz ihrer widersprüchlichen Aussagen dazu geführt, daß die Eltern, und insbesondere die Mütter, immer wieder als die wesentlichen Urheber für Drogenkonsum und -abhängigkeit ihrer Kinder betrachtet werden: Es ist leicht, in der Fülle der Untersuchungen entsprechende Ergebnisse zu finden, wenn eine bestimmte Anschauung damit „untermauert" werden soll. Unabhängig von den Ergebnissen macht die Fragestellung der Arbeiten jedoch klar, daß die drogenabhängigen Kinder im Mittelpunkt des Interesses stehen. Für ihre Krankheit soll eine Erklärung gefunden werden.

Der zweite Schwerpunkt bei Untersuchungen der Herkunftsfamilien von Drogenabhängigen liegt auf der Fragestellung, wie die Familie die Sucht aufrechterhält. Diese Forschung ist nicht mehr am linear-kausalen Denken orientiert, sondern betrachtet die Familie als System. Untersuchungen dieses Typus sind im allgemeinen im Bereich der strukturell familientherapeutisch orientierten Praxis durchgeführt worden und geben eine Zustandsbeschreibung betroffener Familien, *nachdem* diese, oft schon langjährig, mit einem suchtkranken Kind belastet waren. Ähnliche Strukturen können jedoch auch dann beobachtet werden, wenn eine Familie ein psychisch bzw. psychosomatisch krankes oder ein behindertes Kind hat. *Wie* es zu diesem Zustand kam und welche Entwicklungen die einzelnen Angehörigen im Verlauf dieses Prozesses ihrerseits erfahren haben, ist in diesem Rahmen nicht untersucht worden. Obwohl vom Verständnis der strukturellen Familientherapie her alle Angehörigen in ihrer Funktion für das System gleichwichtig sind und letztlich auch der Symptomträger nicht als „krank" begriffen wird, legt die vorherrschende Darstellungsweise den Eindruck nahe: „Alle müssen etwas tun, damit das drogenabhängige Kind keine Drogen mehr nimmt (oder gar nehmen braucht)". Der Aspekt, daß auch die Angehörigen für sich selbst, für ihre persönliche Entwicklung und Gesundheit, Hilfe und Veränderung brauchen, wird hier im allgemeinen nicht ausgeführt.

Um mehr darüber zu erfahren, was die betroffenen Angehörigen erleben, verlasse ich das Feld der traditionellen empirischen Untersuchungen. Ansätze, die sich nicht primär unter dem Aspekt der Gewinnung quantifizierbarer Daten mit den Familien bzw. den wichtigen Bezugspersonen beschäftigen, stammen aus einem Bereich der amerikanischen Suchtkrankenhilfe, der weniger mit der wissenschaftlichen Forschung verbunden ist. Zum größten Teil sind sie von den Betroffenen selbst erarbeitet worden, die ihre spezifische Problematik als Co-Abhängigkeit bezeichnen. Die im folgenden vorgestellten Ansätze beziehen sich überwiegend auf Phänomene, die sich in der Interaktion mit einem suchtkranken Menschen entwickeln. Daher halte ich es für notwendig, zunächst die Entwicklung auf seiten der abhängigen Person zu beschreiben, um so verständlich zu machen, wie sie sich anderen gegenüber verhält.

Anmerkungen

[1] So schreibt zum Beispiel Glatt über die Entwicklung in England, „daß diese modernen Süchtigen eine stabilere Persönlichkeitsstruktur und engeren Bezug zu Familie, Beruf und Gesellschaft haben als die ‚Straßensüchtigen' in den sechziger Jahren. Neuerdings sind in England Heroin und Kokain auch in den gut erzogenen und wohlhabenden Schichten der Bevölkerung weit verbreitet, so daß auch relativ stabile Jugendliche unter dem Einfluß ihrer ‚Subkultur' zu solchem Drogenmißbrauch kommen" (Glatt 1986, 645).

[2] Edward Kaufman ist Professor of Psychiatry and Human Behavior und Director of Psychiatric Education am Irvine Medical Center der University of California. Er hat in veschiedenen Projekten Familientherapie mit Heroinabhängigen durchgeführt und arbeitet auch familientherapeutisch mit Alkoholabhängigen.

[3] M. Duncan Stanton war jahrelang Leiter des Aktionsforschungsprojekts „Addicts and Families Program" der Philadelphia Child Guidance Clinic sowie Associate Professor of Psychology in Psychiatry an der University of Pennsylvania School of Medicine in Philadelphia, Pennsylvania. Im Rahmen seines Forschungsprojekts arbeitete er zusammen mit Thomas C. Todd und anderen an der Entwicklung eines strukturell-strategischen Ansatzes in der Familientherapie bei Drogenabhängigen. Inzwischen ist er Professor of Psychiatry an der Rochester University, New York.

[4] Entsprechende Erfahrungen mit Familien von Alkoholkranken sind in deutscher Sprache von Hargens (1983), Hallmeier (1985), von Villiez (1985; 1986), Possberg (1985) sowie von Villiez-Nauscef (1986) zusammengestellt – siehe auch die Übersetzungen der Artikel von Steinglass (1983a; 1983b).

[5] Vgl. z. B. die Berichte der Fachtagungen „Familie und Suchterkrankung" (DHS 1977), „Familienbehandlung bei Suchtkranken" (Kuypers 1980), „Der Suchtkranke im Spannungsfeld von Familie, Arbeit und Freizeit" (Niedersächsische Landesstelle gegen die Suchtgefahren 1986), „Vom Symptom zum System" (Arbeitsgruppe Familientherapie und Sucht, o. J.), „Kinder von Suchtkranken" (Brakhoff 1987).

3 Die Entwicklung zur Drogenabhängigkeit: Eine Darstellung am Modell der „feeling chart" nach Johnson

Die grundlegende und wesentliche Erfahrung des Drogenkonsums heißt: „Mit diesem Mittel kann ich bewirken, daß ich mich besser fühle." Das jeweils subjektive Sichbesserfühlen kann bei der einen Person ein mehr angeregter, bei der anderen ein mehr gedämpfter Zustand sein. So wird nach den ersten Experimenten mit Drogen, die im allgemeinen aus Neugierde und Gruppendruck gemacht werden (vgl. Reuband 1982; Projektgruppe Tudrop 1984; Stosberg/Pfeiffer-Beck/Lungerhausen 1985), die jeweils als angenehm empfundene Substanz später ganz gezielt eingesetzt, um sich damit ein gutes Gefühl, das „feeling", zu verschaffen. Diese so einfach erscheinende Erklärung für Drogenkonsum wird in vielen theoretischen Diskussionen von Professionellen gerne vergessen oder schlicht nicht zur Kenntnis genommen. So beschreibt Stimmel (1985) ein Erlebnis, das noch immer typisch für das Verhältnis zwischen Experten und Betroffenen erscheint: Eine Podiumsdiskussion über die Ursachen von Drogenkonsum näherte sich ihrem Ende. Teilnehmer waren ein Psychiater, ein Sozialarbeiter, ein Psychologe, ein Internist sowie ein ehemals Heroinabhängiger, und jeder der vier Experten hatte ausführlich seine Theorie über den Drogenkonsum dargelegt. Es blieb wenig Zeit für den letzten Beitrag, so daß der Moderator versuchte, in den letzten Minuten zum eigentlichen Thema zurückzukommen, indem er den fünften Teilnehmer bat, zu schildern, warum er heroinabhängig geworden sei. „Der Herr erhob sich langsam, blickte ins Publikum und sagte: ‚Es brachte mir viel Freude', und setzte sich wieder. Eine Dame neben mir antwortete darauf mit gedämpfter Stimme: ‚Ich hätte gesagt, es nimmt den Schmerz.'" (a.a.O., 1).
Diese Bedeutung der Droge als Glücksbringer und Erlöser wird gerne unterschätzt. Für eine effektive Arbeit mit einem System, an dem eine Droge beteiligt ist, ist es daher wichtig, den subjektiven Aspekt der individuellen Beziehung zwischen Konsument und Droge zu verstehen. Anschauliche und ausführliche Beschreibungen dieser Beziehung wurden in den USA von Johnson (1980) und Wegscheider (1981) veröffentlicht, deren Bücher Bestsellerauflagen erreicht haben. Eine mehr theoretisch orientierte Darstellung des Ethnologen und Anthropologen Gregory Bateson (1981) liegt auch in deutscher

Übersetzung vor. In diesem Artikel versteht es Bateson, sowohl eine wissenschaftliche Darstellung der Beziehung zur Droge zu geben, als auch einen stark persönlich gefärbten Bezug zu Alkohol und Alkoholikern zum Ausdruck zu bringen. Es scheint so, als habe auch hier eine persönliche Betroffenheit zum Verständnis der beschriebenen Prozesse beigetragen[1].

Im folgenden wird die Entwicklung von Drogenabhängigkeit in Anlehnung an Publikationen des Johnson Institute in Minneapolis dargestellt. Das Institut ist eine gemeinnützige Stiftung, die auf die Arbeiten Johnsons über Alkoholismus zurückgeht, und deren Ziele angewandte Forschung im Bereich der Suchtkrankenhilfe sowie Weiterentwicklung von Behandlungsprogrammen und Öffentlichkeitsarbeit bzw. Aufklärung sind. Es ist kein Zufall, daß die Arbeiten aus diesem Institut auch auf das subjektive Erleben der Suchtkranken eingehen: Hier wurde ein multidisziplinärer Ansatz entwickelt, in dessen Rahmen auch persönliche Erfahrungen mit Sucht, mit eigener Suchtmittelabhängigkeit oder mit der Suchtkrankheit eines Angehörigen eine Rolle spielen. Bei der folgenden Darstellung handelt es sich um ein deskriptives Modell, nicht etwa um einen Erklärungsansatz. Ich habe diese Beschreibung gewählt, da sie sich in den USA schon seit Jahren sowohl in der Ausbildung als auch in der praktischen Arbeit mit Abhängigen bewährt hat und nach meinen Erfahrungen ebenfalls sehr gut bei den verschiedensten Aufgaben einer Beratungsstelle in der Bundesrepublik verwandt werden kann. Die aufgeführten Beispiele stammen dabei im allgemeinen aus meiner Praxis.

In den Veröffentlichungen des Johnson Institute (Johnson Institute 1979; Johnson 1980; 1986) wird Drogenabhängigkeit auch als Gefühlskrankheit bezeichnet. Im Rahmen eines Informations- oder Beratungsgespräches könnte die Beschreibung wie folgt beginnen:

„Wir alle haben Gefühle. Wir können uns sehr glücklich fühlen, zum Beispiel wenn wir verliebt sind, und wir können uns sehr unglücklich fühlen, traurig, deprimiert, einsam, voller Schmerz. Zwischen diesen beiden Extremen liegt ein Bereich, den wir als alltäglich oder ganz normal bezeichnen. Wir können unsere Gefühle also auf einer Linie darstellen, die die beiden Pole ‚Schmerz, Unglück' und ‚Freude, Glück' hat. Im allgemeinen befinden wir uns im mittleren Bereich unserer Darstellung, wir fühlen uns eben ganz normal. Wir kennen aber auch die Extreme. Wenn eine Person eine Entwicklung zur Drogenabhängigkeit durchläuft, so führen die konsumierten Drogen im allgemeinen zunehmend zu Veränderungen in ihrem Verhalten, aber auch in ihren Gefühlen." Veranschaulicht wird dieser Prozeß mit Hilfe der „feeling chart".[2]

Abbildung 1: Die „feeling chart"

Schmerz, Unglück	normal	Freude, Glück

Im Verlaufe dieser Entwicklung zur Sucht können vier Phasen unterschieden werden: die Lernphase, die Suchphase, die Phase, in welcher der Drogenkonsum schädliche Konsequenzen nach sich zieht (und die deshalb vom Johnson Institute „Phase der schädlichen Abhängigkeit" genannt wird), schließlich die, in der konsumiert wird, um sich normal zu fühlen.

In der *Lernphase* lernt die Person die Droge und ihre Wirkung kennen. Dabei wird die Droge nicht unbedingt gleich beim ersten Versuch als angenehm empfunden: So berichten zum Beispiel viele Menschen, daß ihnen der Alkohol beim ersten Schluck überhaupt nicht geschmeckt habe. Bis sich eine als positiv empfundene Wirkung der Droge zeigt, können durchaus emotional unbedeutende oder sogar negative Erfahrungen mit ihr gemacht werden. Irgendwann erlebt die Person jedoch eine positive Stimmungsveränderung. Die wichtigste Erfahrung dabei besagt, daß diese angenehme Veränderung ohne emotionale Kosten, Konsequenzen oder gar negative Begleiterscheinungen stattfindet. Dies wird wie folgt auf der „feeling chart" verzeichnet:

Abbildung 2: Lernphase

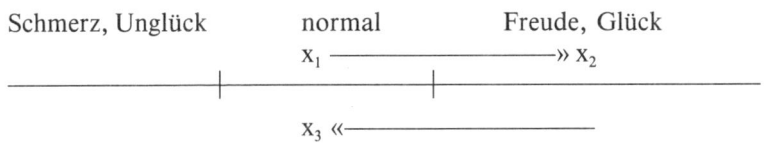

x_1 ist der Ausgangspunkt, an dem die Droge genommen wird
x_2 ist der Höhepunkt, der mit der Droge erlebt wird
x_3 ist der Punkt, zu dem die Person nach Abklingen der Drogenwirkung zurückkehrt

In diesem Stadium hat die Person keinen Grund, weitere Experimente mit der Droge anzustellen. Sie hat erfahren, daß die Droge für sie ein zuverlässiges Mittel darstellt, mit dessen Hilfe sie sich gut fühlen kann. Wenn die Wirkung nachläßt, kann sie wieder ihrem alltäglichen Leben nachgehen. Sie hat durch ihr Erlebnis jedoch etwas ganz Entscheidendes gelernt, etwas, das mir von Klientinnen und Klienten immer wieder so geschildert wurde:

„Ich kann ja viel besser mit Jungen/Mädchen reden, wenn ich etwas getrunken habe." „Ich kann die ganze Nacht durchmachen und dabei fit bleiben, wenn ich mein Speed genommen habe." „Es regt mich wirklich gar nichts mehr auf, wenn ich mein Beruhigungsmittel genommen habe." „Wenn ich Heroin gedrückt habe, dann war das, als ob die Welt drei Schritte zurücktritt – nichts kann mir etwas anhaben." Oder – ganz einfach: „Ich fühle mich unheimlich gut, wenn ich den Stoff genommen habe."

Der Stoff macht nicht nur ein gutes Gefühl, er ist im Prinzip immer zur Verfügung und bietet eine zuverlässige Beziehung. Im Gegensatz zur Droge bietet eine personale Beziehung weder dauernde Verfügbakeit noch zuverlässiges Hochgefühl. Um die Qualität der apersonalen Beziehung zur Droge zu charakterisieren, kann man hier auch von einer Liebesbeziehung sprechen, von Verliebtheit und von symbiotischer Beziehung.

Die *Suchphase* umfaßt die allgemeinen sozialen Konsumsituationen, in denen der frisch gelernte Effekt der stimmungsverändernden Droge zunehmend gezielt eingesetzt wird. Die Lernerfahrungen der ersten Phase finden im allgemeinen in sozialen Situationen statt wie Parties, Unternehmungen mit einer Clique, dem Freund oder der Freundin, aber auch im Berufsleben (Geschäftsessen, Betriebsfeiern, Feiern von Erfolg etc.). In dieser Phase nehmen Häufigkeit und Umfang des Konsums zu, jedoch entwickelt die Person selbst Regeln, die den Konsum bestimmen. Diese Regeln beziehen sich im allgemeinen auf die geeigneten Anlässe (zum Beispiel Parties, Disco-Besuch, Musik-Festival usw.) oder die konsumierte Menge. Die Droge bewirkt noch immer eine Stimmungsveränderung der Person in Richtung glücklicher Gefühle, und die Person erlebt noch immer eine vorhersagbare Rückkehr in den Bereich des Sichnormalfühlens, wenn sie ihren Konsum beendet hat (mit Ausnahme gelegentlicher Kater). Viele Konsumenten von Drogen aller Art bleiben in dieser Phase. Sie können mit der Droge umgehen. Dies hat sich sogar bei Heroinkonsumenten gezeigt (Harding 1982). In der Typologie von Bateson (1981) verhält sich der Konsument in dieser Phase noch symmetrisch zur Droge. Später dagegen wird diese Beziehung sich ändern.

In der *Phase der schädlichen Konsequenzen* wird die drogenkonsumierende Person insofern abhängig, als sie die Droge benutzt, um sich ein angenehmes Gefühl zu verschaffen, dabei jedoch schädliche Konsequenzen erfährt – und trotzdem weiterkonsumiert. Warum nur ein Teil der Drogenkonsumenten aus der Suchphase in diese Phase eintritt, ist noch nicht bekannt. Für das deskriptive Modell bzw. für das Verständnis der Entwicklung zur Abhängigkeit ist es jedoch wesentlich, daß im Verhalten der süchtigen Person in dieser Phase eine eindeutige Veränderung beobachtet werden kann: Sie beginnt nun, aufgrund ihres Drogenkonsums verschiedene Verluste in ihrem Leben zu erleiden.

In dieser Phase hat die abhängige Person schon seit einiger Zeit konsumiert. Bei regelmäßigem Drogengebrauch werden im Laufe der Zeit immer größere Dosierungen erforderlich, um das erwünschte Gefühl hervorzurufen – und die zunächst subtilen Veränderungen beim Konsumenten selbst sowie bei denen, die mit ihm zusammen leben, werden langsam deutlicher. Es ist sehr wahrscheinlich, daß es innerhalb der Familie bereits zu Problemen gekommen ist, die mit dem Drogenkonsum zu tun haben. Viele dieser Probleme ergeben sich aufgrund des unterschiedlichen Verhaltens sowie der unterschiedlichen Selbstwahrnehmung des Konsumenten unter dem Einfluß der Droge. Im englischen Sprachgebrauch wird dies sehr treffend als „Dr. Jekyll and Mr. Hyde – Phänomen" bezeichnet. Eine meiner tablettenabhängigen Klientinnen schrieb in ihrem Lebenslauf: „Ich war gleichzeitig ich und nicht-ich." Durch die zunehmenden Verzerrungen in seiner Selbstwahrnehmung kann der Abhängige nicht mehr erkennen, wie er wirklich ist; unter dem Einfluß der Droge fühlt er sich ja wie ein anderer Mensch. Dabei unterliegt auch sein Verhalten zunehmend extremen Schwankungen, die die Menschen in seiner Umgebung sehr belasten, und die ihn unberechenbar und unverständlich für sie machen. Im allgemeinen gibt es in dieser Phase auch erste Versuche von Angehörigen, etwas zur Verbesserung der Situation zu unternehmen. Häufig wird jedoch berichtet, „daß alles nur noch schlimmer" wurde.

Weiterhin kann in dieser Phase beobachtet werden, daß Wertvorstellungen, die früher von Bedeutung für den Konsumenten waren, nun nicht mehr wichtig für ihn sind. Dies kann sich in zunehmender Unzuverlässigkeit äußern, in aggressivem Verhalten, in zunehmender Gleichgültigkeit etc. Wie immer diese Veränderung aussehen mag, die Familienangehörigen merken, daß „irgendetwas nicht in Ordnung ist", da sich das abhängige Familienmitglied bemerkenswert anders verhält als bisher. Nun kann eine derartige Verhaltensänderung in der Adoleszenz, also dem Lebensabschnitt, in welchem auch die ersten Erfahrungen mit Drogen gemacht werden, völlig normal sein. So kann es vorkommen, daß eine Familie sich zu viel Gedanken macht, die andere Familie zu wenig, schließlich kann es auch innerhalb einer Familie zu unterschiedlichen Einschätzungen der Situation kommen. Angehörige von Heroinabhängigen berichten oft, daß die Eltern den Konsum des Kindes lange Zeit nicht bemerkt hätten. Hier kann zunächst die Erwartung „in der Pubertät gibt es eben immer wieder mal Probleme" eine Rolle gespielt haben. (Später dürften hier andere Mechanismen eingetreten sein, die in Kapitel 4 beschrieben sind.)

Die drogenabhängige Person merkt sehr wohl, daß sie sich im Hinblick auf ihre Wertvorstellungen und ihr Verhalten in einem Konflikt befindet. Von Alkoholkranken ist schon lange bekannt, daß sie unter Schuldgefühlen leiden; dies trifft ebenso auf Konsumenten anderer Drogen zu. So berichten Betroffene zum Beispiel: „Klar habe ich meine Eltern angelogen, um Geld für den Stoff zu bekommen − ich hab denen erzählt, mein Mofa ist kaputt." − „Die haben mir doch glatt geglaubt, daß die Beule im Auto war, als ich aus dem Kino zurückkam. (Tatsächlich habe ich die Beule selbst 'reingefahren, als ich bekifft nach Hause fuhr.)" − „Ich habe gesagt, ich kaufe ein Geschenk für Oma. Das Geld dafür habe ich dann umgesetzt, und dann habe ich gesagt, man habe es mir geklaut." Übereinstimmend: „Na ja, eigentlich gemein von mir."

Je größer der Konflikt zwischen den Werten, die für die Person wichtig sind, und ihrem drogenbedingten Verhalten wird, desto mehr nehmen auch ihre negativen Gefühle bezüglich ihrer selbst zu: Sie erlebt sich als wertlos, schämt sich ihres Verhaltens, ist wütend auf sich selbst. Weiterhin erlebt die abhängige Person nun zunehmend, daß sie die Kontrolle über ihren Drogenkonsum verliert: Sie kann nicht mehr zuverlässig vorhersagen, ob bzw. wieviel sie heute konsumieren wird oder wie die Situation nach ihrem Konsum aussehen wird. Das Resultat des Konsums ist nicht mehr die früher gewohnte Rückkehr in den Normalzustand, sondern nun endet die Konsumepisode im Bereich der unangenehmen Gefühle. Dies kann auf der „feeling chart" wie folgt verdeutlicht werden:

Abbildung 3: Phase der schädlichen Konsequenzen

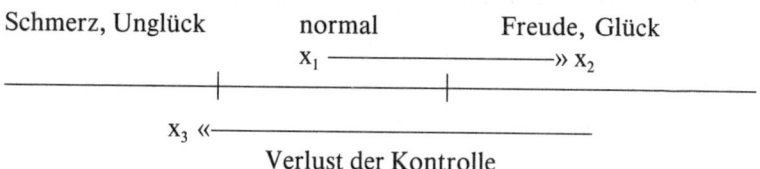

Durch die Droge kommt es auch zu Erinnerungslücken bzw. „Filmrissen" sowie zu anderen Störungen der Merk- und Erinnerungsfähigkeit. Ein Alkoholiker berichtete: „Jeden Morgen war mein erster Gang zum Auto, um nach Spuren eines Unfalls zu suchen, von dem ich möglicherweise nichts mehr wußte. Die Angst davor saß mir die ganze Zeit im Nacken. " Eine Politoxikomanin hatte ihren Bruder mit dem Brotmesser bedroht – und wußte am nächsten Tag nicht, wovon ihre Eltern eigentlich redeten. Aus solchen Erlebnissen entwikkelt sich Angst, die Angst, verrückt zu werden, nicht mehr zu wissen, was man tut oder getan hat. Um mit dieser Angst und dem emotionalen Schmerz fertig zu werden, sucht die abhängige Person nach mehr Gelegenheiten, ihre Droge zu benutzen. Ihr Denken und Handeln beschäftigt sich immer mehr mit dem Konsum und den daraus resultierenden angenehmen Gefühlen, die nun auch darin bestehen, den Schmerz zu nehmen.

Diese Konzentration des Denkens und Handelns auf die Droge und ihre Wirkung verändern den Lebensstil der abhängigen Person. Viele Abhängige setzen spezifische Zeitpunkte für ihren Drogengebrauch fest, nicht um Grenzen zu setzen, sondern eher, um sicherzustellen, daß es nun regelmäßige Gelegenheiten für den Drogenkonsum gibt. Unterbrechungen oder Verzögerungen des etablierten Musters führen zu Angst und Unruhe, die Reaktionen sind Ärger und Widerstand. Die Regeln, die für den sozialen Konsum in der Suchphase etabliert wurden, werden nun im allgemeinen gebrochen. Für die abhängige Person wird es nun wichtig, einen Vorrat ihrer Droge zur Hand zu haben bzw. zu wissen, wann und wo sie diese zuverlässig erhält. In diesem Rahmen entwickelt sie auch erfinderische Verstecke und Ausreden bzw. alle erdenklichen Arten von Bedingungen, die ihr ermöglichen, die Droge zu erhalten und zu benutzen.

Nun dreht sich das ganze Leben der abhängigen Person um die Droge, und ihre zwischenmenschlichen Beziehungen werden dadurch zunehmend beeinträchtigt. Ihre gesundheitliche, spirituelle und emotionale Stabilität läßt nach. Der zunehmende emotionale Streß, die Angst, der Schmerz und der Selbsthaß werden mit der Droge als Medizin unterdrückt und im Rahmen von Projektionen der Umwelt zugeschrieben. Die abhängige Person hilft sich durch die Entwicklung spezifischer Abwehrmechanismen (Anderson 1981). Sie kann Erleichterung von ihrem emotionalen Schmerz durch Verzerrungen ihrer Wahrnehmung und Erinnerung finden. So geht mit der Abhängigkeit schließlich eine zunehmende Verkennung der Realität einher, durch welche die abhängige Person nicht einsehen kann, daß ihr Drogenkonsum mit dem zu tun haben könnte, was ihre Umgebung als negative Veränderung in ihrem Verhalten beobachtet. An diesem Punkt läuft das Verhalten der abhängigen Person ihren früheren Wertvorstellungen völlig entgegen, sie ist nun jedoch nicht mehr in der Lage, dies zu erkennen.

Das oft beschriebene Lügen von Suchtkranken ist ebenso ein typisches Beispiel wie das „Ablinken" (den anderen über's Ohr hauen), aber auch das Bestehlen der eigenen Familienmitglieder, Schulden machen, Versetzen von eigenen wie fremden Wertgegenständen. Suchtkranke sind meisterhaft im „Anpumpen", ob es um Geld geht oder nur um Zigaretten. Aufgrund der beschriebenen Entwicklung wird verständlich, warum diese Verhaltensweisen nicht nach moralischen Kategorien zu beurteilen sind, obwohl sie gleichzeitig sehr verletzend für die Betroffenen sind.

Suchtkranke bilden ganz spezifische *Abwehrmechanismen* aus. Hierbei muß betont werden, daß die Verwendung von Abwehrmechanismen nicht mit pathologischem Verhalten gleichgesetzt werden darf, sondern völlig normal ist. Bezeichnend ist die spezifische Art und Weise, in der Suchtkranke ihre Abwehr organisieren, um sich vor der Einsicht zu bewahren, daß sie süchtig sind. Im amerikanischen Sprachgebrauch wird der Begriff der Verleugnung („denial") im weiteren Sinne als eine Kurzformel für alle hierfür als typisch betrachteten Verhaltensweisen verwandt. Die folgenden Abwehrmechanismen sind am häufigsten zu beobachten.

Zum einen das *Verleugnen* im engeren Sinne: Das grundsätzliche Abstreiten, süchtig zu sein − weder „Alkoholiker" noch „Junkie". Zur Verleugnung gehören auch die vielen Dinge, die Abhängige erzählen, und die ganz einfach nicht wahr sind. Dann das *Bagatellisieren*: Ein Teil des eigenen Verhaltens wird zugegeben, aber bagatellisiert. Ein typisches Beispiel hierfür ist: „Ich trinke doch nur Bier − keine harten Sachen." Oder: „Das bißchen Koks − das ist ja nicht viel, außerdem spritze ich ja nicht, sondern schnupfe nur." Ein weiterer Abwehrmechanismus ist die *Schuldzuschreibung*: Eine typische Projektion von Abhängigen sieht so aus, daß das eigene Verhalten zwar zugegeben, die Verantwortlichkeit dafür aber außerhalb der eigenen Person gesehen wird. „Wenn Du nicht so ein autoritärer Vater wärst, würde ich keine Drogen brauchen." − „Ihr seid ja alle gegen mich, die Droge ist mein einziger Freund." − „Wenn Du nicht so viel zetern und meckern würdest, bräuchte ich nicht zu trinken." Sodann das *Rationalisieren* (Das eigene Verhalten wird zugegeben, aber es werden Entschuldigungen, Rechtfertigungen und andere Erklärungen dafür angeboten. Diese dienen im wesentlichen dazu, den Konsum oder das damit verbundene Verhalten zu erklären: „Die anderen kiffen schließlich auch alle. Wenn ich da nicht mitmache, gehöre ich nicht mehr zur Clique.") und das *Intellektualisieren*: Vermeidung von persönlicher Betroffenheit und Wahrnehmung des eigenen Drogenproblems, indem man auf einer sehr allgemeinen und theoretischen Ebene darüber spricht. Beliebt sind zum Beispiel die Themen „Legalisierung von illegalen Drogen", „gesellschaftliche Ursachen von Drogenkonsum", „Alkohol ist legal – Heroin oder Haschisch sind illegal", „Streß am Arbeitsplatz, in der Ausbildung, in der Familie – und da haben doch alle ihre Mittelchen" und ähnliches mehr. Ein weiteres Mittel der Abwehr ist das Ablenken, die Änderung des Gesprächsgegenstandes, um zu vermeiden, daß ein als bedrohlich empfundenes Thema zur Sprache kommt – nämlich der eigene Drogenkonsum und das damit verbundene Verhalten. Manchmal wird der Suchtkranke *feindselig*: Die abhänge Person reagiert irritiert und ärgerlich, wenn die Sprache auf ihren Drogenkonsum oder das damit verbundene Verhalten kommt. Dieser Abwehrmechanismus ist besonders bei Alkoholkranken zu beobachten. „Fängst Du schon wieder damit an – Du wirst gleich sehen, was Du davon hast..." Weiterhin sind *gute Vorsätze* sehr häufig: „Ab morgen ist Schluß. Alles wird anders werden." Auch die Erfindung von Alibis kommt oft vor: „Ich war doch nicht betrunken. Die Tintenfische waren schlecht, deshalb mußte ich mich übergeben."

Dieses Repertoire von Abwehrmanövern wird während einer Entwicklung zur Drogenabhängigkeit geradezu notwendig: Der Teufelskreis des Drogenkonsums, der in der Phase mit den schädlichen Konsequenzen zwanghaft geworden ist, führt zu unvorhersagbarem Verhalten, und dieses Verhalten mündet in einem Anwachsen der negativen Gefühle, die ihrerseits wieder mit immer mehr Drogen bekämpft werden. Wenn die abhängige Person weiterhin Drogen benutzt, bewegt sie sich weiter in Richtung der vierten Phase, in der sie konsumieren muß, um sich normal zu fühlen. Nun hat die Beziehung zur Droge komplementären Charakter (Bateson 1981). Der abhängige Mensch kann jedoch die Wahrheit, daß er die Droge nehmen muß, nicht anerkennen, sonst müßte er kapitulieren, den Konsum aufgeben und sich dem Entzug aussetzen. So erfindet er, ohne sich dessen bewußt zu sein, Gründe, die die Einnahme rechtfertigen, und folgert daraus, daß er eigentlich die Kontrolle darüber besitze und die Beziehung somit noch symmetrisch sei. Diese ständige Beweisführung in Verbindung mit dem Konsum der Droge ergibt einen Circulus vitiosus – der Abhängige steht andauernd unter dem Zwang, nachzuweisen, daß er noch die Kontrolle hat.

In der vierten Phase braucht die abhängige Person ihre Drogen, *um sich in eine Stimmung zu versetzen, die für sie früher im Normalbereich lag.* So erscheint es wie Ironie, daß es für einen Menschen, dessen Drogenkonsum ursprünglich zu einer positiven Stimmungsveränderung führen sollte, schließlich zur Notwendigkeit wird, seine nun aufgrund dieses Drogenkonsums negative Gefühlslage zum Positiven zu verändern – und zwar wieder mit Drogenkonsum. Dabei erreicht er nun jedoch kein Hochgefühl mehr, sondern er braucht die Droge, um überhaupt funktionieren zu können: In dieser Phase wird die Droge gebraucht, um den jetzt auch physisch schmerzhaften Zustand zu beenden, den der körperliche Entzug der Droge hervorruft. Dies ist in Abbildung 4 veranschaulicht:

Abbildung 4: Die Phase, in der man Drogen nimmt,
um sich normal zu fühlen

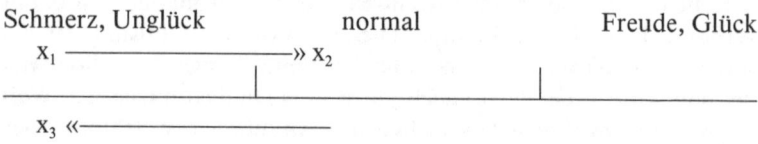

Hat eine Person erst einmal eine derartige Entwicklung durchgemacht, so kann es natürlich nicht ausreichen, wenn sie einen körperlichen Entzug hinter sich bringt und anschließend versucht, nun „einfach" ohne Droge weiterzuleben. In diesem Fall wird sie mit den während der Suchtentwicklung erworbenen Lebens- und Verhaltensweisen fortfahren, was zum Beispiel zum Phänomen des „dry drunk" führt – die Person trinkt zwar nicht mehr, verhält sich aber noch immer so wie während ihrer „nassen" Phase. Besonders dieses Verhalten führt bei den betroffenen Angehörigen zu Verzweiflung und Hoffnungslosigkeit: Hatten sie nicht alles darauf gesetzt, daß mit dem Wegfall der Droge auch alle anderen Probleme verschwinden würden?

Auch die Angehörigen haben während der langen Entwicklung ganz spezifische Erlebens- und Verhaltensweisen ausgebildet, die denen des Suchtkranken ähnlich sind und zur „Familienkrankheit Co-Abhängigkeit" gehören. Um diese Wechselwirkung in der Entwicklung von Sucht und Co-Abhängigkeit geht es im folgen Kapitel.

Anmerkungen

[1] Nach Lipset (1977) war Batesons Großvater mütterlicherseits Alkoholiker. Mary Catharine Bateson, die Tochter von Margaret Mead und Gregory Bateson, schreibt in ihren Erinnerungen von Familienkonflikten, in welchen auch Alkohol eine Rolle spielte (Bateson 1986, 64).
[2] Ich habe die „feeling chart" von Johnson vereinfacht und auf das zum Verständnis Wesentliche reduziert. Die Übernahme der Darstellung erfolgt mit freundlicher Genehmigung des Johnson Institute.

4 Wechselbeziehungen in der Entwicklung zu Abhängigkeit und Co-Abhängigkeit in den Familien von Suchtkranken

Auch die folgende Darstellung bezieht sich schwerpunktmäßig auf Veröffentlichungen des Johnson Institute und insbesondere dessen Mitarbeiterin Sharon Wegscheider. Wegscheider stammt selbst aus einer Familie mit einem alkoholsüchtigen Vater. Sie wurde – geradezu ein klassisches Beispiel für die in Kapitel 6 beschriebene Rollenverteilung der betroffenen Kinder – Suchtkrankenberaterin und arbeitete mit den Angehörigen von Alkoholabhängigen, obwohl sie dabei zunächst auf viel Widerstand stieß. Ihre Beobachtungen, die sie bei der beruflichen Arbeit sowie in den Al-Anon-Gruppen sammelte, denen sie sich aufgrund ihrer persönlichen Betroffenheit angeschlossen hatte, führten Wegscheider zu der Überzeugung, daß alle betroffenen Familien typische Gemeinsamkeiten aufweisen, auch wenn es dabei persönliche und familiäre Ausprägungen gibt. Nach einer familientherapeutischen Ausbildung bei Virginia Satir, die zu einer langjährigen Kooperation führte, entwickelte Wegscheider einen spezifischen Ansatz für die Arbeit mit Familien von Suchtkranken, dessen Grundlagen in ihrem Bestseller „Another Chance – Hope und Health for the Alcoholic Family" (Wegscheider 1981) beschrieben sind. Ihr Anliegen ist die Integration von Ansätzen und Theorien der Professionellen aus Familientherapie und Suchtkrankenhilfe sowie aus der Selbsthilfebewegung der Al-Anon, der Angehörigen von Suchtkranken, die auf der Weltanschauung der Anonymen Alkoholiker beruht (siehe Kapitel 8).

Die Veröffentlichungen des Johnson Institute und von Wegscheider stimmen mit meinen praktischen Erfahrungen in der Angehörigenarbeit und Suchtkrankenhilfe überein. Durch ihren Praxisbezug füllen sie jene Lücken, die die erkenntnisorientierte wissenschaftliche Forschung offengelassen hat, und bilden eine erlebnis- und handlungsorientierte Informationsbasis für Beratung, Therapie und Selbsthilfe von betroffenen Angehörigen. In der systemisch orientierten familientherapeutischen Sichtweise wird die Familie als ein Organismus betrachtet, der aus mehreren miteinander verbundenen Teilen besteht und sich selbst reguliert bzw. immer wieder ins Gleichgewicht bringt. Das klassische Beispiel zur Illustration dieser Betrachtungsweise ist der Vergleich mit einem Mobile: Wenn auch nur ein einziges

Teil dieses Systems unter Druck gerät, so setzt sich das Ganze in Bewegung, bis es zu einem neuen Gleichgewicht bzw. Stabilität gefunden hat.

Auch in den Familien der Suchtkranken strebt das System nach Balance. Die Drogensucht eines Familienmitglieds und die damit verbundenen Folgen führen zu einer Kette von Aktionen und Reaktionen, in deren Ablauf eine neue Balance gefunden wird – ein an die Abhängigkeit angepaßtes Gleichgewicht. Diese neue Balance ist jedoch nur mit einer derart hohen Belastung der einzelnen zu erreichen und zu erhalten, daß diese ganz spezifischen Kränkungen unterliegen, die sogar einen eigenständigen Krankheitsprozeß auslösen können. Natürlich gibt es auch Familiensysteme, die solch eine Entwicklung süchtigen Verhaltens nicht zulassen: Entweder geht der Drogenkonsum rechtzeitig zurück bzw. hält sich in Grenzen oder die Familie sucht frühzeitig Hilfe. Dies bedeutet jedoch keinesfalls, daß unbedingt und in jedem Fall die Familie für die Entstehung der Drogenabhängigkeit verantwortlich gemacht werden kann (Kaufman 1980; Kaufman 1986). Es kann zwar sein, daß der Drogenmißbrauch eines Kindes ein bereits desorganisiertes Familiensystem wieder in ein Gleichgewicht bringt: So kann dieses Kind die Rolle eines Sündenbocks übernehmen und in dieser Funktion dazu beitragen, daß Probleme, die zwischen den Eltern bestehen, nicht von diesen geklärt werden müssen[1]. Diese Familiensituation, die in den letzten Jahren bei der Vorstellung des systemischen Ansatzes in der Arbeit mit Drogenabhängigen immer wieder als typisch dargestellt wurde, muß jedoch längst nicht auf alle Fälle zutreffen. Stattdessen lassen derartige Beispiele bei den Betroffenen häufig die Vermutung aufkommen, daß hier durch die Hintertür doch wieder eine Schuldzuschreibung erfolgt – auch wenn dieses keinesfalls beabsichtigt war (Meyer 1985a). Tatsächlich stellt dies jedoch eine neue Kränkung der Betroffenen dar.

Die folgende Darstellung bezieht sich auf Familien, die gemeinsam mit dem Drogenkonsumenten eine Entwicklung zur Abhängigkeit durchgemacht haben: Sie entsprechen dem „neurotisch verstrickten Familiensystem", das Kaufman und Pattison (1981) bei vielen Alkoholikerfamilien beobachtet haben, in denen der Abhängige noch Kontakt zur Familie hatte. Im Glenbeigh-Hospital (Kapitel 10) wurde festgestellt, daß diese Entwicklung auch in Familien mit drogenabhängigen Jugendlichen auftritt. Ich werde somit Muster im Verhalten und Erleben der einzelnen Familienmitglieder aufzeigen, die als typisch für Abhängige und deren Angehörige oder Lebenspartner und -partnerinnen gelten können. Obwohl ich mich dabei auf die

Aspekte der Verstrickung[2] konzentriere, soll dies nicht heißen, daß es in den betroffenen Familien nicht auch zum anderen Extrem, der Loslösung käme. Loslösung kann hier durchaus als Reaktion erfolgen, wenn die Verstrickung zu belastend geworden ist; insbesondere Familien von Alkoholkranken pendeln manchmal zwischen beiden Interaktionsmustern hin und her (Kaufman 1980; Steinglass 1983 b). Verstrickung und Loslösung stellen also zwei Seiten derselben Medaille dar: In beiden Fällen sind konstruktive Veränderungen und Wachstum blockiert.

Nach Darstellungen des Johnson Institutes (1979) durchlaufen die Angehörigen von Suchtkranken einen Veränderungsprozeß, dessen Phasen mit denen der Entwicklung der Drogenabhängigkeit vergleichbar sind. Daher wird hier auch von abhängigen oder co-abhängigen Familien (Johnson 1986) gesprochen. Eine wesentliche Rolle in dieser Entwicklung kommt den Gefühlen zu, die durch das Verhalten des Drogenabhängigen ausgelöst werden.

Gefühle. „Unser Heim sollte von Liebe, von Freude, Vertrauen, Fürsorge, Stabilität und Wärme erfüllt sein. Wir waren bereit und willens, alles zu tun, das zu verwirklichen. Wir erlebten auch, daß unser Traum wahr wurde, bis er sich über Nacht zum Alptraum wandelte. Liebe wurde zur Erpreßbarkeit, Freude zur Beklemmung, Vertrauen zu Mißtrauen, Fürsorge zur Sorge, Stabilität zum Ausgeliefertsein und Wärme zur Angst" (Meyer 1985 a, 13).

Angst. Das Leben in einer abhängigen Familie, die dauernd unvorhersagbare Probleme bewältigen muß und unter Streß steht, führt zu Angst − Angst davor, ob der Abhängige wieder Drogen nimmt, wieder betrunken oder „zu" nach Hause kommt, daß er mit der brennenden Zigarette einschläft, einen Autounfall verursacht, das letzte Geld vom Konto abgehoben oder Schulden gemacht hat, daß er gewalttätig wird, daß es zu Streit kommt, zu finanziellen Problemen, zu gesundheitlichen Schäden − und vieles mehr. Besonders schlimm ist auch, daß Phasen der Drogenfreiheit nicht zur Beruhigung führen, denn hier heißt die Angst: „Wie kann ich sicher sein, daß es nicht doch eines Tages wieder von vorne losgeht?"

Schuldgefühle. Im Laufe der Zeit beginnen die einzelnen Familienmitglieder, sich gegenseitig die Schuld an ihren schmerzhaften Erfahrungen zuzuschreiben. Sie haben zum Teil auch selbst Schuldgefühle und leiden insgeheim an der Überzeugung: „Wenn ich mich nur anders verhalten könnte (ruhiger, gelassener, liebevoller, strenger, konsequenter...), so wäre dies alles nicht geschehen." Häufig wird ganz offen der Mutter die Schuld zugeschoben, weil sie immer noch nach herkömmlicher Auffassung für die Erziehung der Kinder zuständig ist. In Familien, in denen die Beziehung der Eltern bereits gefährdet war oder eine Trennung stattgefunden hat, wird eine derartige Schuldzuschreibung besonders intensiv praktiziert. Ebenso erfolgt in solchen Fällen häufig auch eine Schuldzuschreibung von einer Generation zur anderen: Die Großeltern, die Eltern und die Kinder können hier mitspielen.

Schmerz. Es ist sehr schmerzhaft zu sehen, wie sich ein geliebter Mensch verändert, wenn er drogenabhängig wird. Es ist ebenso schmerzhaft, immer wieder Streitgespräche und Diskussionen mit ihm zu führen oder zu beobachten, wie sich die anderen Familienmitglieder seinetwegen anklagen. Der Abhängige selbst behauptet oft, die anderen in der Familie seien schuld an seiner Sucht. Botschaften wie „wenn Du eine bessere Mutter wärest, bräuchte ich keine Drogen zu nehmen" oder „wenn Du nicht so viel schimpfen würdest, bräuchte ich nicht zu trinken" führen zu tiefen emotionalen Verletzungen und tragen zu den bereits erwähnten Schuldgefühlen bei. Die vielen Enttäuschungen über nicht eingehaltene Versprechungen, Täuschungs- und Betrugsmanöver und ähnliches mehr sind ebenfalls schmerzhaft.

Scham. Häufig schämen sich die Familien ihres drogenabhängigen Kindes, da es ihnen „Schande bereitet". Für viele ist es sehr schlimm, mit der Polizei oder dem Gericht in Kontakt zu kommen − vor allem, wenn andere davon erfahren. Die einen schämen sich wegen des peinlichen Verhaltens des Betrunkenen, die anderen schämen sich, weil ihr Kind morgens um zwei die Stereoanlage voll aufdreht und die Nachbarn sich empören. Eine Mutter erzählt in der Elterngruppe: „Ich schäme mich, die Mutter einer Drogenabhängigen zu sein." Die Geschwister schämen sich, zur Familie zu gehören. Die Scham beeinträchtigt schließlich das Selbstwertgefühl jedes einzelnen Familienmitglieds.

Die Gefühle von Schuld, Scham, Verletzung und Kränkung führen zu einem nie endenden und sich zuspitzenden Kreislauf − wie eine immer enger werdende Spirale. Auch die *Wut* führt wieder zu Schuld- und Schamgefühlen. Nach meinen Erfahrungen werden Wut und Zorn, hinter denen Enttäuschung und Verletzung verborgen sind, häufiger von den Vätern geäußert. So erklärt ein Vater mit geballten Fäusten, daß er seine drogenabhängige Tochter am liebsten „bei Wasser und Brot im Keller einsperren" würde − damit sie endlich „damit aufhört". Die Mütter gestatten sich oft viel weniger, ihre Wut überhaupt wahrzunehmen und erschrecken zunächst, wenn sie diese in sich entdecken (für sie ist es viel leichter, ihren Schmerz zu zeigen, als für die männlichen Familienmitglieder). Dahinter ist fast immer die enttäuschte Liebe zum Kind zu finden: So lieben die Eltern zwar die abhängige Person, sie hassen jedoch die schmerzlichen Erfahrungen, die sie durch die Abhängigkeit ihres Kindes machen müssen. Dies führt oft zu Wut und Ressentiments gegenüber diesem Kind, und es ist nicht leicht, das durch die Sucht bedingte Verhalten von der Person zu trennen.

Einsamkeit. Die Entwicklung in einer abhängigen Familie führt schließlich zu einem Zusammenbruch der normalen familiären Kommunikation. Auch in Familien, die bis zur Entwicklung der Drogenabhängigkeit eines Mitglieds keine grundlegenden Störungen erlebt haben, gehen nun die Gefühle gegenseitiger Zuneigung und Sorge unter im Streß der sich andauernd wiederholenden Probleme und Krisen. Durch diesen Zusammenbruch der Kommunikation werden die einzelnen Familienmitglieder zu vereinsamten Menschen[3].

Neben den spezifischen Gefühlen können auch ganz bestimmte Verhaltensmuster identifiziert werden, mit denen betroffene Angehörige versuchen, mit dem drogenabhängigen Familienmitglied und den hierdurch entstehenden Problemen und Gefühlen fertig zu werden. Ebenso wie das drogenabhängige Familienmitglied entwickeln auch die anderen Betroffenen bestimmte *Abwehrmechanismen*, mit denen sie sich vor weiterem emotionalen Schmerz zu schützen versuchen. Das Johnson-Institute benennt drei generalisierte Kategorien von Abwehrverhalten, mit denen die betroffenen Angehörigen reagieren: Sie sind „zu gut, um wahr zu sein", „rebellisch" und „apathisch".

Wer „*zu gut*" ist, verbirgt seinen Schmerz und hilft den der anderen ebenfalls zu verdecken. „Zu gut sein" hat viele Facetten: Es ist der einzige Weg, bzw. es wird als der einzige Weg empfunden, Anerkennung und Bestätigung zu erhalten; es hilft im immer wieder neu entstehenden Chaos ein wenig Ordnung zu schaffen; es vermittelt das Gefühl von Kompetenz. „Zu gut" sind zum Beispiel die zunächst leicht übertrieben erscheinenden und schließlich zwanghaften Ansprüche und Bemühungen wie außerordentliche Leistungen zu erbringen, perfekt sein zu wollen, keine Fehler zuzulassen und Fehler verleugnen, sich um Verantwortung für andere zu reißen: Erwachsene, die sich anderen Erwachsenen gegenüber verhalten wie ein Elternteil, Kinder, die eine Elternrolle übernehmen; oder auch das Bemühen, es allen Leuten recht machen zu wollen und allen Ansprüchen entsprechen zu wollen. Obwohl dieses „zu gut sein" in mancher Hinsicht bewundernswert ist, so verhindert es dennoch, daß die drogenabhängige Person die unangenehmen Konsequenzen ihres süchtigen Verhaltens erleben muß. Dadurch wird die abhängige Person in eine Lage versetzt, in der sie ihr süchtiges Verhalten fortsetzen kann.

Während das eine Familienmitglied sich und die anderen rettet, indem es anerkanntermaßen Gutes tut, kann ein anderes das Gleiche durch *Rebellieren* erreichen. Häufig ist es ein Bruder eines drogenabhängigen Kindes, der die Aufmerksamkeit durch Ausagieren seiner Unarten ablenkt von diesem. Eine Mutter sagt: „Der ..., der nimmt zwar keine Drogen, aber der tut auch nicht gut." Ein rebellisches Familienmitglied erhält im allgemeinen negative Aufmerksamkeit und wird zum Beispiel dafür getadelt, daß es die Familie in Unannehmlichkeiten bringt. Der Gewinn für den Rebellen liegt jedoch darin, überhaupt Aufmerksamkeit zu erhalten; und der zugrunde liegende Schmerz kann sehr gut durch dieses Abwehrmanöver versteckt werden. Die Sucht des abhängigen Kindes wird durch rebellisches Verhalten gefördert, da dieses von der Abhängigkeit ablenkt und nicht damit konfrontiert. Zum rebellischen Verhalten kann zum Beispiel gehören, ständig zu spät zur Schule oder Arbeit zu kommen, zu lügen und zu stehlen, sich aggressiv zu verhalten und sich zu schlagen. Die Rebellion kann bis zum Verlassen der Familie führen, zu Freundschaften, die die Eltern nicht akzeptieren und sogar dazu, selbst Drogen zu nehmen. Während bisher hauptsächlich die Reaktionen von Kindern und Geschwistern beschrieben wurden, kann z.B. die Frau eines Alkoholikers zänkisch werden, sich und die Kinder vernachlässigen und so weiter.

„Apathisch sein" ist ein sehr unauffälliges Abwehrverhalten, das durch seine spezifische Eigenart schwer zu beschreiben ist: Die apathische Person zeigt kaum oder gar keine Gefühle und handelt nur dann, wenn es absolut notwendig ist. Diese Person macht im Gegensatz zum Rebellen keinerlei Ärger. Was jedoch oft als Ruhe oder gar stoische Haltung dem ganzen Chaos und Streß gegenüber betrachtet wird, ist im Grunde ein rigides und vorsätzlich „nicht fühlendes" Verhalten. Oberflächlich mag es wie Gelassenheit wirken. Der Unterschied zwischen der gelassenen und der apathischen Person besteht darin, daß die apathische Person sich schlichtweg weigert, das Problem der Drogenabhängigkeit und der damit verbundenen Folgen für die ganze Familie zur Kenntnis zu nehmen. Ihr Verhalten hilft weder der Familie noch ihr selbst. Zum apathischen Abwehrverhalten gehören oft sich zurückzuziehen, gewohnheitsmäßig ruhig zu sein, ein passives Zurückweisen der Familie und personaler Beziehungen überhaupt, schließlich das Phantasieren und Tagträumen. Auch das Familienmitglied, das sich apathisch verhält, unterstützt dadurch das Fortschreiten der Abhängigkeit, daß es das Problem nicht erkennen will und die abhängige Person nicht mit den Konsequenzen ihres Verhaltens konfrontiert. Schließlich wird auch durch

das apathische Verhalten die Illusion aufrechterhalten, daß in der Familie alles in Ordnung sei.

Diese Abwehrmechanismen werden im allgemeinen dann entwickelt, wenn die abhängige Person sich in der Entwicklungsphase der schädlichen Konsequenzen befindet: Nun durchläuft auch die Familie eine ähnliche Entwicklung.

Ebenso wie beim drogenabhängigen Familienmitglied wird die erste Entwicklungsphase die *Lernphase* genannt. Drogenabhängigkeit fällt nicht vom Himmel. Ihre Entwicklung benötigt geraume Zeit, bevor sie für eine Familie zu einem wahrnehmbaren Problem werden kann. Zunächst wird sie zunehmend Veränderungen und Streß im Zusammenleben wahrnehmen – zum Beispiel wachsende Spannungen, Streit, weniger Kommunikation. Die einzelnen Familienmitglieder versuchen, sich vor der Belastung zu schützen und das alte Gleichgewicht wieder herzustellen. Dabei experimentieren sie mit den beschriebenen Formen des Abwehrverhaltens, die zunächst völlig normale Reaktionen darstellen. Die einzelnen Familienmitglieder lernen nun, welche Abwehrmechanismen in Zeiten von Streß und von Krisen am besten funktionieren. Der gleiche Prozeß kann in jeder anderen Familie eintreten, die sich in einer Krise befindet. Die Erfahrung, „mit diesem Verhalten komme ich am besten durch", geschieht nicht bewußt, sie kann jedoch sehr intensiv und gewohnheitsbildend sein. Möglicherweise haben sich schon zu einem früheren Zeitpunkt entsprechende Abwehrmechanismen als hilfreich herausgestellt und werden nun – in der Dauerkrise – wieder aktiviert.

In der Lernphase ist sich die Familie noch nicht bewußt, daß es ein Drogenproblem gibt; in der *Suchphase* gibt es bereits kleine Hinweise, daß Drogen im Spiel sein könnten. Es wird zwar wahrgenommen, daß es irgendein Problem gibt – aber eindeutige Anzeichen werden uminterpretiert oder einfach nicht zur Kenntnis genommen. So sagte die Mutter einer tablettenabhängigen jungen Frau: „Sie hat doch nun mal diese Depressionen, und was sie da nimmt, das ist alles vom Arzt verschrieben." Bei jungen Männern werden die ersten Alkoholräusche geradezu als Initiationsriten betrachtet: „Das gehört doch zum Erwachsenwerden." Benehmen sich Sohn oder Tochter merkwürdig, ohne nach Alkohol zu riechen, so ist man froh, daß sie nicht betrunken sind, und denkt sich lieber nichts dabei. Ein Elternpaar berichtete sogar, wie froh es gewesen sei, als der Sohn „endlich mal wieder aktiv wurde" – seine Aktivitäten waren auf den Genuß von Kokain zurückzuführen. Dieses Verhalten wird familiäre Verdrängung und Verleugnung genannt. Ihr Motto ist: „In unserer Familie gibt es so etwas nicht."

Im Laufe der Zeit gibt es jedoch so viele Anzeichen für Drogenkonsum, daß sie nicht mehr ignoriert werden können. Die Familienmitglieder merken zu durchaus unterschiedlichen Zeitpunkten, daß die in letzter Zeit aufgetretenen Probleme mit Drogen zu tun haben. So, wie der Abhängige in dieser Phase die Droge sucht, um ihren Effekt zu spüren, so arbeiten die betroffenen Familienmitglieder nun mit ihren spezifischen Abwehrmechanismen, um ihr Leben vor gefährlichen Erschütterungen zu bewahren. Sie werden „zu gut", rebellisch oder apathisch. Sie glauben, sie könnten den Drogenkonsum des abhängigen Familienmitgliedes kontrollieren, indem sie die familiäre Umgebung manipulieren: indem sie noch liebevoller sind, noch mehr Leistung erbringen, Ärger machen, sich Schuld zuschieben, sich von der abhängigen Person zurückziehen und so weiter. Diese feste Überzeugung, daß die Familie den Drogenkonsum kontrollieren könne, wird Familientäuschung genannt − eine Verkennung der Realität, der die ganze Familie unterliegt.

So glaubt die Mutter zum Beispiel, sie sei für den Drogenkonsum ihres Kindes verantwortlich, denn möglicherweise habe sie ihm nicht genug Zuwendung gegeben. Also bemüht sie sich auf verschiedene Art, ihre Zuwendung zu zeigen, und wird damit nicht selten als aufdringlich, klebrig und erstickend empfunden. Der Vater will „damit nichts zu tun haben" − er zieht sich zurück. Sein Kommentar: „Der Junge soll merken, daß er so bei mir nicht weiterkommt." Die Mutter wird beschuldigt, zu sehr zu verwöhnen. Die Schwester meint, der Vater sei zu kalt, die Mutter zu umschlingend, sie müsse den Abhängigen retten, indem sie es „denen mal zeigt, was sie alles verkehrt gemacht haben." Zur Realität von Drogenabhängigkeit gehört jedoch, daß weder Manipulation noch Abwehr die Abhängigkeit oder das Verhalten einer abhängigen Person jemals in den Griff bekommen können. Stattdessen machen die Verdrängung und Verleumdung der Realität durch die Familie es erst möglich, daß das abhängige Familienmitglied immer weiter in die Sucht abgleiten kann. Dabei mögen die einzelnen sich der abhängigen Person gegenüber durchaus nicht wesentlich anders verhalten als zu dem Zeitpunkt, zu dem die „Probleme" zuerst bemerkt wurden, aber dennoch hat sich die ganze Situation wesentlich verändert: Die Drogenabhängigkeit ist nun erkannt, zumindest von den anderen Familienmitgliedern. Früher waren ihre Reaktionen mehr zufälliger und experimenteller Art; nun wissen sie, womit es die Familie zu tun hat: Indem sie ihre früher erworbenen Abwehrmechanismen gezielt weiterhin praktizieren, gelingt es ihnen für eine begrenzte Zeit, ihre schmerzhaften Gefühle nicht wahrzunehmen. Langfristig werden sie sich jedoch zu wütenden, vorwurfsvollen und emotional verstrickten Personen entwikkeln. Mit ihrem Verhalten ermöglichen sie der abhängigen Person, weiterhin abhängig zu bleiben.

In der *schädlichen Phase* nimmt das Abwehrverhalten der Familie einen zwanghaften Charakter an: Ihre Reaktionen werden ebenso vorhersagbar und automatisch wie die der abhängigen Person. Die Familie bleibt regelrecht in ihrer Abwehr stecken. Die einzelnen Personen sind nun so fixiert auf ihre jeweiligen Verhaltensweisen, daß sie ganz rigide Rollen entwickeln: Wer sich bisher zu gut verhalten hat, wird nach Wegscheider (1981) zur „Familienheldin", wer sich bisher auflehnend verhielt, wird zum „Familienrebellen", wer bisher apathisch war, wird zur „passiven Erwachsenen" oder zum „zurückgezogenen Kind" – von Wegscheider auch das „verlorene Kind" genannt.

Auch in dieser Phase konfrontiert niemand die abhängige Person mit ihrem Drogenkonsum. Die Familie neigt nun vielmehr dazu, diese Person zu beschuldigen – so als ob sie sich in freier Wahl dazu entschlossen hätte, drogenabhängig zu werden und vorsätzlich die Familie mit allen daraus sich ergebenden Problemen zu belasten. Zu Recht fühlen sich die einzelnen Familienmitglieder ohnmächtig, den Drogenkonsum der abhängigen Person zu kontrollieren; sie unterliegen jedoch zunehmend der Realitätsverkennung, sie selbst und ihr Verhalten seien die primären Ursachen der Abhängigkeit.

Die resultierenden Gefühle der Schuld, der Scham und des Selbstzweifels verstärken die Isolation und Einsamkeit der Familienmitglieder. Um mit ihrem wachsenden Schmerz fertig zu werden, bauen sie – ohne sich dessen bewußt zu sein – eine zusätzliche Abwehr auf. So merkwürdig es auch zunächst erscheinen mag: Wenn sie gefragt werden, wie es ihnen denn selbst geht, so glauben viele der betroffenen Angehörigen tatsächlich, daß bei ihnen alles in Ordnung sei. Indem sie den eigenen Schmerz erfolgreich verdrängen, betrachten die Familienangehörigen ihren defensiven, schmerzlichen und abhängigen Lebensstil als normal. Nur dann, wenn dieser Lebensstil so schmerzlich wird, daß er nicht mehr ertragen werden kann, suchen Angehörige einer abhängigen Familie nach einem Ausweg.

Die *Fluchtphase* ist die letzte Phase in der Entwicklung der familiären Abhängigkeit. Nach all den letztlich selbstschädigenden Reaktionsmustern, die die betroffenen Angehörigen entwickelt haben, ist dieser Schritt zu erwarten. Die letzte Phase ist charakterisiert durch verschiedene große Krisen: Finanzielle Probleme, Probleme der Angehörigen am Arbeitsplatz oder in der Schule sowie soziale Probleme sind inzwischen normale Bestandteile des Alltags geworden. Die Familienmitglieder, die überwältigende Gefühle von Schuld, Wut und Illoyalität gegenüber dem Drogenabhängigen erlebt haben, können diesen Zustand nun nicht mehr länger ertragen und beginnen ernsthaft, nach einem Ausweg zu suchen. In dieser Phase kommt es zu Trennungen und Scheidungen – nicht nur, wenn der Lebenspartner oder die -partnerin suchtkrank ist, sondern auch dann, wenn ein Kind drogenabhängig ist. Bei Angehörigen von Suchtkranken kommen auch Selbstmordgedanken und -versuche vor. Häufig sind psychosomatische Beschwerden zu beobachten[4].

Die am stärksten emotional Betroffenen erreichen einen Punkt, an dem sie sich insbesondere psychisch erschöpft, „ausgepowert" und leer fühlen, unfähig, noch länger mit der Situation fertig zu werden, und betäubt von einem eigentlich unangemessenen Gefühl, selbst an alldem schuld zu sein. So erscheint es ihnen manchmal am besten, sich von dem Abhängigen zu entfernen, um selbst überleben zu können oder Frieden zu finden.

Wenn ein Familienmitglied diesen Punkt erreicht und seinen Weg aus der Familie herausgefunden hat, so wird es feststellen: Die schmerzhaften Gefühle, der defensive Lebensstil oder auch die Ressentiments, die sich während der Entwicklung der familiären Abhängigkeit herausgebildet haben, sind zu einem Bestandteil seiner Persönlichkeit geworden. Wer sich aus einer abhängigen Familie löst, kann selbst durchaus abhängiges bzw. co-abhängiges Verhalten entwickelt haben und es auch außerhalb der Familie fortführen.

Anmerkungen

[1] Eine kausal orientierte Interpretation – die oft in Literatur und Praxis zu finden ist –, entspricht *nicht* dem systemischen Ansatz (Dell 1986).

[2] Nach Minuchin (1981) leiden verstrickte Familiensysteme häufig darunter, daß ein vermehrtes Bedürfnis nach Eintracht zu einem erheblichen Verzicht auf Autonomie der einzelnen Familienmitglieder führt. Belastungen, die ein Familienmitglied betreffen, übertragen sich daher auf die anderen. Losgelöste Systeme tolerieren dagegen eine größere individuelle Abweichung, ihnen fehlt jedoch ein Gefühl von Loyalität und Zusammengehörigkeit sowie die Fähigkeit, notfalls um Hilfe zu bitten.

[3] In vielen Untersuchungen, in denen Drogenabhängige zu ihrer Herkunftsfamilie befragt wurden, wurde eine gestörte Kommunikation in der Familie gefunden. Wenn man bedenkt, welche Entwicklung diese Familien hinter sich haben, stellt sich ernstlich die Frage, ob hier nicht häufig Ursache und Wirkung verwechselt wurden.

[4] Siehe hierzu auch Thamm 1977; Rennert 1980a; Uchtenhagen/Zimmer-Höfler/Widmer 1982; Kaufman/Kaufmann 1983.

5 Das suchtfördernde Verhalten und die besondere Rolle der „enabler"

Nachdem bisher dargestellt wurde, wie sich Drogen- und Co-Abhängigkeit in einer Familie im allgemeinen gegenseitig beeinflussen, soll nun insbesondere das suchtfördernde Verhalten beschrieben werden, das bestimmte Personen in ihrer Beziehung zu einem Abhängigen charakterisiert.

In Familien mit einem Drogenabhängigen gibt es erfahrungsgemäß ein Mitglied, das besonders unter der Situation leidet und mit ganz spezifischen Verhaltensweisen darauf reagiert, mit Verhaltensweisen, die den Konsum und die Entwicklung zur Abhängigkeit erst recht stabilisieren oder sogar fördern. Diese Person wird in der amerikanischen Literatur „primary enabler" (Johnson Institute 1979) oder „chief enabler" (Wegscheider 1981) genannt. Im deutschen Sprachgebrauch gibt es keine entsprechende Bezeichnung für sie oder ihre spezifische Rolle[1]. Wie im vorigen Kapitel bereits erwähnt, sind „Enabler" Personen, die eine Entwicklung zur Abhängigkeit ermöglichen – nicht bewußt und aus verschiedenen Motiven – und die sich sukzessiv zum Komplizen der Sucht machen. Im allgemeinen wird die Enabler-Rolle von der Person übernommen, die dem Abhängigen emotional am nächsten ist. In einer Lebensgemeinschaft handelt es sich dabei meistens um die Partnerin bzw. Ehefrau. Diese Rolle kann aber auch von einem Freund, einer Freundin, anderen Angehörigen und sogar vom ältesten Kind übernommen werden. Ist ein Kind abhängig, so übernimmt meistens ein Elternteil die aktive Unterstützung der Sucht – eben jener Elternteil, der sich dem Kind gefühlsmäßig besonders verbunden oder „seelenverwandt" (Welter-Enderlin 1982) fühlt, es können aber durchaus auch beide Eltern sein.

Suchtförderndes Verhalten kann sehr unterschiedlich aussehen. Nach Nelson (1985) können in der Literatur sechs verschiedene „Stile" voneinander abgegrenzt werden. Obwohl mehrere oder alle diese Verhaltensstile von einer co-abhängigen Person gleichzeitig praktiziert werden, ist oft ein Stil vorherrschend: 1. Vermeiden und Beschützen: Jegliches Verhalten, mit dem die co-abhängige Person den Abhängigen oder sich selbst davor bewahrt, die volle Tragweite der schädlichen Konsequenzen des Drogenkonsums zu spüren; 2. Versuche, den Drogenkonsum der abhängigen Person zu kontrollieren: Jegliches Verhalten der co-abhängigen Person, mit dem sie beabsichtigt, persönlich die Kontrolle über den Drogenkonsum des Abhängigen zu übernehmen; 3. Übernehmen von Verantwortlichkeit: Jegliches Verhalten der co-abhängigen Person, das dazu dienen soll, die persönlichen Verantwortlichkeiten des Drogenkonsumenten zu übernehmen, seien dies Tätigkeiten im Haushalt oder am Arbeitsplatz; 4. Rationalisieren und Akzeptieren: Jegliches Verhalten der co-abhängigen Person, mit dem sie eine Rationalisierung oder Akzeptanz des Drogenkonsums zum Ausdruck bringt; 5. Kooperation und Kollaboration: Jegliche Unterstützung oder Beteiligung der co-abhängigen Person bei der Beschaffung, dem Verkauf, der Zubereitung und dem Gebrauch von Drogen; 6. Retten und sich dem Abhängigen nützlich machen: Jegliches Verhalten der co-abhängigen Person, mit dem sie den Abhängigen übermäßig beschützt und sich ihm gegenüber unterwürfig zeigt.

Im Rahmen einer empirischen Studie untersuchte Nelson (1985) insbesondere, welches Verhalten die Lebenspartnerinnen von Kokainkonsumenten entwickelten. Hierzu erstellte er einen spezifischen Fragebogen, den „Cocaine Abuse Enabling Questionnaire". Mit Hilfe einer Korrelations- und Clusteranalyse konnte er die im folgenden aufgeführten Statements als typische Beispiele identifizieren, in denen die verschiedenen Stile suchtfördernden Verhaltens zum Ausdruck kommen (a.a.O., 53/54).

Vermeiden und Beschützen

„Ich habe Entschuldigungen erfunden, um soziale Kontakte meines Partners während einer Konsumphase zu verhindern." – „Ich warf die Kokainvorräte oder Paraphernalia[2] meines Partners weg, versteckte oder zerstörte sie." – „Ich drohte mit körperlicher Gewalt, um meinen Partner zum Aufhören zu zwingen." – „Ich beschützte meinen Partner vor einer Krise, die ihn gezwungen hätte, sich einer Therapie zu unterziehen." – „Ich half meinem Partner, nach außen hin alles in Ordnung zu halten, und deckte ihn gegenüber Verwandten, Freunden, Nachbarn, dem Arbeitgeber."

Versuche, den Drogenkonsum des Abhängigen zu kontrollieren

„Ich kaufte Dinge für meinen Partner, mit denen er sich vom Kokainkonsum ablenken sollte (Sportartikel, Werkzeug, Auto, Wohnung)." – „Ich verbrachte die Nacht bei Freunden/Verwandten oder in einem Hotel/Motel, um meinen Partner zum Aufhören zu bewegen." – „Ich blieb zu Hause, anstatt zur Arbeit zu gehen, um mich um der Probleme meines Partners anzunehmen, die vom Kokainkonsum herrührten." – „Ich begann, dauernd auf meinen

Partner einzureden und ihn daran zu erinnern, was er unterlassen oder falsch gemacht hatte, um ihn über die Auswirkungen seines Drogenkonsums zu alarmieren." – „Ich schrie, fluchte und weinte beim Versuch, meinen Partner zu zwingen, seinen Drogenkonsum einzustellen." – „Ich drohte damit, mir selbst etwas anzutun, um die Aufmerksamkeit meines Partners darauf zu lenken, daß er aufhören sollte." – „Ich blieb so oft wie möglich von zu Hause weg, um möglichst wenig mitzukriegen." – „Ich sagte meinem Partner, er solle mich verlassen, bis er mit dem Drogenkonsum aufhören wolle – aber dann folgte ich ihm doch sofort, um nachzusehen, was er machte." – „Ich gebrauchte oder verweigerte Sex als eine Möglichkeit, den Kokainkonsum meines Partners zu kontrollieren."

Übernehmen von Verantwortlichkeit

„Ich weckte meinen Partner jedesmal, wenn er zur Arbeit gehen mußte." – „Ich begann, die Hausarbeit meines Partners zu übernehmen." – „Ich begann, alle Rechnungen zu bezahlen." – „Ich kam für die ungedeckten Schecks meines Partners auf."

Rationalisieren und Akzeptieren

„Ich glaubte und/oder vermittelte die Überzeugung, daß der Konsum von Kokain sicherer sei als der von anderen Drogen." – „Ich rationalisierte und/oder übermittelte die Überzeugung, daß der Kokainkonsum meines Partners uns half, Beziehungen zu einer Gruppe von Menschen mit hohem Einkommen aufrechtzuerhalten." – „Ich glaubte und/oder vermittelte die Überzeugung, daß der Kokainkonsum meines Partners ihm half, sich selbstsicherer zu fühlen." – „Ich glaubte und/oder vermittelte die Überzeugung, daß der Kokainkonsum meines Partners ihm half, offener zu sein." – „Ich sorgte für Nasentropfen, Nasenspray, Vitamin E, warmes Wasser oder andere ‚Hilfen', um die entzündeten oder verstopften Nasenkanäle meines Partners zu behandeln." – „Ich glaubte und/oder vermittelte die Überzeugung, daß der Kokainkonsum meines Partners ihm half, glücklicher oder weniger deprimiert zu sein." – „Ich glaubte und/oder übermittelte die Überzeugung, daß der Kokainkonsum meines Partners ihm half, im sexuellen Bereich experimentierfreudiger zu sein." – „Ich rationalisierte und/oder übermittelte die Überzeugung, daß das Kokain meinem Partner mehr Wachheit, Kreativität, Klarheit im Denken, Lernfähigkeit oder andere Unterstützung seiner geistigen Aktivitäten gab." – „Ich rationalisierte und/oder übermittelte die Überzeugung, daß das Kokain meinem Partner mehr Energie, Ausdauer, Koordinierungsfähigkeit oder jegliche andere

Wirkung brachte, welche die Qualität seiner physischen Aktivitäten unterstützte."

Kooperation und Kollaboration

„Ich half meinem Partner, das Kokain zu nehmen." – „Ich half meinem Partner, das Kokain zuzubereiten." – „Ich half meinem Partner, das Kokain abzuwiegen oder zu verpacken." – „Ich half meinem Partner bei der Buchführung über seine Kokaineinkäufe und -verkäufe." – „Ich versorgte meinen Partner mit Alkohol, Beruhigungsmitteln, Narkotika oder anderen ‚downers', um die Spannung und Agitiertheit durch das Kokain auszugleichen." – „Ich gab meinem Partner Geld für Kokain."

Retten und sich nützlich machen

„Ich reinigte die Paraphernalia meines Partners." – „Ich überprüfte die Vorräte meines Partners, um festzustellen, wieviel er bereits verbraucht hatte." – „Ich putzte das Erbrochene meines Partners nach einer Konsumepisode auf." – „Ich unterstützte meinen Partner darin, die Droge zuhause zu nehmen, um zu verhindern, daß er außerhalb in zusätzliche Schwierigkeiten geriet." – „Ich begann, andauernd darauf zu warten, daß mein Partner nach Hause kam."

Obwohl sich die zitierten Beispiele auf die Angehörigen von Kokainkonsumenten beziehen, kann hier auch jede beliebige andere Droge eingesetzt werden: Bis auf wenige für Kokain spezifische Beispiele stellen die genannten Verhaltensweisen eine Sammlung klassischer Reaktionen dar, in welcher zum Beispiel die Mutter eines Heroinabhängigen ebenso wie die Frau eines Alkoholikers „ihr" Verhalten wiederfinden kann. Da es sich in Nelsons Untersuchung um die Lebenspartnerinnen der Konsumenten handelt, mag zunächst auch der Eindruck entstehen, das geschilderte Verhalten könne zwar von Angehörigen der gleichen Generation gezeigt werden, jedoch nicht von Eltern – dem widersprechen jedoch Erfahrungen aus den Beratungsstellen und den stationären Einrichtungen (Rennert 1981) sowie die in Kapitel 2 dargestellten Forschungsergebnisse. Gerade Beschützen, Kontrollieren, Übernehmen von Verantwortlichkeit und Retten sind Verhaltensstile, die Eltern aufgrund von deren Rolle naheliegen. So beschreibt Siegert (1979, 221): „Bei Schwierigkeiten, die sich aus Drogenexistenz der Jugendlichen ergeben, fällt den Müttern häufig die Aufgabe zu, ihre Kinder vor den Folgeproblemen mißglückter Drogengeschäfte zu schützen. Es ist durchaus keine Seltenheit, daß sie Drogenhändler bezahlen, die mit Anzeigen oder dem Publikmachen der Geschäfte ihrer Kinder drohen. Unentbehrlich sind sie auch beim Verbergen von Drogen und Spritzbestecken im Falle von Hausdurchsuchungen sowie beim Verschaffen von Alibis."

Kooperation besteht auf seiten der Eltern häufig im Überlassen von Geld und im Beschaffen von Medikamenten. So wird zum Beispiel immer wieder aus stationären Einrichtungen berichtet, daß Eltern versuchen, Medikamente oder sogar illegale Drogen zu schicken bzw. einzuschmuggeln oder es wird, entgegen den Regeln der Einrichtung, am Besuchstag etwas Geld zugesteckt. Zur Kooperation wurde auch der Versuch einer Mutter, die das Heroin ihres Sohnes abwog und mit an ihren Arbeitsplatz, eine öffentliche Einrichtung, nahm, um den Konsum des Abhängigen auf diese Weise herunterzudosieren. Der Sohn holte sich sein Quantum bei ihr ab, um es anschließend auf der Szene wieder aufzustocken. Eine andere Mutter schickte ihrer Tochter mit dem Taxi Geld zu einem Szenetreffpunkt, damit diese sich „versorgen" konnte.

Rationalisieren und Akzeptieren finden sich hier ebenfalls in der Überzeugung, die jeweils konsumierte Droge bzw. ihre Anwendungsweise sei „sicherer" als andere Stoffe oder aufgrund der psychischen Verfassung des Kindes sogar notwendig.

Obwohl die bisher beschriebenen Verhaltensweisen letztlich suchtfördernd sind, ist die Person in der Enabler-Rolle sich dieser Qualität ihrer Handlungen nicht bewußt. Die vielen kleinen täglichen Entscheidungen, die insgesamt suchtverlängernde Wirkung haben, stellen schließlich unter normalen Umständen ganz normale Hilfen für jemanden dar, der in eine Notlage geraten ist. Die Person, deren Hilfe die Sucht unterstützt, handelt oft aus dem Gefühl von Liebe und Loyalität heraus – später auch aus der realistischen Angst, daß sie und die anderen Familienmitglieder die unangenehmen Konsequenzen teilen müssen, die das Verhalten des Abhängigen mit sich bringt. Die meisten Enabler betrachten ihr Verhalten nicht einmal als Folge einer bewußt getroffenen Entscheidung – sie haben von vornherein das Gefühl, keine Wahl zu haben: „Wer soll sich denn kümmern, wenn nicht ich?"

Das Verhalten, das die Sucht unterstützt, beginnt zunächst kaum wahrnehmbar – so wie die Abhängigkeit. So wie der anfängliche Alkoholgenuß eines Alkoholikers zunehmend in Betrunkenheit endet, kann die co-abhängige Partnerin sich immer häufiger dabei beobachten, wie sie anderen Angehörigen oder Freunden gegenüber Erklärungen und Entschuldigungen hierfür abgibt. In der Anfangsphase kann ihre Hilfsbereitschaft gegenüber dem Abhängigen (der noch nicht als solcher erkannt ist) als Loyalität ausgelegt werden; im

Verlauf der weiteren Entwicklung muß jedoch erkannt werden, daß sie die Realität nur verzerrt wahrnimmt. Diese Realitätsverkennung ist ein Symptom, das auch für die Sucht charakteristisch ist.

Zur Enabler-Rolle gehört, daß das Verhalten der betroffenen Person im Laufe der Zeit ein zwanghaftes Muster annimmt und einem vorhersagbaren Verlauf folgt. Ein entscheidender Schritt zur Übernahme dieser Rolle ist dann getan, wenn die co-abhängige Person zum ersten Mal „beschließt", irgendeine der Verantwortlichkeiten des Abhängigen selbst zu übernehmen – auch wenn sie diese Entscheidung nicht bewußt trifft, sondern wie automatisch aus dem Empfinden heraus handelt, jetzt selbst die Verantwortung übernehmen zu müssen. Obwohl sie noch nicht realisiert hat, daß sie es mit Sucht zu tun hat, so ist ihr doch deutlich geworden, daß der Abhängige immer unzuverlässiger wird. Wenn das Zusammenleben weiterhin funktionieren soll, ist es besser, wenn sie sich selbst um immer mehr Dinge kümmert. Innerhalb einer partnerschaftlichen Beziehung kann dies bedeuten, daß die Frau eines Alkoholikers sich sowohl in der Rolle des Mannes und Vaters als auch in der Rolle der Frau und Mutter befindet und über alle anderen Pflichten hinaus die meisten familiären Entscheidungen alleine trifft, die Finanzen verwaltet und unter Umständen auch noch zusätzliche Arbeit annimmt, weil das Geld sonst nicht reicht. In Familien mit einem abhängigen Kind kann das so aussehen, daß die Mutter spätestens jetzt zu der viel zitierten überfürsorglichen Mutter wird. In einigen Familien konnte ich beobachten, daß die ältere Schwester die Verantwortlichkeit nicht nur für das abhängige Kind, sondern auch den Rest der Familie übernahm (siehe Kapitel 7).

Während der geschilderten Entwicklung fährt die Person in der Enabler-Rolle damit fort, den Abhängigen vor den Konsequenzen seines Verhaltens zu schützen. Sie ruft in der Schule oder am Arbeitsplatz an, um sein Fehlen mit einer vorgetäuschten Krankheit zu entschuldigen; und rettet ihn somit davor, gefeuert zu werden. Sie versucht, so gut wie möglich mit dem vorhandenen Geld zu wirtschaften und seine Schulden, Strafzettel, Geldbußen für Schwarzfahren etc. zu bezahlen, und befreit ihn somit von seinen Verantwortlichkeiten. Als Co-Alkoholikerin kümmert sie sich um die Kinder, das Auto, die Reparaturen im Haushalt, die Kleidung usw. – sie befreit damit den Alkoholiker von der Last, sich um seine Pflichten in diesen Bereichen zu kümmern. Gleichzeitig erspart sie ihm die Konsequenzen, die seine Unzuverlässigkeit ohne ihre Hilfs- und Rettungsaktionen nach sich zöge. „Zwei Mütter berichten, daß sie es sogar übernommen haben, die Musterungsbescheide ihrer Kinder zurückzuweisen, beziehungsweise ihre Söhne zur medizinischen Kontrolluntersuchung zu begleiten, um ihnen den ‚nötigen Beistand‘ zu gewähren. Das gilt in gleicher Weise für Auseinandersetzungen mit dem materiellen Strafrecht, bei Einweisungsbeschlüssen und Entziehungsversuchen. Auch hier sind es stets die Mütter, die die erforderlichen Institutionskontakte aufnehmen" (Siegert 1979, 220).

Bei Freunden, Verwandten und sogar professionell Helfenden, die sich nicht mit der Sucht auskennen, entsteht so oft der Eindruck, als tue die Person in der Enabler-Rolle alles, um den Drogenkonsum des Abhängigen zu beenden. Versucht sie doch, ihm alle Probleme aus dem Weg zu räumen, die eventuell weiteren Konsum provozieren könnten. Tatsächlich stellt sie jedoch durch ihre überverantwortliche Haltung erst eine Situation her, in welcher es keinerlei Grund für den Abhängigen gibt, seinen Konsum einzustellen, und verhindert Krisen, die dazu führen können, den Abhängigen zu einer Änderung seines Verhaltens zu bewegen.

Obwohl die Person, welche die Sucht aktiv unterstützt, einerseits unter sehr starken Belastungen leidet, so hat sie andererseits auch ihre Vorteile. Bei den Frauen von Alkoholikern zeigt sich zum Beispiel oft, daß sie besondere Stärken und Fähigkeiten entwickeln. Dadurch, daß sie mehr und mehr die Entscheidungen für alle Belange der Familie übernehmen, haben sie die Möglichkeit, zu erfahren und zu zeigen, was sie alles leisten können – vielleicht in einem vorher nicht gekannten Ausmaß. Dies bestärkt sie noch in der Rolle der Verantwortlichen (Walcker-Mayer 1984). Gleichzeitig verbrauchen sie jedoch ihre Kräfte bis zur Erschöpfung, haben nur wenig Zeit für ihre persönlichen Bedürfnisse und sind mit einer Vielfalt von Sorgen und Problemen belastet. Trotz ihrer Anstrengungen und Bemühungen scheinen all die Dinge, die das Leben lebenswert machen, immer weniger zu werden.

In Familien von drogenabhängigen Jugendlichen ist besonders das Selbstwertgefühl der Eltern bedroht, da ihnen Versagen in der Erziehung vorgeworfen wird. Dieser Druck betrifft zwar theoretisch beide Elternteile, in der Praxis wird er jedoch häufig nur von den Müttern wahrgenommen. Besonders alleinerziehende Mütter haben von vornherein Angst, ihrem Kind nicht zu genügen, eine Position, die sie für die Enabler-Rolle geradezu prädestiniert: Sie bemühen sich noch mehr, zu beschützen und zu helfen. In einigen Fällen war das Kind schon vor Beginn des Drogenkonsums einziger Lebensinhalt der Mutter, und sie muß es um jeden Preis in einer Position erhalten, die ihr weiteren Sinn und Inhalt verspricht – auch, wenn beide dabei krank werden. (Ich erinnere hier daran, daß es sich bei diesem Verhalten nicht um bewußt getroffene Entscheidungen handelt, welche Schuldzuweisungen rechtfertigen, und daß immer ein unmenschlicher Preis auf beiden Seiten bezahlt wird.) In Familien mit einem alkoholkranken Elternteil kann der Gewinn für beide Eltern darin liegen, daß das abhängige Kind die Aufmerksamkeit auf sich zieht. Diese Konstellation wurde zum Beispiel von Wegscheider (1981) häufig beobachtet: Die Person in der Enabler-Rolle unterstützt dabei sowohl die Sucht des Kindes als auch die des anderen Elternteils. In Familien mit anderen bedeutsamen Problemen zwischen den Eltern kann das Kind als Sündenbock von diesen Spannungen ablenken und sich als gemeinsames Thema anbieten. Grundsätzlich sind jedoch die meisten Eltern − insbesondere die Mütter − in ihrer Rolle gefangen, für das Kind sorgen zu müssen, und sie halten dies auch unter Bedingungen für ihre Pflicht, die von der Sucht bestimmt sind. Unterstützt wird diese Haltung durch eine Sozialgesetzgebung, nach der die Eltern sogar für ihre Enkelkinder zu Unterhaltsleistungen herangezogen werden, wenn der drogenabhängige Sohn und Vater aufgrund seiner Sucht keine Ausbildung abgeschlossen hat, oder zu Zahlungen, wenn das drogenabhängige Kind − auch nach erfolgreich abgeschlossener Therapie − von Sozialhilfe lebt. „Wir sind lebenslänglich von der Sucht unserer Tochter betroffen", sagte eine Mutter im Elternkreis, deren ehemals drogenabhängiges Kind aufgrund von körperlichen Folgeschäden nicht arbeitsfähig ist. Im Gegensatz zur Lebenspartnerin eines Süchtigen haben Eltern nie die Wahl gehabt, sich für genau diesen Menschen als ihr Kind entscheiden zu können, und sie leben im Bewußtsein, sie hätten keinerlei Recht auf eine Trennung von ihm. Sie sitzen in einer Falle, die durch die an sie gerichteten gesellschaftlichen Erwartungen noch auswegloser wird. So versuchen sie entsprechend diesen Erwartungen, Kind und Droge unter Kontrolle zu bekommen und flüchten sich in die Illusion, „wenn ich mich nur richtig verhalte, läßt mein Kind die Droge sein". Sie glauben tatsächlich, es müsse in ihrer Macht stehen, das Kind dazu zu bewegen, den Drogenkonsum einzustellen.

Diese Erwartung wird von nicht betroffenen Eltern zum Beispiel durch Aussagen der Art, „wenn das mein Kind wäre, dem hätte ich den Unfug schnell ausgetrieben!", unterstützt und gefördert. Der Gewinn für Eltern in der Enabler-Rolle kann also ganz unterschiedliche Dimensionen annehmen: Er reicht von den gesellschaftlich erwarteten Anstrengungen vermeintlich pflichtbewußten und verantwortungsvollen Verhaltens über die Erhaltung einer bedrohten Beziehung bis zur Erfüllung im Dasein eines Menschen, der sonst befürchten müßte, seine innere Leere zu spüren. Hierzu gehören auch die Identitätsprobleme der Mütter in den eingewanderten Familien, die Vaillant (1966b) und Stanton (1982) beschrieben haben: Ein abhängiges, unmündiges, krankes Kind kann helfen, die bedrohte Identität dieser Mütter zu erhalten.

Schließlich erreicht die Person, die sich in der Enabler-Rolle weiterentwickelt, eine kritische Phase. An einem bestimmten Punkt muß sie ihre persönlichen Interessen und Bedürfnisse völlig aufgeben, wenn sie sich so um den Suchtkranken kümmern will, wie sie es für erforderlich hält. Während es ihr bisher noch möglich war, Selbstwert- und andere positive Gefühle aus vielen verschiedenen Aspekten ihres Daseins zu beziehen, so empfindet sie nun nur noch dann Selbstwert und persönliche Bedeutung, wenn sie das Gefühl hat, vom Abhängigen gebraucht zu werden. Unterstützt wird dieser Prozeß häufig durch die Schuldzuschreibung von außen, durch die eigene Verwirrung, die vom widersprüchlichen und unerklärlichen Verhalten des Abhängigen ausgelöst wird, sowie dessen Abwehrmechanismen ihr gegenüber. Die Vorurteile, die von außen kommen, Vorwürfe aus der Familie und vom Suchtkranken treffen in dieser Phase auf eine erschöpfte Person, die ihrerseits bereits Zweifel an sich selbst entwickelt hat. Obwohl sie ihre ganze Energie, Zeit und Aufmerksamkeit darauf verwendet, die Familie in Ordnung zu halten, ist tatsächlich nichts in Ordnung, und sie fragt sich, warum dies so ist. Vielleicht ist sie wirklich die schlechte Mutter, Hausfrau, Ehefrau, als die sie vom Suchtkranken hingestellt wird? Warum sonst sollte er das wohl behaupten ... und andere haben auch gesagt, sie solle sich doch besser um ihn kümmern ... vielleicht ist es wirklich so, daß sie nicht in Ordnung ist? Um ihre Schuld- und Versagensgefühle sowie ihren Haß auf sich selbst ertragen zu können und weiterhin all die Pflichten zu erfüllen, die sie übernommen hat, muß sie etwas tun – und sie tut das gleiche wie der Suchtkranke: Sie baut ihre Abwehrmechanismen aus und „stellt ihre Gefühle ab". Auch sie bedient sich der Projektion und überhäuft nun ihrerseits den Abhängigen mit Vorwürfen und Ärger, mit all den Ressentiments, die sie solange in sich aufgestaut hat.

Die meisten Personen, die die Sucht eines anderen aktiv unterstützen, suchen erst in diesem Stadium ihrer Co-Abhängigkeit professionelle Hilfe. Es ist daher nicht verwunderlich, daß so viele Professionelle in ihnen Menschen sehen, die jammern und anklagen, die nörgeln und quengeln, die sarkastisch sind, die Realität nicht sehen wollen – kurz, so unangenehm sind, „daß man selbst süchtig werden könnte, wenn man mit ihnen zusammenleben müßte". Wegscheider betont, daß es sich hier weniger um Persönlichkeitszüge handelt als um Symptome der „Familienkrankheit Co-Abhängigkeit", die sich typischerweise bei denjenigen manifestieren, die in der Familie die Enabler-Rolle übernommen haben. Diese Personen entwickeln oft auch ein selbstzerstörerisches Verhalten, zum Beispiel zwanghaftes Essen oder Hungern, zwanghaftes Arbeitsverhalten („workaholics"), Mißbrauch von Nikotin, Alkohol, Medikamenten bis hin zu illegalen Drogen und allgemeinem Vernachlässigen ihrer persönlichen Entwicklung. Schließlich kann eine Phase eintreten, in welcher sich die bisher empfundene Liebe zur abhängigen Person in Haß umwandelt. Aber auch dann bleiben beide eng miteinander verbunden. So, wie die abhängige Person sich mit Drogen zerstört, so zerstören die Haßgefühle die co-abhängige Person in der Enabler-Rolle. Da sie keine andere Möglichkeit sieht, mit ihrer Situation umzugehen, wird sie zu einem verbitterten und harten Menschen, der sich wie gefangen fühlt, ohne Hoffnung und voller Verzweiflung. Während der Abhängige bei anderen noch mit Verständnis rechnen darf, da er ja anerkanntermaßen krank ist, befindet sich die co-abhängige Person in einer ausgesprochen undankbaren Position: Die Mechanismen, die sie sich angeeignet hat, um überleben zu können, werden ihr im allgemeinen als ganz individuelle Persönlichkeitszüge angelastet und durchaus auch als Ursache des Suchtmittelmißbrauchs der abhängigen Person interpretiert. So läßt zum Beispiel das Bild, das Siegert (1979) von den betroffenen Müttern zeichnet, eher an infantilisierende, erdrückende und machthungrige Monster denken als an Menschen, die ihrerseits in irgendeiner Weise unter dem Verhalten ihrer drogenabhängigen Kinder leiden könnten.

Tikkanen (1986) hat die Situation der Frau eines Alkoholikers so treffend beschrieben, daß ich hier einen weiteren Teil ihres Gedichtes als Beispiel für das persönliche Erleben der Betroffenen zitieren möchte.

Die Frau eines Alkoholikers
das ist eine
die sich immer ins Unrecht setzt
wie sie sich auch dreht und wendet

Wenn sie versteht und versteht
und verzeiht
und den Weg ebnet
und die Verwandtschaft abwimmelt
und die Kinder beruhigt
Wenn sie bewundert
und tröstet
und glaubt und glaubt und glaubt
und hofft

dann ist sie ein selbstgerechtes Ekel
immer so verdammt perfekt
und fehlerlos
eine Allmächtige
die glaubt, sie kann Berge versetzen
und die Sünden vergeben
Es ist zum Kotzen
verflucht nochmal
wenn man ihren Heiligenschein sieht

Und wenn sie bittet und bettelt
und die Flaschen versteckt
und die Hälfte aus dem Fenster
oder in die Blumentöpfe kippt
und es satt hat, die Verwandtschaft anzulügen
und es bei den Kollegen wieder mal
auf eine Darmgrippe zu schieben
und sich taub stellt
wenn zum fünfhundertneunzigsten Mal
die unglückliche Kindheit beschworen wird
und der nicht zu vergessende Krieg
und die neidischen Kollegen

dann ist sie eine ganz Gefährliche
intrigant und rachsüchtig
und weiß der Teufel
ob sie es nicht ist
schließlich und endlich
die all diese Intrigen
ständig anzettelt
und die Verleumdungen und Hetzkampagnen
Natürlich ist sie es
die hinter all dem steckt
Wer sonst kennt so genau
die kleinsten Einzelheiten, die man jetzt
an den Kopf geworfen kriegt
Sie sitzt da wie die Spinne im Netz
ganz geschwollen vor Bosheit, pfui Teufel

Und wenn sie schließlich einsieht
daß sie ein eigenes Leben
zu leben hat
und daß sie doch niemals

das Leben eines anderen leben
und seine Last tragen kann
selbst wenn sie es wollte
und noch so gern täte

dann ist sie ein eiskaltes Biest
eine verdammte Karrierefrau
die sich für alles mögliche engagiert
sich für alle möglichen Leute einsetzt
nur nicht für den, der ihr am nächsten steht
und der sie am meisten braucht
und dem sie außerdem gelobt hat
ihn in Freud und Leid zu lieben
Mit der Freude ist es jetzt aus und vorbei
sobald das kleinste Leid auftaucht
Ständig ist sie jetzt auf Achse
mit lauter Kinkerlitzchen beschäftigt
und vor allem mit sich selbst
und mit ihrem eigenen Erfolg
was auch immer das zum Teufel heißen soll
Aber es geht auf Kosten von jemand anders
vergiß das nicht
Na, das ist ihr wohl scheißegal
der alten Hexe

Und wenn sie schließlich aufgibt
und allein da steht
fertig mit den Nerven
mit den verstörten Kindern
und mit tausend Gewissensbissen
weil sie zu wenig geliebt hat
oder vielleicht zu viel geliebt hat
weil sie dies oder jenes unterlassen hat
was vielleicht noch alles gerettet hätte
wenn sie nur fähig gewesen wäre
ein bißchen besser zu verstehen

dann kann man Gift drauf nehmen
daß sie schon bald den nächsten Kerl gefunden hat
in den sie ihre Krallen schlagen kann
den sie quält und plagt
und beherrscht
als dessen Schutzengel sie sich aufspielt

bis auch diesem armen Teufel
nichts anderes übrig bleibt
als die Flasche ...

Ich lese meine Notizen
aus neun Büchern
über den Alkoholismus

All das ist mir vertraut
ich weiß
daß jemand
der ohne Liebe aufgewachsen ist
nicht glauben kann
daß es Liebe gibt

Ich kenne alle Tricks und Finten
um grenzenlose Bedürfnisse
befriedigt zu bekommen
Mehr und mehr und mehr muß es sein
Nie ist es genug

Ich kenne allmählich nur allzu gut
die Rituale:
mal umsorgt
mal ausgeschimpft
Schuldgefühle wegen allem und jedem
vor allem wegen der Sauferei
die Wonnen des Katzenjammers
der endlich die Strafe bringt
ersehnt und inszeniert

Ich lese meine Notizen
über die herrschsüchtigen Frauen
der Alkoholiker
die einen Schwächling brauchen
den sie unterdrücken
und um der Kinder willen hassen können
um nicht selbst unterzugehen
Und dann lese ich davon
wie die Frau jede Besserung
raffiniert zu verhindern weiß

Ich werde sehr müde

Wozu
mache ich überhaupt weiter
wenn es noch dazu so ist
daß ich diejenige bin
die dich daran hindert
ein ganzer Mensch zu werden?

„Was für eine durch und durch ehrliche
Darstellung des Alkoholismus"
urteilen die klugen Männer in den Feuilletons
über deine enthüllende Biographie

Komisch, daß keiner von ihnen sich die Frage stellt
ob da nicht was fehlt
wie zum Beispiel die Gerüche?

Der scharfe, durchdringende Kognakdunst
der einem aufs Zwerchfell schlägt
kaum daß man zur Tür hereinkommt
Der laue, schwere Gestank von Kognak
vermengt mit Magensaft
wenn du alles wieder ausgekotzt hast

Herbe Rotweintinte
saure Weißweinrülpser
süßliches Sherrygeplansch
klebriger Wermut

Aber am ekelhaftesten
der süßliche Dunst des Bieratems
den du über mich hinbläst
zum x-ten Mal behauptend
Bier sei der Potenz förderlich. Ach!
Der Geruch der Maische, der sich faulig
im Schlafzimmer breitmacht
wenn du in deinen Kleidern
quer über beiden Betten eingedöst bist
mit einem bräunlichen Speichelfaden am Kinn
Der Durchfall
der unfehlbar darauf folgt
ist tagelang im Haus zu riechen
vermischt mit dem bitteren Distraneurin
von dem man so weiße Zähne kriegt

Nichts weiter als das
Nichts weiter als die Gerüche
Natürlich weiß ich sehr gut
daß dies alles
auf eine bestimmte Weise
widerlich ist

Jetzt liegst du da
lallend
mit allen Kleidern am Leib
falls ich sie dir nicht ausziehe
Jetzt kann ich genau in dem Ton sprechen
der mir gerade paßt
wenn ich Anrufer für dich abwimmle
Jetzt kannst du mich nicht mehr treffen
mit deinen sarkastischen Bosheiten
die mich verzweifelt machen
auch wenn du ungerecht bist
denn ich weiß ja
warum du so bist

Du hast Angst
vor mir!
Jetzt weißt du
wenn du noch einmal
aus diesem Elend
heil herauskommen solltest
dann deswegen
weil ich dir genau dann
die Medikamente gebe
wenn du sie kriegen mußt
weil ich dir keinen Alkohol mehr gebe
gerade wenn du meinst
du könntest auf keinen Fall
ohne ihn auskommen
weil ich dafür sorge
daß du Salz und Proteine zu dir nimmst
wenn der Stoffwechsel gestört ist
weil ich einen Krankenwagen rufe
und dir nicht deinen Willen lasse
wenn du dich weigerst
dich auf die Tragbahre zu legen
obwohl du gerade noch darum gebeten hast

ins Krankenhaus kommen zu dürfen
weil ich da sitze
und deine Hand halte
auch wenn mir überhaupt nicht danach ist
deine Hand zu halten
oder dich auch nur
zu sehen

Auf eine bestimmte Weise
ist dies alles widerlich —

die Oberhand zu haben
und die Macht
und gar nichts dagegen
einzuwenden zu haben

Am schlimmsten ist es zu wissen
daß wir beide
dies alles wissen

Auf eine bestimmte Weise
ist dies alles widerlich —

die Oberhand zu haben
und die Macht
und gar nichts dagegen
einzuwenden zu haben

Am schlimmsten ist es zu wissen
daß wir beide
dies alles wissen

Anmerkungen

[1] In einem Artikel über Alkoholikerfamilien übersetzt Hallmeier (1985) mit
„Chef-Co-Alkoholiker", differenziert aber nicht durchgängig zwischen diesem und anderen Co-Abhängigen.
[2] Als Paraphernalia werden im Amerikanischen Gegenstände bezeichnet, die
zum Konsum von Drogen verwendet werden, zum Beispiel das „Fixerbe-
steck", Löffel, Spritzen, etc.

6 Charakteristische Rollen von Kindern suchtkranker Eltern und ihre Bedeutung für die Entwicklung der Persönlichkeit

Neben der Rolle der „enabler" gibt es in Familien von Suchtkranken noch weitere charakteristische Rollen, die Wegscheider (1981) zunächst bei Kindern alkoholkranker Eltern beobachtet hat. Obwohl es bisher keine empirischen Untersuchungen hierzu gibt, werden diese Beobachtungen in der klinischen Praxis auch von anderen bestätigt (Macdonald/Blume 1986). Wegscheider bezeichnet sie als die Rolle des Familienhelds und des Sündenbocks, des verlorenen Kindes[1] und als die Rolle des Maskottchens.

Die verschiedensten Verhaltensweisen und -störungen, die bisher als typisch für Kinder aus Alkoholikerfamilien beschrieben wurden[1], lassen sich sehr gut den einzelnen Rollen oder deren Kombinationen zuordnen. Die zunächst sogar widersprüchlich erscheinenden Ergebnisse entsprechender Untersuchungen, die bisher eher zusammenhanglos aufgelistet wurden, können somit in bestimmten Konfigurationen als sinnvolle Einheiten erkannt werden, die nicht nur für das einzelne Kind, sondern auch für die ganze Familie von Bedeutung sind.

Jede einzelne Rolle entsteht aus einer spezifisch belasteten und schmerzlichen Situation, weist ihre eigenen Symptome auf, bringt ihren spezifischen Gewinn sowohl für das individuelle Familienmitglied als auch die gesamte Familie und fordert schließlich ihren besonderen Preis. Die Übernahme einer Rolle stellt kein kalkuliertes Verhalten dar, sondern geschieht langsam und unmerklich für die Betroffenen. Sie entwickelt sich aus den in Kapitel 4 beschriebenen Abwehrmechanismen und hilft den Kindern, im Chaos der Familie mit einem suchtkranken Elternteil zu überleben, erwachsen zu werden und für mehr oder weniger lange Zeit nach außen hin als gesund zu erscheinen. Merkmale der jeweiligen Rolle werden im Laufe der Jahre jedoch zu persönlichen Charakteristika der Heranwachsenden und später Erwachsenen, die ihnen auch dann noch eigen sind, wenn zum Beispiel der alkoholkranke Vater nicht mehr trinkt oder sie ihre Herkunftsfamilie verlassen haben. Die heute erwachsene Tochter eines Alkoholikers drückt dies so aus: „Die Katastrophe ist zwar schon seit Jahren vorüber, aber ich habe nie gelernt, ohne Katastrophe zu leben" – ein Drehbuch, das für die Betroffenen eine größere Bedeutung hat, als allgemein gesehen wird. Die jeweiligen Eltern scheinen es nicht einmal zur Kenntnis nehmen zu können, daß ihre Sucht langfristig Konsequenzen für das Leben ihrer Kinder hat; ganz abgesehen von der Qualität dieser Folgen. So habe ich oft erlebt, daß trockene Alkoholiker und Alkoholikerinnen immer wieder betonten, daß ihre Kinder „doch etwas geworden sind – schließlich habe ich ja auch Therapie gemacht". Auf spezifische Probleme der Kinder von Alkoholkranken weist der Ansatz von Cermak hin (Kapitel 11). Im folgenden beziehe ich mich wieder auf die Arbeiten von Wegscheider (1976; 1981), die die Rollen der betroffenen Kinder detailliert beschreiben. Sie stellen die verschiedenen Rollen in übertriebener Weise – fast wie in einer Karikatur – dar, um ihre jeweils spezifischen Anteile deutlich zu machen. Kein Mensch wird einem dieser Idealtypen in jeder Einzelheit entsprechen, denn jede Person präsentiert Probleme und Charakteristika, welche ihr eigen und ganz individuell sind. Die folgenden Charakterisierungen sollen hingegen ein Bild von den eher typischen Verhaltensmustern und Rollen sowie der Art und Weise der Selbstwahrnehmung vermitteln, die im Zusammenhang mit der Interaktion in einer von der Sucht betroffenen Familie immer wieder beobachtet werden können. Sie sind keinesfalls so zu verstehen, als solle hier eine kausale Analyse des individuellen Rollenverhaltens vertreten werden: Es darf nicht vergessen werden, daß sich das beschriebene Verhalten in der Interaktion entwickelt. Die dargestellten charakteristischen Verhaltensweisen sind also von der systemischen Dynamik beeinflußt und beeinflussen diese zugleich.

Die *Rolle des Helden oder der Heldin* ist am stärksten durch die Position in der Geschwisterreihe bestimmt: Sie ist überwiegend die des erstgeborenen Kindes. Schon seine Position führt im allgemeinen dazu, daß dieses Kind im Gefühl aufwächst, etwas Besonderes zu sein: Es erfährt mehr Aufmerksamkeit und Zuwendung durch die Eltern und die Familie als die nachfolgenden Geschwister. Der Held ist dafür prädestiniert, im Verlauf der Entwicklung zur Abhängigkeit und Co-Abhängigkeit der Familie außerordentlich gut zu werden – eben „zu gut, um wahr zu sein". Er ist sehr hilfreich im Familienkreis und auch außerhalb. Er sorgt dafür, daß die Familie Anlaß zu Freude, Stolz und Hoffnung hat, und wird somit zur Quelle für das Selbstwertgefühl der anderen. Die Heldin arbeitet sehr hart, um Anerkennung zu erhalten, und je nach Qualität des elterlichen Subsystems bekommt sie diese entweder von beiden Eltern oder nur einem Elternteil. Ein Kind in dieser Rolle wird kompetent, überverantwortlich und scheint selbst keinerlei Probleme zu haben.

Auch wenn Mädchen in der Rolle der Heldin oft zur „kleinen Mutter" der Familie werden, ist die Übernahme eines entsprechenden

Verhaltens keineswegs an das Geschlecht des Kindes gebunden. Helden sind oft beliebte Anführer, Meinungsführer, Trainer etc., die nicht nur von den jeweiligen Gruppenmitgliedern, sondern auch von Eltern und Lehrerschaft für ihr Verantwortungsbewußtsein, ihr Organisationstalent und ihre Fürsorglichkeit geschätzt werden. Der Preis, den Kinder für diese Rolle bezahlen, ist erst auf den zweiten Blick zu erkennen. Nach Wegscheider hat die Heldin ihr Leben einer unmöglichen Aufgabe gewidmet: Sie träumt davon, ihre Familie zu retten und glaubt, wenn sie sich nur richtig anstrenge, müsse ihr dies auch gelingen. Diese Aufgabe hat sehr viel mit dem Vorhaben der Enabler gemein. Tatsächlich hat der Suchtkranke in einer Familie typischerweise mehr Distanz zu seinen Angehörigen in der Enabler- und Heldenrolle als diese beiden untereinander: Sie haben gemeinsame Probleme, durch welche sie eng miteinander verbunden werden. Im allgemeinen lernt der Held im Verlauf seiner Entwicklung so viel besonders suchtförderndes Verhalten, daß er manchmal in der Literatur auch „der kleine Enabler" genannt wird. Seine frühen Anstrengungen, die Defizite der Familie wettzumachen, werden schließlich belohnt. Gleichzeitig entwickelt sich in ihm jedoch das bezeichnende Gefühl, unzulänglich und schuldig zu sein: Obwohl er sich so sehr anstrengt, reichen all seine Bemühungen nicht aus, um die Probleme der Familie aus der Welt zu schaffen. Das Ziel seiner Bemühungen ist es schließlich nicht, seine eigenen Bedürfnisse zu befriedigen, sondern er muß den Mangel an Selbstwert ausgleichen, unter dem die Eltern und die anderen Familienmitglieder leiden. Er selbst leidet unter dem Gefühl, alles richtig und „supergut" machen zu müssen, und entwickelt Ängste und Schuldgefühle, wenn er seine selbstgesetzten Standards nicht erfüllt. Er hat gelernt, daß er sich auf niemanden verlassen kann und sich daher am besten selbst um alles kümmert. Obwohl er nach außen hin sehr viel Anerkennung für seine Leistungen erhalten kann, bleibt er innerlich einsam und hat große Schwierigkeiten mit persönlichen Beziehungen. In seiner Familie hat er nicht gelernt, sich anderen mitzuteilen – ganz im Gegenteil war oder ist es besser, wenn niemand Einblick in die Familie und sein Leben gewinnen kann. Es gibt schließlich zu viel zu verbergen – die Sucht des Vaters oder der Mutter, die damit verbundenen familiären Probleme und die eigenen, unterdrückten Gefühle. Das „Super-gut-Sein" der Heldin hat ausgeprägt zwanghaften Charakter und dahinter steckt die Angst, daß etwas Schreckliches geschehen wird, wenn sie nicht gut genug ist; an diesem Schrecklichen trüge sie allein die Schuld.

Es ist daher leicht verständlich, daß Kinder in der Rolle der Heldin wesentlich in ihrer Fähigkeit eingeschränkt sind, sich zu entspannen,

Spaß zu haben oder dem Leben etwas anderes abzugewinnen als Ernsthaftigkeit und Pflichtbewußtsein. Als Erwachsene wählen Helden häufig einen helfenden Beruf, da ihnen diese Rolle sowohl vertraut als auch befriedigend ist. Sie arbeiten tüchtig, zuverlässig und gewissenhaft, geraten jedoch schnell in Panik, wenn sie nicht alles unter Kontrolle haben. Sie können keine Verantwortung abgeben und neigen zu Perfektionismus. Durch ihren zwanghaften Drang, die Arbeit der anderen nachzuprüfen, sowie ihren Wahn, alles selbst machen zu müssen, vermitteln sie den Eindruck, daß sie anderen Menschen nichts zutrauen und sich selbst für eine Person halten, die alles besser kann. Hinter diesem Schein ist die alte Angst verborgen, versagt zu haben und schuld zu sein, wenn etwas schief gelaufen ist – auch dann, wenn der Fehler eindeutig bei einem anderen lag. Heldinnen neigen zur Arbeitssucht und den damit verbundenen streßbedingten gesundheitlichen Schäden.

Der *Sündenbock* ist oft das zweite Kind der Familie. Da die Rolle des Familienhelden bereits besetzt ist, scheitern die Versuche des jüngeren Kindes, seinerseits durch gutes Verhalten so viel Aufmerksamkeit zu erlangen wie das Erstgeborene. Anstelle der Position des Zweitbesten findet es seine besondere Rolle in der Familie, indem es komplementär zur Heldin die negative Aufmerksamkeit auf sich zieht und zum Sündenbock wird. Der Sündenbock ist ein Kind, das mit sehr großer Wahrscheinlichkeit selbst suchtmittelabhängig wird.

Das Verhalten des Sündenbocks kann am besten als die Kehrseite des Heldenverhaltens verstanden werden: Während die Heldin gut und verantwortlich handelt, handelt der Sündenbock schlecht und unverantwortlich; während der Held hart arbeitet und dafür sorgt, daß die Familie stolz auf ihn sein kann, bringt der Sündenbock die Familie in Schwierigkeiten und stellt sich als Versager dar. Während die Heldin sich um die Familie und deren Probleme kümmert, scheint der Sündenbock sich nicht darum zu scheren. Tatsächlich leidet jedoch auch dieses Kind unter der Situation der Familie und erhält seinerseits zu wenig Aufmerksamkeit und Zuwendung. Sein Beitrag für das familiäre Gleichgewicht besteht darin, daß es vom Suchtproblem in der Elterngeneration ablenkt, indem es sich selbst als Übeltäter anbietet. Das Verhalten des Sündenbocks entspricht dem Abwehrverhalten, das der Familienrebell entwickelt. Durch das für ihn typische Ausagieren bringt sich der Sündenbock immer wieder in gefährliche Situationen: Schlägereien, Anschluß an Gruppen, die randalieren, trinken, gewalttätig werden, Einbrüche begehen oder anderweitig kriminell handeln. Hierdurch sowie den Konsum von Drogen und Fahren unter Drogeneinfluß, im allgemeinen unter Alkohol, ist dieses Kind direkter als der Familienheld in Gefahr, gesundheitliche Schäden zu erleiden.

Unter der aggressiven, feindseligen und abweisenden Fassade des Sündenbocks sind vor allem Schmerz, Einsamkeit und das Gefühl, zurückgewiesen zu werden, verborgen. Dies führt insbesondere bei Mädchen zu frühen sexuellen Kontakten, in denen sie die vermißte Zuwendung suchen. Zu besonders fatalen Entwicklungen führt es, wenn sie dabei schwanger werden.

Obwohl die Rollen von Held und Sündenbock zunächst einander diametral entgegengesetzt erscheinen, kommt es oft vor, daß sie ausgetauscht werden. Wenn die Heldin das Elternhaus verläßt, kann dies zum Beispiel so interpretiert werden, als lasse sie die Familie im Stich. Sie wird daher zum Sündenbock erklärt und ihre Position wird vom nächstältesten Kind übernommen. Eine ähnliche Entwicklung kann sich ergeben, wenn der Sündenbock „sich gebessert hat" – hierauf wird im folgenden Kapitel am Beispiel des drogenabhängigen Kindes noch gesondert eingegangen.

Da der Familienheld bereits die öffentliche Aufmerksamkeit dafür auf sich zieht, daß er gut und erfolgreich ist, und der Sündenbock dafür, daß er schlecht und ein Versager ist, findet das dritte Kind in der von Sucht betroffenen Familie eine sichere Position, indem es die *Rolle des „verlorenen Kindes"* spielt und überhaupt nicht auffällt. Wenn es weder besonders schlecht noch besonders gut ist, handelt es sich weder Ärger noch Lob ein. Die Eltern sind geradezu erleichtert, weil dieses Kind keinerlei Anforderungen an sie stellt: Sie müssen keine besonderen Leistungen bewundern und brauchen es auch nicht aus unangenehmen Situationen befreien. Sie sind so zufrieden, daß dieses Kind weder Zeit noch Aufmerksamkeit in Anspruch nimmt, daß sie es aktiv in seiner Rolle unterstützen.

Dieses Kind entwickelt ein Abwehrverhalten, das als apathisch beschrieben wird. Es vertritt keine eigene Meinung, ist im allgemeinen schüchtern und ruhig. Es kümmert sich selbst um seine Belange und fühlt sich wohl, wenn es sich alleine beschäftigt. Das verlorene Kind findet seine Identität in einzelgängerischen Aktivitäten wie Lesen, Phantasieren und Tagträumen. Es benutzt seine Isolation auch als Mittel, Konflikte zu vermeiden: Indem es sich zurückzieht, kommt es nicht in Situationen, in denen es Meinungsverschiedenheiten und Auseinandersetzungen erleben würde. Da es keine Erfahrungen im aktiven Umgang mit Konflikten sammeln kann, lernt es stattdessen nur den sozialen Rückzug. Dabei können ihm technische Mittel wie Computer, Fernsehen und Stereo- und Videoanlägen behilflich sein. Die Eltern wissen im allgemeinen, wo sich dieses Kind aufhält und empfinden dies als Sicherheit — etwas besonders Wertvolles in den betroffenen Familien. Sie belohnen das Kind daher mit ihrem Vertrauen und ihrer Zustimmung. Somit schlägt auch das verlorene Kind Kapital aus seiner speziellen Rolle, während es die Rollen des Helden und des Sündenbocks verstärkt und unterstützt, so daß die familiäre Balance aufrechterhalten bleibt.

Das charakteristische Gefühl des verlorenen Kindes ist Einsamkeit. Seine Familie erwartet im Grunde nichts von ihm — dementsprechend hält es sich selbst auch für unbedeutend, ist ohne Hoffnung und hat keinen Grund, seine Potentiale zu entwickeln. Somit entwickelt es auch keinerlei soziale Fähigkeiten und hat als erwachsener Mensch besondere Probleme, Beziehungen einzugehen. Auch die Entwicklung seiner sexuellen Identität ist beeinträchtigt. Das verlorene Kind leidet unter ausgeprägten Selbstwertproblemen. Es neigt dazu, seine innere Leere mit Essen aufzufüllen und gelegentlich auch Alkohol und andere Drogen hierfür zu gebrauchen. Diese Kinder fallen in der pädiatrischen Praxis oft durch Allergien und Asthma auf, durch unwahrscheinlich häufige Unfälle, oft auch durch Bettnässen. Krankheit ist ihre einzige Möglichkeit, Zuwendung und Aufmerksamkeit zu erhalten. Die Zwanghaftigkeit, die sich in den betroffenen Familien bei allen Mitgliedern entwickelt, führt häufig auch dazu, daß das verlorene Kind durch sein Eßverhalten zu einem dicken Kind wird — was seine soziale Isolation unter Gleichaltrigen noch verschärft. Bei Mädchen und jungen Frauen entwickeln sich hierauf oft Eß- und Brechsucht und Mißbrauch von Abführ- und Schlankheitsmitteln. Als Erwachsene kommen die so Betroffenen kaum noch zu einer Beratung oder Therapie. Sie haben während ihrer Kindheit und Jugend so wenig Hilfe, Rat und emotionale Unterstützung erfahren, daß sie sich nicht vorstellen können, bei anderen Menschen Unterstützung zu erhalten.

Das *Maskottchen* ist im allgemeinen das jüngste Kind. Seine Situation ist dadurch bestimmt, daß die Eltern mit Alkohol- und Co-Abhängigkeit beschäftigt sind und die Geschwister ihre spezifischen Überlebensstrategien pflegen und ausbauen. Das jüngste Kind fühlt sich daher alleine und hilflos. Es ist in eine bedrohliche Situation hineingeboren, die es nicht versteht. Um seinerseits überleben zu können, übernimmt es die Rolle des Maskottchens und spielt den Clown für die anderen. Seine Aufgabe im familiären Bereich besteht darin, für Ablenkung durch Spaß und Stimmung zu sorgen. Es entwickelt seinen ganzen Charme und Humor, kaspert herum und ist ausgesprochen hyperaktiv. Das Maskottchen ist das Kind, das mitten in einer Therapiesitzung mit der Familie einen Purzelbaum schlägt, um von der Spannung abzulenken. Von den älteren Geschwistern wird es beschützt und fortwährend daran erinnert, daß es nicht nur das jüngste Kind, sondern tatsächlich auch das Baby der Familie ist – süß, schwach, klein, unreif und nicht in der Lage, mit den Realitäten des Lebens fertig zu werden. Daher wird dem Maskottchen nicht alles erzählt, was in der Familie vor sich geht, und darüber wird vergessen, daß auch ein sehr kleines Kind sehr wohl in der Lage ist, Spannungen zu empfinden und subtile Hinweise auf versteckten Ärger, Zorn oder auch Angst und Sorge wahrzunehmen. Das Maskottchen entwickelt deshalb hinter seiner Fassade sehr viel Angst. Es nimmt genau wahr, daß irgendetwas in der Familie nicht stimmt, es weiß jedoch nicht, was dies sein könnte. Die anderen Familienmitglieder antworten auf seine Fragen höchstens, daß doch alles in Ordnung sei. Dieses Kind lernt also, daß es seine Ängste und Befürchtungen auf keinen Fall zum Ausdruck bringen darf, da offensichtlich kein Platz dafür in der Familie ist. Angst ist das charakteristische Gefühl des Maskottchens. Es leidet außerdem an denselben Gefühlen von Unzulänglichkeit, Bedeutungslosigkeit, Schuld und Einsamkeit wie seine Geschwister, möglicherweise sogar intensiver als diese, da es jünger ist.

Das Maskottchen entwickelt sich zu einer Person, die andere manipuliert. Indem es den direkten Kampf um Überlegenheit mit den älteren Geschwistern vermeidet und in der Rolle des Babys verharrt, lernt es recht gut, die anderen Familienmitglieder so einzusetzen, daß es Profit daraus zieht. Allerdings wird es von niemandem ganz ernst genommen, da sein soziales Repertoire außer dem Spaßmachen keine weiteren Fähigkeiten enthält. Es hat daher auch keine Freunde.

Ein Kind in der Rolle des Maskottchens entwickelt häufig sehr schwere seelische Störungen: Es kann emotional nicht erwachsen werden. Die einzigen Taktiken, die es gelernt hat, sind Ablenkung und Vermeidung. Es hat nicht gelernt, mit Belastungen aktiv umzugehen. Es hat auch nicht gelernt, seine Gefühle auszudrücken und die der anderen zu akzeptieren. Seine Hyperempfindlichkeit für Streß kann zu körperlicher Krankheit führen sowie zu Phobien, die schließlich das Bild einer paranoiden Schizophrenie annehmen können. Tatsächlich fühlt sich dieses Kind innerlich gespalten, da es ja die furchtsame Person in seinem Inneren mit der sorglosen Fassade, die es nach außen hin zeigt, nicht zur Deckung bringen kann.

Da das Maskottchen häufig auch wegen seiner Hyperaktivität medikamentös behandelt wird – im allgemeinen mit Beruhigungsmitteln –, lernt es schon früh, daß es chemische Mittel gibt, mit denen es sich besser fühlen kann. Daher ist auch das Kind in dieser Position stark drogengefährdet, wobei es die Drogen zur Selbstmedikation benutzt. Schließlich ist die geheime Angst, verrückt zu sein (einen anderen Grund für seine Ängste kann es nicht finden, da seine Umgebung ihm jegliche Begründung hierfür abspricht), manchmal so groß, daß es auch selbstmordgefährdet ist.

Natürlich paßt das Verhalten eines betroffenen Kindes nicht ganz genau in die beschriebenen Rollen und außerdem kann die Rolle eines Kindes sich auch nach einiger Zeit verändern. Dies kann sowohl vom Fortschritt in der Entwicklung der Sucht abhängen als auch von anderen Ereignissen, die bei den Familienmitgliedern zu unterschiedlichen Reaktionen führen (neue Koalitionen, Geburt, schwere Krankheit, Tod, Hinzukommen anderer wichtiger Bezugspersonen usw.). Weiterhin gibt es auch die Möglichkeit, daß verschiedene Rollen von ein- und demselben Familienmitglied übernommen werden. Wenn zum Beispiel das älteste Kind die Familie verläßt, übernimmt häufig ein anderes Kind dessen Rolle. Ein Kind, das lange Zeit die Heldenrolle hatte, wird oft zum Sündenbock oder auch zum verlorenen Kind. Einzelkindern bleibt nichts anderes übrig, als Teile von allen Rollen zu übernehmen – dementsprechend intensiv sind ihr innerer Schmerz und ihre emotionale Konfusion. In einer sehr großen Familie kann es schließlich vorkommen, daß eine Rolle von mehr als einer Person besetzt wird.

Wegscheider weist darauf hin, daß wir alle in bestimmten Situationen entsprechende Rollen übernehmen. Dies geschieht in funktionalen Familien in Zeiten hoher Belastung, und schließlich ist ein gewisses Maß an „Streß" bereits zu einem Teil unseres Alltags geworden. Weiterhin geschieht dies in Familien, die längerfristig mit einem besonderen Problem belastet sind. Der Unterschied ergibt sich allmählich im Verlauf der Entwicklung zu einer abhängigen bzw. co-abhängigen Familie. So können sich Familien, die in einer früheren Phase der Suchtentwicklung in die Therapie kommen, noch leichter aus den Rollenbindungen lösen. In späteren Phasen dagegen scheinen die Rollen das Regiment über die Menschen übernommen zu haben: „Man könnte sagen, daß die Familienmitglieder schließlich von ihren Rollen abhängig geworden sind, da sie diese als wesentlich für ihr Überleben betrachten und sie mit derselben Zwanghaftigkeit, Realitätsverkennung und -verleugnung spielen wie der Abhängige seine Rolle als Trinker spielt" (Wegscheider 1981, 88).

Auch in ihrem 1985 erschienenen Buch „Choicemaking" zeigt die Autorin auf, wie sich die Charakteristika der Kinderrollen auf die einzelnen sowie auf die Familie insgesamt auswirken. Sie weist dabei auf die Stärken hin, die im Erwerb der Rolle ausgebildet werden und, zum Beispiel nach einer Therapie oder der Teilnahme an einer Selbst-

Tabelle 1: Charakteristische Gefühle, Verhaltensweisen, Rollen und Persönlichkeitsmerkmale von Kindern mit einem alkoholsüchtigen Elternteil (in Anlehnung an Wegscheider-Cruse, 1985)

Rolle bzw. Überlebens-strategie	Verhalten, Persönlich-keitsmerkmale	Gefühlsleben	Vorteile	Vorteile der Familie	Häufig beobachtete Ent-wicklung ohne Problem-bearbeitung	Häufig beobachtete Ent-wicklung nach Problem-bearbeitung
Held, Heldin	„Die kleine Mutter". Tut immer das Richtige, über-mäßig leistungsorientiert überverantwortlich. Braucht Zustimmung und Anerkennung von an-deren. Kann keinen Spaß emp-finden.	Schmerz, fühlt sich un-zulänglich, Schuldgefühle, Furcht, niedriger Selbst-wert, kann niemals ge-nügen.	Positive Aufmerk-samkeit	Versorgt die Familie mit Selbstwert, ist das Kind, auf das die Familie stolz ist.	Workaholic, kann Fehler und Mißerfolg nicht er-tragen, starkes Bedürfnis zu kontrollieren und zu manipulieren, zwanghaft, kann nicht nein sagen. Sucht abhängige/n Part-ner/in.	Kompetent, organisiert, verantwortungsbewußt, gut in Leitungspositionen, zielbewußt, erfolgreich, zuverlässig.
Sündenbock	Feindseligkeit, Abwehr, zurückgezogen, ver-drossen. Erhält negative Aufmerksamkeit, macht Ärger. Delinquenz.	Schmerz, Gefühl, zurück-gewiesen und verlassen zu sein, Wut. Fühlt sich unzulänglich, kein oder niedriger Selbstwert.	Negative Aufmerk-samkeit	Steht im Zentrum der (negativen) Aufmerksam-keit, lenkt ab vom sucht-kranken Elternteil.	Suchtkrankheit, Delin-quenz, Teenager-Schwan-gerschaft. Schwierigkeiten überall.	Hat Mut, kann gut unter Belastung arbeiten, kann Realität anerkennen und anderen aufzeigen, kann Risiko eingehen und er-tragen.
Verlorenes Kind	Einzelgänger, Tag-träumer, einsam, belohnt sich auch allein, z. B. mit Essen, „driftet und schwimmt" durchs Leben, ruhig, scheu, wird über-sehen, wird nicht vermißt.	Gefühl der Bedeutungs-losigkeit, darf keine Ge-fühle haben/zeigen. Einsamkeit, Verlassen-heit, gibt sich von vorn-herein geschlagen, Schmerz.	Entkommt jeglicher Aufmerksamkeit, hat seine Ruhe.	Erleichterung: „Wenig-stens ein Kind, um das man sich nicht zu küm-mern braucht".	Unentschiedenheit, keine Lebensfreude, Bezie-hungsstörungen: Promis-kuität oder Isolation. Kann nicht nein sagen, kann keine Veränderun-gen eingehen.	Unabhängig von der Mei-nung anderer, kreativ, phantasievoll, erfin-derisch, kann sich selbst behaupten.
Maskottchen	Übermäßig niedlich, süß, nett, unreif, tut alles, um Lachen oder Aufmerk-samkeit hervorzurufen. „Baby", schutzbedürftig, hyperaktiv, kurze Auf-merksamkeitsspanne, Lernprobleme, ängstlich.	Niedriger Selbstwert, Angst, Gefühl der Ein-samkeit, Bedeutungs-losigkeit, Unzuläng-lichkeit.	Erhält Aufmerksam-keit, indem es die anderen amüsiert.	Erleichterung und Spannungsabfuhr durch Komik.	Zwanghafte Clownereien, kann Streß nicht ertragen, eng an der Grenze zum Hysterischen, sucht Held/in als Partner/in.	Charmante/r Gesellschaf-ter/in, witzig, geistreich, humorvoll, unabhängig von der Meinung anderer. Einfühlsam und hilfs-bereit.

77

hilfegruppe, mit ihren konstruktiven Anteilen positiv und ohne Einschränkung durch Zwanghaftigkeit und Realitätsverkennung zur Geltung kommen können. Dies ist zusammengefaßt in Tabelle 1 dargestellt.

Dafür ein Beispiel aus der Praxis: Frau U, 29 Jahre, ist die älteste von drei Geschwistern. Der Vater ist Alkoholiker, trinkt aber seit Jahren nicht mehr. Frau U berichtet, wie sie sich in ihrer Familie erlebt hat: „Als Kind war ich immer in der Situation, entscheiden zu müssen, ob ich nun spielen gehen sollte oder besser meiner Mutter helfen. Obwohl sie es selten aussprach, daß ich ihr helfen sollte, hatte ich immer das Gefühl, sie würde es alleine nicht schaffen. Meistens habe ich mich dann aufgrund meiner Schuldgefühle zum Helfen entschlossen. Schuldig gefühlt hat sich eigentlich jeder gegenüber jedem. Man hat sich ja nie ehrlich ausgesprochen." – „Wenn meine Mutter die Belastung nicht mehr ertragen konnte und sich mit Kopfschmerzen ins Bett legen mußte, fühlte ich mich dafür verantwortlich und schuldig, nicht genügend getan zu haben, um die Familie in Ordnung zu bringen. Ich habe dann aus meiner Angst heraus bestimmt, was zu tun ist, und habe meine Geschwister angetrieben, um die meines Erachtens wichtigen Dinge im Haushalt meiner Mutter abnehmen zu können." – „Vielfach, wenn mein Vater getrunken hatte und durch seine Probleme richtig fertig war, habe ich mich an sein Bett gesetzt und ihm stundenlang zugehört, da er dann einen Gesprächspartner brauchte. Ich dachte, wenn ich es tue, erspare ich dies meiner Mutter, die doch selbst Angst hatte und ziemlich hilflos war. Hinterher erzählte ich ihr dann die Dinge aus den Gesprächen, von denen ich meinte, sie wären die Ursachen für das Trinken meines Vaters. Ich tat das in der Hoffnung, wir könnten uns die Krankheit dann besser erklären. Daß Alkoholismus eine Krankheit ist, wußte ich schon recht früh. Es war mir auch einsichtig, denn ich sah meinen Vater immer nur verzweifelt und hilflos, voller Schuldgefühle. An Situationen voller Brutalität und Aggression kann ich mich allerdings auch erinnern." – „Ich übernahm bei meinen Geschwistern oftmals die Elternrolle und bekam dafür, als großes Kind, von meinen Eltern manches Lob ... Meine jüngere Schwester wurde beim Klauen im Kaufhaus erwischt. Meine Eltern waren sehr aufgebracht und verletzt. Sie konnten sich nicht erklären, wie meine Schwester zu solch einem Verhalten fähig war. Die Familiendiskussion endete damit, daß ich versprach, in der Schule auf meine Schwester aufzupassen, damit sie wieder auf den rechten Weg kam. Ich bin dann sogar zu der Clique von meiner Schwester gegangen, die an der Aktion beteiligt war, und habe ihnen gedroht, alles zu erzählen, wenn sie meine Schwester nicht in Ruhe lassen würden."

„Für meine Geschwister wollte ich immer, daß sie es besser haben sollten, das heißt, daß sie nicht alle Probleme – das Trinken meines Vaters usw. – mitbekommen sollten. Heute denke ich, daß dies eine fatale Einstellung war und ist. In Gesprächen mit meinen Geschwistern ist mir deutlich geworden, daß sie durch mein Verhalten und ihre eigene Unsicherheit eigentlich mehr Angst hatten, als wenn mit ihnen offen geredet worden wäre." – „Dazu fällt mir folgende Situation ein: Wenn mein Vater getrunken hatte und nach Hause kam, legte er sich meistens ins Bett. Ich versuchte dann, meine Geschwister irgendwie in unserem Kinderzimmer zu beschäftigen, sie abzulenken, und ging dann zu meinem Vater, um ihm zuzuhören und mit meiner Mutter zu reden. Oder wenn meine Geschwister etwas angestellt hatten, versuchte ich mit meinen Eltern zu verhandeln, damit die Strafe nicht so schlimm ausfiel." – „Mein Bruder sagte mir in einem Gespräch, daß er mich immer als Vorkämpferin und eigentlich schon als ‚erwachsene Person' gesehen hat, daß ich in Gesprächen immer eine ‚erwachsene Position' einnahm und oftmals von meinen Eltern für das, was ich sagte und für meine Vorschläge Recht bekam. Eigentlich Recht und Anerkennung. Ich kann mich auch an Situationen erinnern, in denen es mir sehr unangenehm war, wenn meine Eltern mich als Vorbild für meine Geschwister hinstellten. Für mich sind dies auch alles Gründe, warum das Verhältnis zwischen mir und meinen Geschwistern auch heute noch sehr gespannt ist."

Frau U hat eindeutig die Rolle der Heldin. Die jüngere Schwester hat den Part des Sündenbocks übernommen. Als typische Sätze, „die wir untereinander gebrauchten, und die, wie ich meine, sehr deutlich zeigen, wie wir uns gegenseitig gesehen haben", berichtet sie: „Dir kann's ja eh keiner recht machen, keiner ist Dir gut genug." (Für Frau U) – „Dich interessiert ja doch nichts. Dir ist alles egal." (Für die Schwester, den Sündenbock) – „Du verstehst das ja doch nicht. Du bist eben noch zu klein." (Für den Jüngsten, der die Rolle des verlorenen Kindes übernahm.)

Auch heute noch haben die Kinder ihre Rollen: „Jeder achtet im Prinzip darauf, daß der andere seine Rolle nicht verläßt, denn wir haben nicht gelernt, uns als freie Menschen gegenüberzustehen. Vielmehr steht ständig der Gedanke im Raum ‚Man muß sich ja mögen, weil man eine Familie ist, wir müssen ja zusammenhalten.' Ich denke, dieses Verhalten ist uns heute deshalb noch so wichtig, weil sonst Strukturen in unserer Familie zerbrechen würden, die uns – wenn auch durch Schuldgefühle – doch noch zusammenhalten." – „Meine Schwester gerät oft noch in die Rolle des Sündenbocks, da sie Erwartungen, die vor allem meine Eltern an sie stellen, nicht erfüllt. Sie ist die einzige von uns Kindern, die sich distanziert und so gut wie möglich ihr eigenes Leben lebt. Ich bin in der Rolle der Ältesten und muß immer wieder regelrecht darum kämpfen, meinen Weg gehen zu können und mich nicht für alles in der Familie verantwortlich zu fühlen." In diese Bresche ist inzwischen der Bruder gesprungen: „Mein Bruder setzt sich im Moment am meisten für die Familie ein. Er redet jedoch nie über seine Gefühle und Probleme, die er sicherlich auch hat, sondern lebt schon wie ein Einzelgänger."

Anmerkung

[1] Vergleiche hierzu die von Köppl und Reiners (1987) referierten Untersuchungsergebnisse sowie die Bibliographie von Ackerman (1987).

7 Geschwister von Drogenabhängigen

Geschwister von drogenabhängigen Jugendlichen oder jungen Erwachsenen sind in der Bundesrepublik noch mehr im Abseits professioneller Aufmerksamkeit als die Kinder alkoholkranker Eltern: So liegen bisher zu diesem Thema zwei Übersetzungen amerikanischer Artikel vor, die aus den Jahren 1979 (Coleman 1983) und 1981 (Cleveland 1982) stammen. Erst 1987 erschien bei uns ein Appell von Deissler, die „Geschwister als Opfer der Süchtigen in den Familien" zu erkennen und ihnen zu helfen (Deissler 1987, 8). In einer amerikanischen Arbeit dagegen werden die Geschwister als potentielle Saboteure für den Therapieerfolg des drogenabhängigen Kindes beschrieben (Huberty/Huberty 1986). Opfer oder Saboteure? Beides ist richtig, und auch hier gilt es, sowohl die Interaktion zwischen den Familienmitgliedern als auch die persönliche Entwicklung der einzelnen zu betrachten.

Die Familien, um die es in dieser Darstellung geht, haben ihre familiäre Balance dadurch erreicht, daß sie das Suchtverhalten des abhängigen Kindes zum zentralen Thema gemacht haben. Wenn daher das Suchtverhalten aufgrund einer Behandlung „entfernt" wird, so wird diese Familie einer Erschütterung ausgesetzt, als sei sie das besagte Mobile in einem Wirbelsturm. Ohne eine Arbeit mit allen betroffenen Mitgliedern kann sich das Suchtverhalten sehr schnell wieder einstellen, die Familie kann sich auflösen, oder ein anderes Familienmitglied kann eine Störung entwickeln.

Die erste Therapeutin, die über die Einbeziehung von Geschwistern in die Behandlung von Drogenabhängigen publiziert hat, ist Sandra Coleman (1978; 1983). Ihr Ansatz verfolgte primär präventive Ziele: Sie hatte beobachtet, daß die bereits angeführte enge Beziehung zwischen drogenabhängigen Söhnen und ihren Müttern sowie andere typische dyadische Beziehungen in Familien mit suchtkranken Kindern dazu führen, daß die jüngeren Geschwister häufig sich selbst überlassen bleiben. Coleman stellte fest, daß diese Geschwister sehr oft Koalitionen bilden und sich stark miteinander identifizieren. Sie geraten daher in Gefahr, immer weniger in die Familie integriert und angesichts der größeren Probleme mit dem abhängigen Kind schließlich völlig ignoriert zu werden. Diese Position macht sie besonders anfällig, nun ihrerseits mit Drogen zu experimentieren. Huberty und Huberty (1986) zitieren eine Untersuchung über Geschwisterpaare, wonach Teenager, die zusammen mit ihren älteren Geschwistern in der Familie lebten, mit beträchtlich höherer Wahrscheinlichkeit Drogen konsumierten, wenn bereits der ältere Bruder oder die ältere Schwester Drogen genommen hatten (Cisin/Miller/Harrell 1977 – zitiert a.a.O., 34). Huberty und Huberty gehen über das Ziel, eine mögliche „Drogenansteckung" zu verhindern, hinaus: Sie analysieren zunächst, wie die Geschwister dazu beitragen, das suchtkranke Kind in einer abhängigen und inkompetenten Rolle zu halten und zeigen anschließend auf, wie diesem suchterhaltenden Geschwisterverhalten entgegengewirkt werden kann. In ihrer Analyse beziehen sie sich auf Wegscheider (1976; 1981), wobei sie sich jedoch nur auf die strukturellen Aspekte der familiären Interaktion konzentrieren und auf die Bedeutung der „Familienkrankheit" für die persönliche Entwicklung der Geschwister nicht eingehen.

Diese Abwehrmechanismen, die Sharon Wegscheider beobachtete, schlagen sich langfristig in der Übernahme entsprechender Rollen nieder, wobei Kinder von Suchtkranken in ganz charakteristischer Weise die des Helden, des Sündenbocks, des „verlorenen Kindes" oder des Maskottchens spielen, bis sie diese schließlich mit Leib und Seele verkörpern. In der Praxis vieler Familienprogramme der Suchtkrankenhilfe in den USA – unter anderem auch im Glenbeigh Adolescent Hospital (siehe Kapitel 10) – hat sich gezeigt, daß diese Rollen auch bei Geschwistern von drogenabhängigen jungen Leuten beobachtet werden können.

Auch die Erfahrungen anderer, die sich nicht an diesem Modell orientieren, lassen sich im wesentlichen Wegscheiders Rollen zuordnen. So beschreiben Kaufman und Kaufmann (1983, 50) drei Gruppen von Geschwistern Drogenabhängiger: „Eine Gruppe setzte sich aus gleichfalls Süchtigen zusammen, deren Drogenabhängigkeit unentwirrbar mit der des Patienten verknüpft war, und die andere Gruppe bestand aus älteren Geschwistern, die entweder ein Elternkind waren, das bei losgelöster Position des Vaters eine autoritäre Rolle übernahm, oder die selbst sehr erfolgreich waren. Einige dieser erfolgreichen Geschwister hatten sich von der Familie abgesetzt, aber viele waren noch mit ihr verstrickt. Eine dritte, kleinere Gruppe von Geschwistern war recht passiv und hatte mit dem Drogenmißbrauch nichts zu tun."

Schließlich beschreibt Cleveland, die im Rahmen eines praxisorientierten Forschungsprojekts zehn Familien drogenabhängiger Jugendlicher untersuchte, ähnliche Verhältnisse. Sie orientiert sich an der Sichtweise der strukturellen Familientherapie nach Minuchin. Obwohl sie anderen Prämissen folgt als Wegscheider, die mit einem völlig anderen Krankheitsbegriff arbeitet und sich sowohl für die persönliche Entwicklung der einzelnen als auch deren Bedeutung für das familiäre System insgesamt interessiert, sind ihre Beobachtungen zum Teil vergleichbar. Cleveland (1982) beschreibt drei Rollen, die sich stark auf die Familienstruktur auswirken, die Rolle des Elternkindes, des braven Kindes und symptomatischen Kindes.

Der Begriff des *Elternkindes* wurde von dem amerikanischen Familientherapeuten Minuchin geprägt. Dieses Kind übernimmt in seiner Familie Funktionen, die eigentlich im Aufgabenbereich der Eltern liegen. Elternkinder kommen vor allem in großen Familien vor, in Familien mit nur einem Elternteil und in Familien mit einem schwerkranken Kind (Hubschmidt/Kurz 1986). Sie tragen Verantwortung für die jüngeren Kinder und entlasten die Eltern. Cleveland beschreibt die von ihr beobachteten Elternkinder als Menschen, die sehr hohe Ansprüche an sich selbst stellen und vorzeitig erwachsen sein müssen – eindeutig Charakteristika aus Wegscheiders Rollenbeschreibung der Heldin. Nach Hubschmidt und Kurz (1986), die sich speziell für die Situation von Elternkindern interessieren, ist über die strukturelle Ebene hinaus auch die emotionale Bedeutung dieser Rolle sehr wichtig: Das Elternkind ist oft auch ein „parentifiziertes Kind" (vgl. Boszormenyi-Nagy 1981). Das heißt, daß es nicht nur die elterliche Verantwortung gegenüber Geschwistern übernimmt, sondern auch die Fürsorge den eigenen Eltern gegenüber. Auch diese Anteile können in der Rolle des Helden enthalten sein.

Obwohl Cleveland die Rolle des Eltern- und die des braven Kindes voneinander trennt, beschreibt sie gleichzeitig, daß oft ein- und dasselbe Kind beide Rollen auf sich vereinigt. Auch das *brave Kind* hat viele Anteile aus der Rolle der Heldin: „Diese Kinder richten sich nach familiären und gesellschaftlichen Regeln und sind fleißige und strebsame Schüler. Sie versuchen ihr Bestes zu leisten, um damit den von den Eltern in sie gesetzten hohen Erwartungen gerecht zu werden". – „Sie glauben, es sei ihre Aufgabe, die Familie in den Augen anderer Leute als erfolgreich erscheinen zu lassen" (Cleveland 1982, 270). Die Kinder, die nach Cleveland sowohl Eltern- als auch brave Kinder sind, entsprechen der Rolle des Helden, wie sie von Wegscheider charakterisiert wurde.

Das *symptomatische Kind* ist in den von Cleveland untersuchten Familien das drogenabhängige Kind, das im Mittelpunkt der Aufmerksamkeit steht und somit in der Lage ist, mit seinem körperlichen Zustand und seinem Verhalten Stimmung und Moral der ganzen Familie zu manipulieren. Bei Huberty und Huberty (1986) entspricht dies dem Sündenbock. Das heißt jedoch nicht, daß nur dieses Kind sozial auffällig ist. Wie Coleman (1983) sowie Kaufman und Kaufmann (1983) beobachtet haben, kommt es häufig vor, daß auch ein anderes Kind Drogen nimmt. Ebenso kann jenes Kind auch durch Schuleschwänzen, aggressives Verhalten etc. das als Rebellieren beschriebene Abwehrverhalten zeigen – nur erhält es nicht so viel Aufmerksamkeit. Wenn das Kind, das die Rolle des Sündenbocks hatte, seinen Drogenkonsum einstellt oder zum Beispiel während einer langfristigen Therapie außer Haus ist, kann durchaus ein anderes Kind dessen Rolle übernehmen und als symptomatisch im Mittelpunkt stehen.

Insgesamt stimmen die genannten Autorinnen und Autoren ungeachtet ihrer unterschiedlichen theoretischen Orientierung darin überein, daß die Geschwister sowohl bei der Unterstützung als auch bei der Genesung von Sucht eine wichtige Rolle spielen und daher in die Behandlung einbezogen werden müssen. Insbesondere vor dem Hintergrund von Wegscheiders Beschreibung der persönlichen Betroffenheit von Angehörigen Suchtkranker ist dies nicht nur für die Genesung des abhängigen Kindes notwendig, sondern für die Genesung aller Beteiligten.

Huberty und Huberty, die sich besonders für die Beziehungen in der Kindergeneration interessieren, beschreiben im weiteren vier häufig zu beobachtende Koalitionen, zu denen sich die Geschwister innerhalb ihres Subsystems zusammenschließen können. Diese Koalitionen können bedingt sein durch die Reihenfolge der Geburt und die Altersgruppierung, durch das Geschlecht und die jeweilige Phase der persönlichen Entwicklung von Eltern und Kindern (Huberty/Huberty 1986).

Die von Wegscheider beobachteten familiären Rollen entwickeln sich oft in der Reihe der Geburtenfolge – unabhängig davon, ob das suchtkranke Familienmitglied der Eltern- oder der Kindergeneration angehört: Die erstgeborenen Kinder werden oft die Helden, die zweitgeborenen übernehmen häufig die Rolle des Sündenbocks, die an dritter Stelle geborenen übernehmen die des verlorenen Kindes und die an vierter Stelle geborenen entwickeln die Charakteristika des Maskottchens.

Die Beziehungen zwischen den Geschwistern werden weiterhin durch ihren Altersunterschied bedingt. Je geringer der Altersunterschied zwischen den Geschwistern ist, desto stärker beeinflussen sie sich gegenseitig und desto heftiger konkurrieren sie. Gibt es jedoch innerhalb der Kindergeneration Untergruppen, die altersmäßig mehrere Jahre auseinander sind, so ist oft die Tendenz zu beobachten, daß diese zwei Familien bilden. Jede Untergruppe bildet ihre eigene Familie mit den entsprechenden Rollenzuteilungen. In solchen Familien sind die Geschwisterrollen zwischen den beiden Gruppen im allgemeinen flexibler, offener, weniger konkurrierend und bringen von daher günstigere Voraussetzungen für eine Veränderung der ganzen Familie und somit auch die Genesung des abhängigen Kindes mit sich. Eine andere Möglichkeit besteht darin, daß ein Kind mit größerem Altersabstand zu seinen Geschwistern die Rolle eines Einzelkindes einnimmt. Zwillinge, die zwar bezüglich des Alters einander am nächsten sind, konkurrieren im allgemeinen nicht miteinander, sondern neigen eher dazu, mehr als andere Geschwister zusammenzuhalten und sich gegenseitig zu beschützen.

Huberty und Huberty weisen darauf hin, daß die Beziehung zwischen dem ältesten und dem jüngsten Kind einer Familie sehr bedeutsam ist, weil sich oft zwischen beiden eine starke emotionale Bindung entwickelt. Diese kann das ältere Kind veranlassen, sich dem jüngsten gegenüber als Beschützer zu fühlen und dementsprechend schneller nach Hilfe zu suchen, wenn das jüngste anfängt, Drogen zu nehmen. Es kann jedoch ebensogut vorkommen, daß das ältere Kind den Drogenkonsum des jüngsten deckt und dessen Suchtentwicklung fördert.

Nach Huberty und Huberty verläuft die Entwicklung eines einzelnen Mädchens zwischen Brüdern oder eines einzelnen Jungen zwischen Schwestern im allgemeinen in Extremen bezüglich der jeweiligen geschlechtsspezifischen Rolle. Hier werden bereits die Charakteristika von potentiellen Heldinnen und Helden verstärkt, was zum Beispiel in folgenden Äußerungen zum Ausdruck kommen kann: „Du bist unsere kleine Mutti" – „Du bist unser ganz besonderes kleines Mädchen" oder „Du bist unser kleiner Mann in der Familie, . . . wir sind ja so stolz auf dich".

Wenn ein Kind der einzige Junge in der Familie ist, und die Familie aufgrund ihrer Einstellung Jungen für wichtiger oder wertvoller hält als Mädchen, so kann er großen Vorteil aus seiner männlichen Rolle ziehen und wird diese übermäßig ausbauen. Ist das Kind das einzige Mädchen in der Familie, entwickelt es häufig eine extreme weibliche Identität und die damit korrespondierenden Verhaltensweisen, wie z. B. die der „zweiten Mutter". Während der Adoleszenz können diese Kinder eine gesunde Rebellion zeigen, indem sie versuchen, aus dem Extrem ihrer Rolle auszubrechen. Sind jedoch die Regeln in der jeweiligen Familie zu rigide, so können Drogenkonsum und -abhängigkeit zum destruktiven Vehikel werden, mit dem die Rebellion zum Ausdruck gebracht wird.

Eine Rivalität zwischen den Geschwistern kann auch beim Kampf um die Aufmerksamkeit der Eltern entstehen. Wenn z. B. ein erstgeborener Junge innerhalb von kurzer Zeit eine Schwester bekommt, die ihn in seiner Rolle als Familienheld entthront, so kann der persönliche Konflikt zwischen den beiden das Muster einer Geschlechterrivalität annehmen. Da Mädchen sich im allgemeinen schneller entwickeln und früher reif werden als Jungen, kann es sein, daß die jüngere Schwester durch ihre Entwicklung viel Druck auf den älteren Bruder ausübt. Aber auch ein Paar von gleichgeschlechtlichen Geschwistern, die zeitlich kurz nacheinander geboren wurden, kann untereinander möglicherweise noch mehr Konkurrenz und Bedrohung erleben als das gegengeschlechtliche Muster von Bruder und Schwester. Drogenmißbrauch kann hier ein Ausdruck dafür sein, daß das Kind aufgegeben hat und sich als Versager empfindet.

Während der unterschiedlichen Phasen von persönlicher und familiärer Entwicklung verändern sich auch die Subsysteme der Geschwister. Dies trifft ganz besonders auf die Entwicklung während der Adoleszenz zu, während welcher sich Rivalitäten, Wettstreit sowie alle Stadien von Kooperation innerhalb einer Familie in ständigem Wandel befinden. Die Eltern selbst können sich in einer Phase befinden, in der sie mit wesentlichen Veränderungen ihres Lebens fertig werden müssen – mit ihrer beruflichen Karriere, ihrer Beziehung als Ehepartner und -partnerin, dem Altern, eventuell auch Krankheit und Tod der eigenen Eltern. Möglicherweise reagieren die Eltern durch die Weitergabe zusätzlichen Drucks auf ihre Kinder und die Untergruppierungen der Geschwister. Im Prozeß ihrer Entwicklung und Veränderung können die Beziehungen der Kinder dabei zu Verhaltensweisen führen, die auch das Produkt von Kindern sein können, die sich nicht als gleichwertiges Element im Familiensystem empfinden. Dies macht es besonders schwierig, Drogenkonsum bei Jugendlichen richtig einzuschätzen. So kann es sich dabei um ein jugendspezifisches Phänomen handeln, das „sich auswächst", um eine zusätzliche Belastung, mit der die Familie überfordert ist, oder um eine Reaktion, die sich im Zusammenhang mit einer bereits bestehenden übergroßen Belastung der Familie entwickelt hat.

Schließlich können auch andere Faktoren den Platz eines Kindes innerhalb der familiären Gruppe beeinträchtigen, zum Beispiel die körperliche Behinderung eines Kindes, die Geburt eines Kindes kurz nach dem Tod eines anderen oder eine Adoption. All diese Faktoren beeinflussen das Ausmaß, in dem sich Reihenfolge der Geburt, Rollen der Geschwister und Gruppierungen innerhalb des Geschwistersubsystems ihrerseits auf die gesamte familiäre Konstellation auswirken. Obwohl Huberty und Huberty auch Faktoren aufführen, die als Familiengeheimnis behandelt werden können, gehen sie nicht auf die Bedeutung solcher Geheimnisse ein. Familiengeheimnisse können jedoch als ein weiterer Faktor betrachtet werden, der die Positionen der Familienmitglieder beeinflußt (vgl. hierzu Kapitel 12).

Huberty und Huberty empfehlen für Familien mit jungen Drogenabhängigen eine Familientherapie, in welcher die suchtspezifische Ausprägung der jeweiligen Rollen der Geschwister berücksichtigt wird. Sie konzentrieren sich dabei vor allem darauf, wie das Festhalten an diesen Rollen die Genesung des abhängigen Kindes gefährdet. Ich möchte daher an dieser Stelle darauf hinweisen, daß die anderen Mitglieder der betroffenen Familie nicht nur Gewinn aus ihrer jeweiligen Rolle ziehen, sondern ihrerseits ganz spezifische Belastungen und Beeinträchtigungen erfahren: Die Bedeutung eines suchtkranken Kindes für die Entwicklung von Selbstwert und Identität seiner Geschwister darf auf keinen Fall unterschätzt werden.

Die zentrale Botschaft, die in einer auf ein abhängiges Kind konzentrierten Familie von den Geschwistern wahrgenommen wird, lautet: „Du bist längst nicht so wichtig wie das suchtkranke Kind. Deine Probleme sind keine Probleme." Je jünger die so Betroffenen sind, desto schwerer sind die Beschädigungen, die sie in ihrer Persönlichkeitsentwicklung erfahren können. Auch ein bis dahin gesundes Kind kann durch die Veränderungen einer Familie im Verlauf der Entwicklung von Sucht und Co-Abhängigkeit gestört werden. Deissler beschreibt zum Beispiel die Situation der jüngeren Schwester eines Drogenabhängigen, die ihrerseits mit Pubertätsproblemen fertig werden muß (Deissler 1986, 8): „Sie wird Verständnis suchen, wo immer es zu haben ist. Jeder ‚Freund‘, der ihr zuhört, auch wenn er wenig oder nichts von ihren Problemen versteht, wenn er nur ihren seelischen Hunger nach Kommunikation befriedigt, kann sie menschlich und sehr häufig auch sexuell mißbrauchen, wenn er will. Sie kann schwanger werden, sie kann heiraten, sie kann sich in irgendeine Abhängigkeit sozialer oder wirtschaftlicher Art verkaufen, alles erscheint ihr als das kleinere Übel im Vergleich zur Situation zu Hause."

Ebenso wie Kinder alkoholkranker Eltern leiden auch die Geschwister von Drogenabhängigen an Scham- und Schuldgefühlen, an einem Schmerz, den sie nicht zeigen dürfen, an Einsamkeit. Ich habe oft erlebt, wie schwer es für diese Betroffenen ist, sich ihre Sehnsucht nach Aufmerksamkeit und Zuwendung durch die Eltern zuzugestehen sowie ihren Haß dem abhängigen Kind – und den Eltern – gegenüber. Sie sind zutiefst davon überzeugt, daß die Suchtkrankheit ihnen jegliches Recht auf eigene Bedürfnisse verweigert und sie sich daher schuldig fühlen müssen, wenn sie diese Bedürfnisse wahrnehmen. Auch sie betäuben ihre Gefühle. Sie bedienen sich der gleichen

Schutz- und Abwehrmechanismen wie die von Wegscheider beschriebenen Kinder von Suchtkranken. Da in der Bundesrepublik die Zahl der Kinder in einer Familie im allgemeinen geringer ist als in den USA, kann die Verteilung der verschiedenen Rollen bei uns nicht ganz so deutlich beobachtet werden, die emotionalen Prozesse sind jedoch durchaus vergleichbar.

So berichtete die 28jährige Schwester eines Drogenabhängigen: „Ich war zwölf, als mein Bruder immer mehr wegen seiner Drogenabhängigkeit auffiel. Er kam oft erst frühmorgens nach Hause, und ich schämte mich vor der Nachbarschaft – auch, weil die Polizei schon ein paarmal bei uns gewesen war. Auch vor meinen Schulfreundinnen und deren Eltern schämte ich mich und ich getraute mich nicht, jemanden mit nach Hause zu bringen, aus Angst, sie könnten meinen Bruder sehen, wenn er gerade zu war. Reden konnte ich auch mit niemandem. Meine Mutter war mit den Nerven völlig fertig, der konnte ich sowieso nichts mehr sagen, was sie noch mehr belastet hätte. Ich hatte Angst und wußte nicht wovor. Ich wurde immer schlechter in der Schule, obwohl ich früher eine gute Schülerin gewesen bin. Ich schwänzte die Schule, ich hatte einfach das Gefühl, ich schaffe das nicht. Ich wußte manchmal nicht, was ich gerade gelesen hatte."

Frau K hatte zunehmend die Rolle des verlorenen Kindes übernommen. Ihre ältere Schwester war eine typische Heldin, studierte Psychologie und beriet mit der Mutter, was zu tun sei. In der Familie gab es niemanden, mit dem Frau K hätte reden können: Die Eltern waren in Trennung begriffen, Mutter und Schwester kümmerten sich um den Drogenabhängigen, die beiden jüngsten Kinder waren sich selbst überlassen. So suchte sie bei anderen Menschen nach Kontakt: „Meine Freundin kannte ein paar ältere Jungen, Freunde von ihrem Bruder. Mit denen trafen wir uns im Park." Nachdem einer der Jungen sie nach einem sexuellen Kontakt vor den anderen lächerlich machte, versuchte sie, sich mit Tabletten das Leben zu nehmen.

8 Co-Abhängigkeit aus der Sicht der „Alcoholics Anonymous", der dominierenden Anschauung in der amerikanischen Suchtkrankenhilfe

8.1 Zur Entstehung des Begriffs

Der Begriff der Co-Abhängigkeit ist eingebettet in die Anschauungen und Arbeitsweisen der amerikanischen Suchtkrankenhilfe, die eng mit den Selbsthilfegemeinschaften der „Anonymous" verflochten sind. 1939 wurde in einer Veröffentlichung der „Alcoholics Anonymous" auch auf die Wirkung hingewiesen, die der Alkoholismus eines Familienmitglieds auf die anderen hat. 1968 entwarf Kellermann das Scenario des Theaterstücks „Alkoholismus – Karussell des Leugnens", das zu einem Klassiker in der Schriftenreihe der Al-Anon Familiengruppen wurde[1]. Insbesondere zeigt er darin auf, daß mehrere Parteien dazu beitragen, die Sucht zu unterstützen: Familie, Freunde, Kolleginnen und Kollegen und sogar professionell „Hilfreiche" wie Pfarrer, Ärzte, Fürsorgerinnen und Anwälte. Gleichzeitig weist er darauf hin, daß die „Hilfreichen" ebenso auch „Leidtragende" sein können sowie „Herausfordernde", die den Süchtigen kränken und ihrerseits gekränkt werden.
Kellermann spricht selbst nicht von C-Abhängigkeit (vgl. Nelson 1986), seine Beschreibung der Rollen und Interaktionen dieses tragischen Spiels kann jedoch als Vorläufer jener Arbeiten betrachtet werden, die dieses inzwischen populär gemacht haben.
Verbreitet ist der Begriff „co-dependence" oder „codependency" seit Mitte der siebziger Jahre. Inzwischen hat er seinen festen Platz im Bereich der amerikanischen Suchtkrankenhilfe. Er wird dabei allgemein zur Beschreibung von Personen verwandt, die mit einem Süchtigen zusammenleben oder eine enge Beziehung haben, und deren Leben dadurch beeinträchtigt ist. Verhalten, das zunächst als typisch co-abhängig bezeichnet worden war, wurde in den letzten Jahren zunehmend auch in anderen Beziehungen beobachtet. In dieser Darstellung geht es jedoch um Co-Abhängigkeit im engeren Sinne – nämlich um die Phänomene, denen wir bei Menschen begegnen, für die die Beziehung zu einem Süchtigen eine wichtige Rolle spielt. So wird einerseits jegliches Verhalten als co-abhängig bezeichnet, das die Sucht der abhängigen Person unterstützt, andererseits gilt Co-Abhängigkeit in den USA aber auch als eigenständige Krankheit der Angehörigen, die

sich − ebenso wie die des Drogensüchtigen − nicht nur auf das Verhalten der Betroffenen auswirkt, sondern auch auf deren Persönlichkeit sowie ihr gesamtes Umfeld. So wird Co-Abhängigkeit als Familienkrankheit betrachtet, die früher oder später alle am Familiensystem Beteiligten trifft. Co-Abhängigkeit zeigt sich aber auch in den größeren Systemen − am Arbeitsplatz, in der Gemeinde, in der professionellen Suchtkrankenhilfe, in der Gesellschaft.

In diesem Sinne wird der Betrieb als krank bezeichnet, der den alkoholabhängigen Angestellten nicht mit seiner Sucht bzw. dem damit verbundenen Verhalten am Arbeitsplatz konfrontiert, der Hausarzt, der noch immer Psychopharmaka verschreibt und wegen Magenbeschwerden behandelt, wenn Depression und Gastritis Folgen von Drogenmißbrauch sind, und die Psychotherapeutin, die noch immer nach verdeckten Konflikten sucht, wenn sich die Sucht schon längst zur alles dominierenden Krankheit entwickelt hat. Wilson-Schaef (1986) schließlich betrachtet Sucht und Co-Abhängigkeit als einen einzigen Krankheitsprozeß, der von unserem Gesellschaftssystem nicht zu trennen ist.

In der Bundesrepublik ist Co-Abhängigkeit noch ein neuer Begriff und kaum verbreitet. Bekannter ist der Ausdruck Co-Alkoholismus, der im deutschen Sprachgebrauch überwiegend eine sehr einseitige Bedeutung hat. Anläßlich der Suchtwoche im ZDF 1986 wurde von der Deutschen Hauptstelle gegen die Suchtgefahren die Zeitschrift „betroffen" herausgegeben, in welcher Co-Alkoholismus definiert wird als die „Verhaltensweisen von Bezugspersonen des Alkoholkranken, die geeignet sind, seine süchtige Fehlhaltung zu unterstützen und eine rechtzeitige Behandlung zu verhindern" (DHS 1986, 7). Die Vorstellung, daß auch Co-Abhängige Kranke sein sollen − eventuell sogar mit einem ganz spezifischen Muster −, stößt in der Suchtkrankenhilfe auf sehr viel Widerstand. So habe ich auf Tagungen und in Arbeitsgruppen häufig erlebt, wie besonders professionelle Helfer geradezu leidenschaftlich von Stigmatisierung der betroffenen Angehörigen sprachen. Die Angehörigen selbst scheinen dagegen weniger Probleme mit dieser „Stigmatisierung" zu haben: So fordert zum Beispiel Meyer (1983) stellvertretend für viele betroffene Eltern, die Fachleute in der Drogenarbeit sollten der Familie der Suchtkranken eine entsprechende Fehlentwicklung und Miterkrankung zugestehen, sie in die Behandlung einbeziehen und ihre Selbsthilfefähigkeit unterstützen. Auch der Zulauf von Angehörigen in Selbsthilfegruppen, deren Thema die Angehörigen selbst und nicht die Suchtmittelabhängigen sind (zum Beispiel Al-Anon), zeigt deutlich, daß praktische Hilfe wie auch Hilfe zur Selbsthilfe dringend gefordert sind.

Schließlich hat auch die deutsche Ausgabe des Buches von Robin Norwood (vgl. Kapitel 12) zu einer derart starken Reaktion betroffener Frauen geführt, daß die Bedürfnisse von Co-Abhängigen inzwischen unmißverständlich zum Ausdruck gekommen sind (auch dann, wenn ein Teil dieser Bewegung sicher nicht ganz zu Unrecht als Modetrend betrachtet werden kann).

Für ein besseres Verständnis dieser Situation erscheint es mir sinnvoll, kurz auf den amerikanischen Hintergrund einzugehen. So ist die Entstehung und Verbreitung des Begriffes „codependency" in engem Zusammenhang mit verschiedenen Entwicklungen in den USA zu sehen, die ihrerseits wieder miteinander verflochten sind; zum einen mit dem Anwachsen und Ausdifferenzieren der Selbsthilfegruppen von Angehörigen Suchtkranker, die sich in der Tradition der Anonymen Alkoholiker gebildet haben, aber auch mit einer Eigenart der professionellen Suchtkrankenhilfe in den USA: Sie wird vorwiegend von Betroffenen geleistet, die selbst in den Gruppen der „Anonymous" zu ihrer Genesung gefunden haben. Daher ist ihre Arbeit stark von der Philosophie der „Alcoholics Anonymous" und deren 12-Schritte-Programm geprägt. Auch das übergreifende Konzept der „chemical dependency", das sich seit Mitte der siebziger Jahre bei der Behandlung von Alkohol- und anderen Suchtmittelabhängigen zunehmend durchgesetzt hat, spielt eine wichtige Rolle, ebenso die Einbeziehung familientherapeutischer Ansätze in die Arbeit mit Suchtkranken und die wachsende Bereitschaft von Betroffenen, persönliche Erfahrungen in der Auseinandersetzung mit der eigenen Sucht (als Abhängige oder Co-Abhängige) und ihr Wissen als traditionell Ausgebildete in verschiedenen helfenden Berufen zu verbinden und für andere zur Verfügung zu stellen. Erst durch diese Kombination wurde Wesentliches zum Verständnis von Co-Abhängigkeit beigetragen – eine Entwicklung, die in der Bundesrepublik in dieser Form zumindest derzeit kaum vorstellbar erscheint.

Der Begriff Co-Abhängigkeit stammt also in erster Linie von den Betroffenen selbst; insbesondere hat eine Generation von mittlerweile erwachsenen Kindern von Alkoholikern zu seiner Verbreitung beigetragen: Zu den bekanntesten Professionellen, die selbst derart betroffen sind und ihre Erfahrungen veröffentlicht haben, zählen die Familientherapeutin Sharon Wegscheider, die Suchtkrankentherapeutin Stephanie Brown, der Psychiater Timmen Cermak und der Psychologe Robert Subby. Sie sind Gründungsmitglieder der National Association for Children of Alcoholics (NACoA), einer Organisation, die die spezifische Problematik betroffener Kinder ins öffentliche und fachöffentliche Bewußtsein rücken will und praktische

Hilfsansätze initiiert und unterstützt. Ende der siebziger Jahre riefen Brown und Cermak auch die ersten Selbsthilfegruppen für erwachsene Kinder von Alkoholkranken ins Leben, die in der Tradition der Anonymen Alkoholiker arbeiten (Adult Children of Alcoholics, ACoA). Besonders nach Erscheinen des Buches von Claudia Black (1981) „It will never happen to me", in dem sie beschreibt, was betroffene Kinder erleben, erhielt die ACoA-Bewegung in den USA starken Aufschwung.[2]

8.2 AA, Al-Anon und das Zwölf-Schritte-Programm

Die Gemeinschaft der Anonymen Alkoholiker entstand 1935 in Akron, Ohio, als sich die inzwischen legendären „Gründer", der Börsenmakler Bill W. und der Chirurg Bob S., trafen. Beide waren Alkoholiker mit einer langen Leidensgeschichte und teilten die Erfahrung, die Kontrolle über den Alkoholkonsum verloren und ihr Leben ruiniert zu haben. Sie stellten fest, daß ihre Bereitschaft, einander zuzuhören und die eigenen Erfahrungen mit der Krankheit, den damit verbundenen Erlebnissen und Ängsten offen mitzuteilen und sich zu helfen, dazu führte, daß sie den Zwang zum Trinken verloren. Gemeinsam mit weiteren Alkoholikern, die sich der Gemeinschaft anschlossen, erstellten sie als Quintessenz ihrer Erfahrungen das 12-Schritte-Programm, das sie in ihrem Buch „Alcoholics Anonymous" zusammen mit 30 Lebensgeschichten von Alkoholkranken, die mit Hilfe dieses Programms genesen sind, darstellten. Innerhalb weniger Jahre wuchs die Gemeinschaft der AA so stark an, daß sie die „12 Traditionen" entwickelte, welche die Organisation der Gemeinschaft nach innen und außen hin regeln. 1953 machten amerikanische Soldaten die AA in der Bundesrepublik bekannt.
In den vierziger Jahren bildete sich in den USA eine Gruppe von Angehörigen der AA – überwiegend deren Ehefrauen, die ein eigenes Selbsthilfeprogramm wollten. Auch sie arbeiteten mit dem 12-Schritte-Programm und nannten sich „Al-Anon". Später wurde das 12-Schritte-Programm auch auf die Abhängigkeit von anderen Drogen angewandt[3] sowie auf die verschiedensten anderen Probleme[4].

Der erste Schritt[5]
„Wir geben zu, daß wir dem Alkohol gegenüber machtlos sind und unser Leben nicht mehr meistern konnten": Dieser Schritt wird auch „Kapitulation" genannt. Kapitulieren muß nicht nur der Suchtmittelabhängige, kapitulieren müssen auch die co-abhängigen Angehöri-

gen. Ihre Aufgabe besteht darin, zu erkennen, wie weit sie selbst von Co-Abhängigkeit betroffen sind und ein individuelles Genesungsprogramm benötigen. So wird im ersten Schritt insbesondere das Thema der Kontrolle angesprochen, welche Co-Abhängige meinen ausüben zu müssen – und doch nicht haben, was von Cermak (1986) als verzerrte Beziehung zur Willenskraft umschrieben wird („Wenn ich mich nur richtig anstrenge, schaffe ich es auch – es liegt nur an mir."). Bertram (1986) beschreibt ein Beispiel aus einer Gruppe für Angehörige von psychiatrisch Kranken, in dem das gleiche Phänomen auftritt, was auch der erste Schritt beinhaltet. Die Eltern eines chronisch schizophrenen Patienten hatten ihre ganzen Bemühungen darauf konzentriert, gegen die Krankheit ihres Kindes zu kämpfen. Schließlich seien beide Eltern von diesem ständigen Kampf so erschöpft gewesen, daß sie ihn nicht mehr fortsetzen konnten. Sie hätten sich sozusagen ergeben und zur Kenntnis genommen, „daß die Krankheit eben stärker ist als wir". Und „merkwürdigerweise habe sich genau von dem Moment an die Stimmung des Sohnes wesentlich gebessert. Irgendwie sei er etwas ausgeglichener, gelöster geworden. Man wisse nicht, ob jetzt lediglich weniger von den Stimmen die Rede sei oder ob er tatsächlich seltener welche höre. Das sei aber auch egal, entscheidend sei, daß sich die Stimmung in der Familie entspannt habe" (Bertram 1986, 124). Bei den Angehörigen von chronischen Patienten geht es vor allem darum, die eigene Rat- und Hilflosigkeit zu erkennen und zu akzeptieren, illusionäre Hoffnungen auf eine vollständige Heilung aufzugeben – ebenso wie die verzweifelten und hilflosen Lösungsversuche der Vergangenheit. Dörner (1982) nennt dies den „Offenbarungseid" der Angehörigen.

Der zweite Schritt
„Wir kamen zu dem Glauben, daß eine Macht, größer als wir selbst, uns unsere geistige Gesundheit wiedergeben kann": Ziel des zweiten Schrittes ist, daß die abhängige bzw. co-abhängige Person Hilfe akzeptiert, die außerhalb ihrer selbst liegt, um ihr Genesungsprogramm zu unterstützen. Auf die Bedeutung der „höheren Macht" werde ich später noch ausführlich eingehen. Mit dem Verlust der „geistigen Gesundheit", der in diesem Schritt angesprochen wird, ist im Hinblick auf die Angehörigen tatsächlich das Verhalten gemeint, das diese in Reaktion auf das Verhalten des Suchtkranken entwickeln, und das oft als verrückt empfunden wird.

Der dritte Schritt
„Wir faßten den Entschluß, unseren Willen und unser Leben der Sorge Gottes – wie wir ihn verstehen – anzuvertrauen": Für die be-

troffenen Angehörigen geht es in diesem Schritt darum, herauszufinden, was wirklich unter ihre Kontrolle gehört und was nicht. Die
Arbeitspapiere, die im Glenbeigh Familienprogramm (vgl. Kapitel
10) verwendet werden, erläutern den dritten Schritt unter anderem
mit folgenden Fragen: Bin ich bereit, die Entscheidung zu treffen,
loszulassen und Gott − wie ich ihn verstehe − bei der Bewältigung
meines Lebens mitwirken zu lassen? Bin ich bereit, meine Finger von
Situationen zu lassen, die von anderen hervorgerufen wurden − unabhängig davon, was diese daraufhin für Konsequenzen erfahren?
Oder will ich weiterhin versuchen, jedes Problem aufzufangen und
selbst damit fertig zu werden? Verstehe ich den dritten Schritt so, daß
ich nur mein eigenes Leben und meinen Willen der Obhut Gottes an-
vertraue − wohl meine Probleme, aber nicht die Probleme von jemandem anderen?

Der vierte Schritt
„Wir machten eine gründliche und furchtlose Inventur in unserem Inneren."

Der fünfte Schritt
„Wir gaben Gott, uns selbst und einem anderen Menschen gegenüber
unverhüllt unsere Fehler zu."
Ziel der Schritte vier und fünf ist, daß die Betroffenen sich ein ehr-
liches Bild ihrer Persönlichkeit, ihrer Einstellungen und Verhaltensweisen machen. Angehörige von Suchtkranken, die co-abhängig geworden sind, handeln oft gegen ihre Wertvorstellungen und Interessen. Dies führt zu Schuld- und Schamgefühlen, die wiederum das
Selbstwertgefühl beeinträchtigen. Der vierte und fünfte Schritt schlagen vor, daß die Betroffenen eine persönliche Bestandsaufnahme
machen und diese mit ihrer höheren Macht und einem anderen Menschen teilen, um ihre Selbstwahrnehmung zu verbessern und um sich
selbst zu vergeben. In Behandlungseinrichtungen wird empfohlen,
den vierten und fünften Schritt mit einem Seelsorger zu besprechen[6].

Der sechste Schritt
„Wir waren völlig bereit, all diese Charakterfehler von Gott besei-
tigen zu lassen."

Der siebte Schritt
„Demütig baten wir ihn, unsere Mängel von uns zu nehmen": Die
hier als Charakterfehler bzw. Mängel bezeichneten Verhaltensweisen
und Einstellungen sind bei den Angehörigen zum großen Teil Über-
lebensmechanismen wie Realitätsverkennung, Unehrlichkeit, Schuld-

zuschreibung, Isolation usw., die mit deren Co-Abhängigkeit einher-
gehen.

Der achte Schritt
„Wir machten eine Liste aller Personen, denen wir Schaden zugefügt
hatten, und wurden willig, ihn bei allen wieder gut zu machen."

Der neunte Schritt
„Wir machten bei diesen Menschen alles wieder gut — wo immer es
möglich war —, es sei denn, wir hätten dadurch sie oder andere ver-
letzt": Hierzu gehört zum Beispiel auch die Aussprache zwischen
Eltern und suchtkrankem Kind. Wichtig ist, daß es dabei nicht, im
Sinne von Ursache und Wirkung, um Schuld geht, sondern um die
Bereitschaft, Fehler zuzugeben und sich ab jetzt anders zu verhalten.
Da sowohl der Süchtige als auch die Angehörigen an ihren persön-
lichen Programmen arbeiten, erklären sich alle Beteiligten ihre Feh-
lerhaftigkeit, ihren Willen, „wieder gut zu machen", sowie auch die
Bereitschaft, einander zu vergeben. In der Vergebung liegt auch die
Aufgabe der Opferhaltung, Leidtragende dieser Welt zu sein, die von
Süchtigen wie von Co-Abhängigen bis dahin oft gepflegt wurde.

Der zehnte Schritt
„Wir setzten die Inventur bei uns fort, und wenn wir Unrecht hatten,
gaben wir es sofort zu": Im zehnten Schritt wird angesprochen, daß
es sich hier grundsätzlich um einen ständigen Prozeß handelt, und die
Arbeit an sich selbst nicht abgeschlossen ist, selbst wenn alle Schritte
mehr als einmal durchlaufen wurden. In den Selbsthilfegruppen wird
oft gesagt: „Ein Schritt braucht ein Jahr!"

Der elfte Schritt
„Wir suchten durch Gebet und Besinnung die bewußte Verbindung
zu Gott — wie wir ihn verstehen — zu vertiefen. Wir baten ihn nur,
uns seinen Willen erkennbar werden zu lassen und uns die Kraft zu
geben, ihn auszuführen": Um die Hilfe der höheren Macht zu erfahren, ist durchaus eigene Aktivität erforderlich. „Hilf Dir selbst, so
hilft Dir Gott", das dürfte diese Beziehung zu einem Teil illustrieren,
andererseits gehört auch dazu, den Willen Gottes da zu akzeptieren,
wo er Grenzen setzt. Dies ist sehr schön im „Gelassenheitsgebet" verdeutlicht, das auf Seite 106 wiedergegeben ist.

Der zwölfte Schritt
„Nachdem wir durch diese Schritte ein inneres Erwachen erlebt hatten, versuchten wir, diese Botschaft an andere weiterzugeben — und
uns in allen unseren Angelegenheiten nach diesen Grundsätzen zu

richten": Dieser Schritt wird von den Betroffenen oft falsch verstanden. Ein gängiges Vorurteil besagt: „Ein Anonymer Alkoholiker – das ist doch einer, der selbst nicht mehr trinkt und ganze Straßenzüge trockenlegen will." Tatsächlich ist mit dem zwölften Schritt nicht gemeint, andere zu missionieren, sondern die Botschaft mit Respekt anzubieten. Dies wird in der „Elften Tradition" so ausgedrückt: „Unsere Beziehungen zur Öffentlichkeit stützen sich mehr auf Anziehung als auf Werbung." Es geht also darum, durch eigenes verändertes Verhalten eine mögliche Veränderung zu zeigen und durch die gelebte Botschaft attraktiv zu sein, nicht durch „Besserwissen".

Die zwölf Schritte sind inhaltlich und sprachlich gefärbt durch die Oxford-Bewegung, eine christliche Erweckungsgemeinschaft, der sich die Gründer von AA zunächst angeschlossen hatten. Daher erscheinen die AA vielen als „religiöse Spinner", als Sekte oder ähnliches. Tatsächlich stellt das Zwölf-Schritte-Programm nicht allein eine therapeutische Methode dar, sondern es bietet den radikalen Systemwechsel, indem es aus dem kausalmechanistischen Weltbild der modernen Wissenschaft aussteigt und eindeutig spirituell geprägt ist.

8.3 Zum Begriff der Spiritualität bei den AA

Die amerikanischen Begriffe „spirit" und „spirituality" lassen sich nicht adäquat ins Deutsche übersetzen, da die dahinterstehende Weltanschauung typisch für die amerikanische Gesellschaft ist, eine Übersetzung jedoch im allgemeinen Assoziationen hervorruft, die der Tradition unserer Denkweise entspringen[7].

Allerdings betrachten die AA die Arbeiten von C. G. Jung als wegweisend für ihre Anschauungen (vgl. den Schriftwechsel zwischen William G. Wilson und C. G. Jung 1961), so daß ich hier auf dessen Ausführungen über das Wort „Geist" verweisen kann, das einen derart großen Anwendungsbereich besitzt, „daß es eine gewisse Mühe verursacht, sich zu vergegenwärtigen, was alles damit gemeint ist" (Jung 1957, 93). Der Geist („spirit"), der hier mit dem Begriff der Spiritualität angesprochen wird, ist außerhalb des Menschen und „steigt herab" in die Sphäre menschlichen Bewußtseins. Er gibt dem Menschen „den Antrieb und den glücklichen Einfall, die Ausdauer, die Begeisterung und die Inspiration. Aber er dringt so ins menschliche Wesen ein, daß der Mensch in schwerster Versuchung steht, zu glauben, daß er selber der Erschaffer des Geistes sei und daß er ihn habe. In Wirklichkeit aber nimmt das Urphänomen des Geistes den

Menschen in Besitz, und zwar genau so, wie die physische Welt zwar anscheinend das willfährige Objekt menschlicher Absichten ist, in Wirklichkeit aber die Freiheit des Menschen in tausend Bande schlägt und zur obsedierenden idee-force wird. Der Geist bedroht den naiven Menschen mit *Inflation,* wofür unsere Zeit wohl die lehrreichsten Beispiele geliefert hat. Die Gefahr wird um so größer, je mehr das äußere Objekt das Interesse fesselt, und je mehr man vergißt, daß mit der Differenzierung unserer Beziehungen zur Natur eine solche der Beziehung zum Geiste Hand in Hand gehen sollte, um das nötige Gleichgewicht zu schaffen. Steht dem äußeren Objekt nicht das innere gegenüber, so entsteht ein hemmungsloser Materialismus, gekoppelt mit wahnhafter Selbstüberhebung oder mit einer Auslöschung der autonomen Persönlichkeit" (a.a.O., 98/99).

In der Bundesrepublik wird Spiritualität oft mit Religion verwechselt. Die Religionen sollen jedoch nach Jung „immer wieder an den Ursprung und ursprünglichen Charakter des Geistes erinnern, damit der Mensch nie vergesse, was er in seine Sphäre hineinzieht und womit er sein Bewußtsein erfüllt" (a.a.O., 98). Der Begriff der Spiritualität ist also viel weiter gefaßt als eine bestimmte Lehre oder Anschauung. Die grundlegenden Fragen zur Bedeutung des Lebens sind spirituelle Fragen: „Woher kommen wir – warum sind wir hier? – Wohin führt das Leben? – Gibt es ein Leben nach dem Tod? – Gibt es eine Macht, die all das ‚dirigiert‘?"

Spiritualität ist also eine Qualität, die dem Leben eine Bedeutung, einen Sinn gibt. Bei einer voll entwickelten Persönlichkeit kann das spirituelle Potential seinen Ausdruck in einer Vielfalt von Aktivitäten finden: Von Meditation über Gebet und aktiver Teilnahme am Gemeindeleben im Rahmen einer Religionsgemeinschaft bis hin zum Dienst am Nächsten und Engagement für Frieden, Gerechtigkeit, Menschlichkeit. Aber auch bei den praktischen Fragen des Alltagslebens spielt Spiritualität eine wichtige Rolle, denn sie ist Quelle unserer Wertvorstellungen. Diese Wertvorstellungen können einen Ansatzpunkt bieten, um auf spirituelle Fragen hinzuweisen und eine Auseinandersetzung damit in die Wege zu leiten.

In amerikanischen Einrichtungen der Suchtkrankenhilfe, die mit dem Zwölf-Schritte-Programm arbeiten, ist es durchaus üblich, auch Unterricht und Beratung zum Thema Spiritualität anzubieten. Auch hier geht es nicht um eine konfessionelle Zugehörigkeit mit einer entsprechenden Lehre, sondern um die Frage nach dem Sinn von Leben und Tod und danach, wie das Dasein in dieser Welt begriffen werden kann. Im Rahmen der Seelsorge, wie ich sie im Glenbeigh Hospital (vgl. Kapitel 10) erlebt habe, erfahren z. B. die jugendlichen Drogenabhängigen, wie sich andere Kulturen den Sinn des Daseins vorgestellt haben, wie sie sich darauf vorbereitet haben, zu sterben und in ein Jenseits einzutreten, welche Sagen und Legenden es hierzu gibt. Sie lernen, welche Wesenheiten in anderen Kulturen verehrt wurden oder werden und welche Bedeutung sie dort für die Menschen haben. Sie sprechen mit dem Seelsorger über den Begriff eines Gottes, wie er im allgemeinen im Religionsunterricht vermittelt wird, und darüber, was dieser Begriff für sie selbst bedeutet – im allgemeinen ist dies ein Gott, der alles sieht, vor dem sie sich schuldig und sündig fühlen und dessen Strafe sie fürchten.

Im Gegensatz zu dieser gefürchteten und strafenden Instanz wird der „höheren Macht" eine andere Qualität zugeschrieben: Eine liebevolle Macht, die Hoffnung, Kraft, Wärme und das Gefühl der Geborgenheit in dieser Welt vermittelt. Es ist Aufgabe jedes einzelnen Menschen, diese Instanz „außerhalb von mir" für sich zu suchen. Da eine solche Vorstellung im Grunde nur dann möglich ist, wenn Geborgenheit schon erfahren wurde, stellt dies den schwierigsten Teil der Arbeit dar; wer keine entsprechende Erfahrung machen konnte, kann höchstens theoretisch eine höhere Macht akzeptieren, und dies bleibt ein äußerlicher Vorgang. Andererseits erfahren jedoch die Jugendlichen durch die Erlebnisse in der Gruppe, daß es hier tatsächlich etwas gibt, was „größer ist als sie selbst": Hoffnung kann durch das Beispiel der Ehemaligen vermittelt werden[8], Kraft und Wärme werden im Gruppenprozeß erfahren – bis hin zu Situationen, in denen die Gruppe Geborgenheit bietet. Einen anderen Ansatz stellen die Meditationsübungen dar, die ebenfalls zu einem Erleben von einer Kraft „außerhalb von mir" führen können. In den Gemeinschaften der „Anonymous" sind Bücher mit Meditationsanleitungen für jeden Tag sehr gebräuchlich, die Therapieeinrichtungen leiten zum Umgang damit an.

Für viele Suchtkranke kann der Sinn des Lebens durchaus eine ganze Zeit lang darin bestehen, „für heute trocken oder clean zu bleiben". Im Laufe der Zeit wird sich dies jedoch ändern und die wesentlichen Fragen werden „Warum eigentlich nüchtern leben – warum überhaupt leben?" Der Sinn des Lebens kann natürlich nicht „verkauft" oder „antherapiert" werden und muß von jeder Person selbst gesucht und individuell gefunden bzw. erfahren werden. Dieser Prozeß ist notwendig, um sich wirklich vom Hunger nach der Droge zu befreien und zu einer anderen „Erfüllung" zu gelangen. C. G. Jung hat dies in seinem Briefwechsel mit Bill W. wie folgt formuliert: „Alkohol heißt auf lateinisch ,spiritus', und man verwendet das gleiche Wort für die höchste religiöse Erfahrung wie auch für das verderblichste Gift. Die

hilfreiche Formel ist daher: SPIRITUS CONTRA SPIRITUM" (Jung, 1961).
Für Co-Abhängige gilt im Grunde das gleiche Prinzip – ihr Sinn des
Lebens lag bisher darin, den Suchtkranken bzw. dessen Konsum von
Spiritus zu kontrollieren.

Die „höhere Macht" oder „Gott, wie wir ihn verstehen" ist demnach
nicht gleichzusetzen mit einem Gottesbegriff einer bestimmten Religion. So finden sich Angehörige aller Konfessionen bei den AA,
Freidenker und Atheisten. „Dem Alkoholiker, der am Anfang gegen
den spirituellen Faktor Einwände hat, wird nahegelegt, vorurteilslos
und unvoreingenommen zu bleiben; mittlerweile wird er seine AA-
Gruppe als seine höhere Macht betrachten" (AA-Gründer Bill, zitiert
nach Zierholz 1987, 21).

8.4 ZUM BEGRIFF DER KAPITULATION BEI DEN AA UND
DER ERKLÄRUNGSANSATZ DES SYSTEMWECHSELS NACH BATESON

Indem sich Süchtige wie auch Co-Abhängige als Teil eines größeren
Systems begreifen und sie ihre „höhere Macht" anerkennen, können
sie kapitulieren, also ihre persönliche Ohnmacht erklären. Die Übergabe des persönlichen Schicksals in die Obhut der „höheren Macht"
befreit sie von ihrem bisherigen Kampf um die Kontrolle, so daß sie
diesem Teufelskreis endlich entronnen sind (vgl. hierzu Tiebout 1954;
Bateson 1981; Kurtz, 1982). Durch seine Kapitulation und die Akzeptanz seiner Sucht erkennt der Alkoholiker sowohl seine Grenzen und
seine Ohnmacht an als auch sein Bedürfnis nach anderen. Er sucht
die personale Beziehung, nachdem die Droge „versagt" hat. „Süchtige sind enttäuschte Gläubige" – sie glaubten tatsächlich, daß die
Droge ihnen helfe, besser mit sich und ihrem Leben zurechtzukom-
men[9]. – Der zweite Schritt spricht davon, die geistige Gesundheit
wiederzuerlangen und schlägt hierzu im Grunde den Aufbau einer
neuen Beziehung vor, einer korrekt komplementären Beziehung sowohl mit sich selbst als auch mit dem größeren System. Der Suchtkranke erkennt an, sowohl abhängig als auch begrenzt zu sein, und
erfährt, daß es nicht Kontrolle und Unabhängigkeit sind, die seine
Grenzen überschreiten helfen, sondern das einander mitgeteilte
Eingeständnis der Abhängigkeit. Das Programm der AA hilft, die
Akzeptanz der Tatsache zu unterstützen, daß Realität auch Begrenzt-
heit bedeutet. In diesem Sinne spricht es direkt den falschen Stolz des
Alkoholikers an, der ihn glauben macht, gottgleich sein Schicksal
meistern zu können, um die Realität nicht sehen zu müssen, daß ihm
dies tatsächlich schon lange nicht mehr gelingt.

Der Begriff des „Alkoholiker-Stolz" ist in der amerikanischen Suchtkrankenhilfe sehr verbreitet (vgl. zum Beispiel Bepko/Krestan
1985)[10]. Bateson (1981) betrachtet ihn als eingebettet in einen kulturellen Kontext, der durch die Annahme definiert ist, das Individuum müsse in der Lage sein, seine Umgebung, sich selbst und andere zu beherrschen bzw. sein Schicksal zu meistern. Die stolze Behaup-
tung, den Alkohol unter Kontrolle zu haben, entsteht aus der im
Grunde empfundenen Hilflosigkeit angesichts dieses Anspruchs: Tatsächlich ist nicht „alles unter Kontrolle" – und zwar auf den verschiedensten Ebenen nicht. Um sich nicht als unterlegen, sondern als
kulturell erwünschter Meister seines Schicksals zu empfinden, muß
der Alkoholiker in all seinen Beziehungen „Symmetrie herstellen"
und beharrt daher darauf, gottgleich die Kontrolle über alles zu
haben – über sich, über andere, über den Alkohol.
Systemisch betrachtet hilft das ritualisierte Programm der AA dem
Suchtkranken, sein Selbstverständnis in einen neuen Kontext zu stellen, so daß er auf einer realistischeren Basis mit sich und denen, die
mit ihm zu tun haben, umgehen kann. Viele der Schritte und Merk-
sätze aus dem AA-Programm richten sich ganz spezifisch an die irri-
ge Erwartung des Süchtigen, daß er die Umwelt und sich beherrsche.
Das gleiche trifft für die Co-Abhängigen zu, die ebenfalls der Illusion
unterliegen, alles unter Kontrolle haben zu müssen bzw. zu haben.

8.5 Zum Begriff des „Loslassens" bei den Al-Anon

Für die betroffenen Angehörigen, die zu den Al-Anon-Gruppen
gehen, ist daher neben der Kapitulation das Loslassen wichtigstes
Thema, was sie in der Al-Anon-Informationsschrift „Loslassen" darstellen: „Alkoholismus ist eine Familienkrankheit. Das Zusammenleben mit einem Menschen, der an dieser Krankheit leidet, ist für die
meisten so verheerend, daß sie es ohne Hilfe nicht ertragen können.
Loslassen ist ein Werkzeug, das die Familie in Al-Anon zu gebrau-
chen lernt und das sie auf den Weg der Hilfe zur Selbsthilfe bringt.
Bei Al-Anon lernen wir, daß niemand für die Krankheit eines ande-
ren Menschen verantwortlich ist und auch nicht für die Genesung.
Wir lösen uns aus der krampfhaften Fixierung auf einen anderen.
Unser Leben wird glücklicher und leicht zu meistern; es wird ein
Leben mit Würde und Rechten, ein Leben unter der Führung einer
Macht, die größer ist als wir selbst.
In Al-Anon lernen wir nicht darunter zu leiden, was andere tun, oder
wie sie reagieren; nicht zuzulassen, daß wir von jemandem zur Wie-

derherstellung seiner Gesundheit benutzt oder mißbraucht werden;
nicht etwas für andere zu tun, was sie selbst tun sollten; nicht zu
manipulieren, z. B. was andere zu essen, wann andere zu Bett zu
gehen haben, aufstehen müssen, Rechnungen zu zahlen haben usw.;
nicht die Fehler oder falschen Handlungen eines anderen zu decken;
nicht eine Krise herbeizuführen; nicht eine Krise zu verhindern, wenn
sie sich aus dem normalen Verlauf der Ereignisse ergibt.
Loslassen ist weder gütig noch rücksichtslos; es ist keine Bewertung
der Person oder Situation, von der wir uns lösen. Es ist ein Mittel,
uns von den nachteiligen Auswirkungen auf unser Leben zu erholen,
die durch das Zusammenleben mit jemandem verursacht wurden, der
an der Krankheit Alkoholismus leidet. Loslassen hilft den Familien
ihre Situation realistisch und objektiv zu sehen und dadurch vernünf-
tige Entscheidungen zu treffen."

8.6 Zum Verhältnis von Familientherapie, AA und Al-Anon-Gruppen

In der Bundesrepublik werden Familientherapie und AA- bzw. Al-
Anon-Gruppen oft als unverträglich betrachtet, da sich die traditionellen Abstinenzverbände bei uns im allgemeinen auf die Genesung
der suchtkranken Person konzentrieren und damit konträr zum Ansatz systemorientierter Familientherapie stehen, in welchem Sucht
und Familiensystem in ihrer wechselseitigen Bedingtheit betrachtet
werden und somit die ganze Familie in die Behandlung einbezogen
wird. Tatsächlich haben jedoch die Selbsthilfegruppen der Anonymous und die Familientherapie wesentliche Elemente gemeinsam. Sie
stimmen darin überein, daß nicht nur der Suchtkranke leidet, sondern auch seine Angehörigen, und daß die Angehörigen einer Veränderung des Suchtkranken Widerstand entgegensetzen können, sie
diese aber auch fördern können. Weitere Gemeinsamkeiten bestehen
in der Auffassung, daß es zu einer Familienkrise kommt, wenn der
Suchtkranke allein an seiner Genesung arbeitet und die anderen
Familienmitglieder auf ihrem alten Stand verharren, sowie darin, daß
alle Beteiligten sich verändern und genesen können, wenn die Angehörigen einbezogen werden. Jedes einzelne Familienmitglied ist für
seine persönliche Veränderung und Genesung verantwortlich.
In den USA ist es daher üblich, Familien- aber auch Einzeltherapie
und Teilnahme an den Selbsthilfegruppen der Anonymous miteinander zu verbinden. Eine problematische Situation kann sich ergeben,
wenn die Mitglieder einer Familie sowohl Selbsthilfegruppen be-

suchen als auch an einer Familientherapie teilnehmen: Bei der Arbeit an einem sehr schmerzhaften Problem, bei der der Angstpegel der Betroffenen steigt, ist die Verführung groß, dem Schmerz auszuweichen und nur noch an den Sitzungen teilzunehmen, in welchen nach dem jeweils anderen weniger bedrohlich erscheinenden Ansatz gearbeitet wird. Nach Lawson, Peterson und Lawson (1983, 128) kann dieses Problem vermieden werden, „wenn es zwischen dem Therapeuten und dem AA-Sponsor[11] eine Koordination gibt. Wenn die Familientherapie den Schwerpunkt vom Suchtverhalten wegverlagert, um den Angstpegel zu reduzieren, kann es sinnvoll sein, den Besuch der AA-Gruppe zugunsten der Familiensitzungen eine Zeitlang auszusetzen. Aber auch wenn es andere Probleme gibt, die in den Familiengesprächen thematisiert werden sollten, sollte die Beziehung zum Alkohol weiterhin ein wesentliches Anliegen bleiben. Eine Entscheidung, nur Familientherapie zu machen, mag schmeichelhaft für den Therapeuten sein, aber die Entscheidung, von einem Ansatz zum anderen zu wechseln, sollte auf einer therapeutischen Grundlage und in Übereinstimmung zwischen Familie und Therapeut getroffen werden." Berenson glaubt, daß „die Fortsetzung der Teilnahme an AA und Al-Anon-Gruppen in der Entscheidung des Klienten liegen sollte, wobei die Therapeutin sorgfältig darauf achten sollte, daß eine frühzeitige Abkehr vom Besuch der Selbsthilfesitzungen ein Warnzeichen für einen bevorstehenden Rückfall sein kann", er warnt jedoch auch, „daß andererseits fortwährender und häufiger Besuch während mehrerer Jahre sich auf die familiäre Beziehung belastend auswirken kann" (Berenson 1976, zitiert a.a.O., 128).

8.7 Das Zwölf-Schritte-Programm und die Bedeutung der Spiritualität im Rahmen der professionellen Suchtkrankenhilfe in den USA

Das Zwölf-Schritte-Programm ist fester Bestandteil der meisten amerikanischen Einrichtungen der Suchtkrankenhilfe, die häufig nach dem „Minnesota-Modell" (vgl. Anderson 1981 a; Laundergan 1983; Cook 1988) arbeiten. In diesem Modell wird ein multidisziplinärer Ansatz vertreten, der die Bereiche Medizin, Psychologie, Soziologie und Theologie ebenso umfaßt wie die Mitarbeit von selbst Betroffenen, von Laienhelfern, Fachkräften für den Bereich Freizeit und Erholung und verschiedensten anderen qualifizierten Helfern. In der Praxis hat sich gezeigt, daß das Minnesota Modell nicht nur in der Behandlung von Alkoholkranken Erfolge hat, sondern auch bei Personen, die von anderen stimmungsverändernden Substanzen abhängig sind. Beides wird unter dem Oberbegriff „chemical dependency treatment" zusammengefaßt.

Die beiden bedeutendsten Institute, in welchen eine Ausbildung im Bereich der Suchtkrankenhilfe angeboten wird, sind gemeinnützige Stiftungen: das Johnson Institute in Minneapolis, Minnesota und Hazelden (vgl. zum Beispiel Laundergan/Flynn/Gaboury 1986) in Center City, Minnesota. Beide haben im Rahmen ihrer Publikationen und Seminare auch das Konzept der Co-Abhängigkeit bekannt gemacht, und die meisten der im folgenden dargestellten Beiträge stammen von Mitarbeitern und Mitarbeiterinnen dieser Institute.

Im allgemeinen vertreten Einrichtungen, die nach dem Minnesota Modell arbeiten, ein Menschenbild, das dem der Humanistischen Psychologie entspricht, betonen jedoch die Bedeutung des spirituel-

Abbildung 5: Das Rad der ganzheitlichen Persönlichkeit
(in Anlehnung an Wegscheider-Cruse 1985)

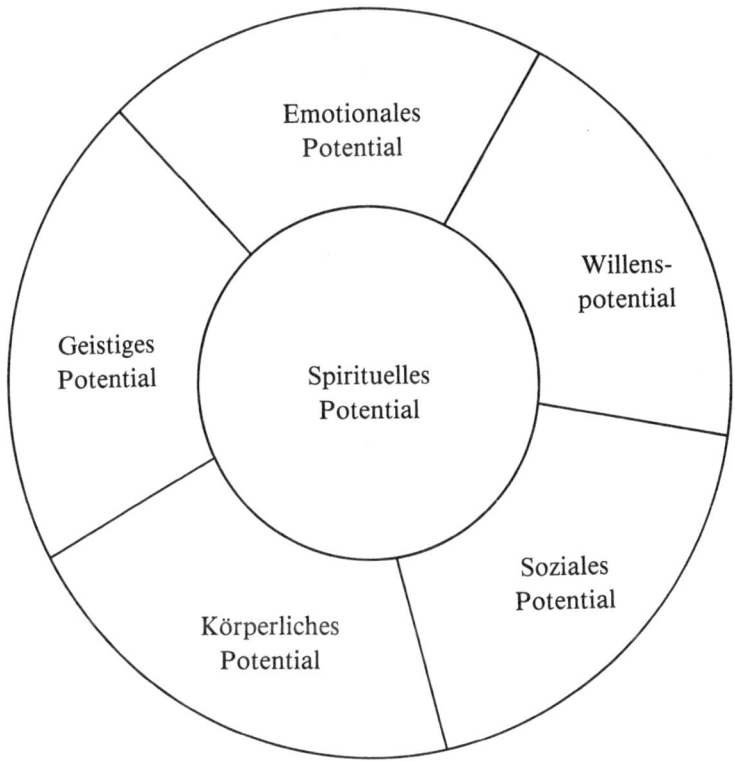

len Potentials. Sharon Wegscheider-Cruse (1985), langjährige Mitarbeiterin des Johnson Institutes, hat dieses Menschenbild im „Rad der ganzheitlichen Persönlichkeit" dargestellt (s. Seite 103).

Die „ganze Person" wird als Wesen mit sechs verschiedenen Dimensionen des Seins betrachtet, welche persönliche Potentiale, Kräfte oder Fähigkeiten darstellen. Bildhaft wird dies durch einen Kreis wiedergegeben, in dessen Zentrum der Bereich des spirituellen Potentials liegt, das von fünf gleichgroßen Segmenten mit den anderen Potentialen umgeben ist. Mit einem derartigen Bild kann jedoch nur eine Struktur dargestellt werden − von ihrer Funktion her befinden sich alle Potentiale in wechselseitigem Kontakt miteinander und beeinflussen sich gegenseitig. Menschliches Empfinden und Verhalten werden als Resultate dieser Interaktion betrachtet.

Das geistige Potential besteht in der Fähigkeit, Dinge zu behalten, sich etwas vorzustellen, zu planen, zu phantasieren, usw. Das Willenspotential ist die Fähigkeit, zu entscheiden, an einer Entscheidung festzuhalten oder eine neue zu treffen, Prioritäten zu setzen, sich entsprechend zu verhalten usw., das emotionale Potential die, sich selbst zu gestatten, die Höhen und Tiefen des Lebens zu empfinden, Freude und Sorgen, Liebe und Haß − sowie verletzlich und vorsichtig zu sein usw. Unter dem körperlichen Potential wird die Fähigkeit[1] verstanden, sich zu bewegen, zu ernähren, sexuell aktiv zu sein, seine Umgebung zu gestalten usw., unter dem sozialen Potential die, dichte Beziehungen zu entwickeln und zu unterhalten, zu lieben und geliebt zu werden. Das spirituelle Potential schließlich meint die Fähigkeit, nach dem Sinn des Lebens zu suchen. Wird das spirituelle Potential nicht aktiviert, sieht der Mensch wenig Sinn in seinem Dasein. In Glenbeigh beziehen sich viele Mitarbeiter und Mitarbeiterinnen auch auf die Logotherapie von Frankl, der vom „Leiden am sinnlosen Leben" spricht (Frankl 1977).[12]

Im Idealfall sollten alle Potentiale gleichmäßig entwickelt werden. Suchtkranke und Co-Abhängige sind jedoch in allen Bereichen beeinträchtigt und eine Genesung erfordert dementsprechend, daß mit sämtlichen Potentialen gearbeitet werden muß. Diese Sichtweise macht deutlich, warum der hier zugrundeliegende Krankheitsbegriff nicht dazu führen kann, daß lediglich eine rein körperliche Krankheit gesehen und behandelt wird: Gesehen und behandelt wird die ganze Person mit all ihren verschiedenen Potentialen. Der körperliche Bereich der Krankheit hat dabei keinen größeren Stellenwert als irgendein anderer Bereich. Auch das Willenspotential wird als wichtig betrachtet: So werden Süchtige wohl als krank bezeichnet, dabei gilt jedoch als selbstverständlich, daß sie die Verantwortung für sich tragen und mit Hilfe ihrer Willenskraft eine Entscheidung treffen müssen, ob sie gleichsam „diät" (ohne Alkohol und andere Drogen) leben wollen oder nicht. Als Vergleich wird hier oft die Situation von Zuckerkranken angeführt[13]: Auch diese verantworten die Einhaltung bestimmter Ernährungsregeln selbst, nachdem sie entsprechende Hilfsangebote und Informationen erhalten haben. Die Entscheidung, Hilfe anzunehmen, trifft jede Person selbst.

Obwohl viele Elemente aus dem Programm der AA bzw. Al-Anon eindeutig therapeutischen Charakter haben[14], stellt das Zwölf-Schritte-Programm für viele professionelle Therapeuten, die selbst nicht betroffen sind, eine äußerst problematische Herausforderung dar. Das wohl schwierigste Problem liegt in der Bedeutung der Spiritualität. Der Arzt und Familientherapeut David Berenson beschreibt dies in seinem Vorwort zu dem Buch „The Responsibility Trap" (Bepko/ Krestan 1985, xi) und weist darauf hin, daß die theoretischen Ansätze, die der heute praktizierten Psychotherapie zugrunde liegen, weitgehend reduktionistisch und deterministisch sind – daß die letzte Ursache von Problemen zum Beispiel in der Biochemie gesehen wird, in der Psyche, in der Familie oder in kybernetischen Rückmeldeschlaufen. „Aus irgendeinem Grund können wir zwar noch mit relativer Gleichmut akzeptieren, lediglich Mechanismen des einen oder anderen Typus zu sein, oder – im umgekehrten Fall – die ‚Meister unseres Schicksals', wir sind jedoch zutiefst beunruhigt von der Idee, daß eine liebe- und machtvolle Präsenz in unseren inneren und äußeren Welten allgegenwärtig ist, die unser Vorstellungsvermögen übersteigt. Der Widerstand der meisten Therapeuten gegenüber der spirituellen Botschaft der AA ist isomorph mit dem ‚Trinkerstolz' der meisten Alkoholiker, wenn diese dieselbe Botschaft hören. Die Alkoholiker mögen zugeben, ein ‚Alkoholproblem' zu haben, und sich dabei sicher sein, daß sie dies unter ihre Kontrolle bringen, ohne sich selbst zu Alkoholikern zu erklären, und der Therapeut mag zugeben, daß AA anscheinend positive Ergebnisse hervorruft, die möglicherweise durch Gruppenhypnose erklärt werden können oder durch den Ersatz einer Abhängigkeit von AA anstelle von Alkohol. In beiden Fällen handelt es sich um den Versuch, eine Ansichtsweise aufrechtzuerhalten, welche Logik, Vorhersagbarkeit und die Illusion von Kontrolle anbietet sowie die Vermeidung einer Daseinsart, welche Überlegenheit, Frieden und Selbstakzeptanz offeriert. Der Therapeut, der nicht mit Alkoholproblemen arbeitet, kann es sich leisten, weiterhin durchs Leben zu gehen und seine Weltsicht intakt zu halten; der Alkoholiker kann sich diesen Luxus nicht leisten. Seine Situation wird immer schlimmer – bis er am Boden angelangt ist und seine Probleme mit dem Trinken der Obhut seiner höheren Macht überträgt. Wann auch immer er aus ganzem Herzen um Hilfe bittet, ist diese für ihn da, und es ereignet sich ein wahres Wunder, das ihm die Möglichkeit gewährt, nicht länger trinken zu müssen und potentielle Nüchternheit in seinem Leben zu sehen."

„Wenn ich diesen Abschnitt vor zwölf Jahren gelesen, geschweige denn geschrieben hätte, hätte ich mich geärgert, amüsiert oder abgestoßen gefühlt. Ich hätte ihn als Wunschdenken betrachtet, als Wirrköpfigkeit oder Arroganz. Seit jener Zeit habe ich jedoch mit Alkoholkranken und ihren Familien gearbeitet, und diese Arbeit sowie das Erforschen meiner eigenen Beziehung mit meiner höheren Macht haben mich gelehrt, daß es immer einen Weg aus dem Zustand von Verzweiflung und Leiden gibt, in dem alle Menschen manchmal steckenzubleiben scheinen. Der Weg hinaus erfordert rigorose Arbeit am Denken und Fühlen, die es einem schließlich erlaubt, es als ein empirisches ‚Faktum' zu sehen, daß Liebe real ist und Leiden Illusion." Auch Berenson fordert, die Therapeuten sollten sich ihrer höheren Macht öffnen: „Man muß beginnen, etwas von dieser geheimnisvollen höheren Macht und Gelassenheit, über die die Mitglieder der AA reden, in sich hineinzulassen – kein schlechter Lohn für eine schwierige Arbeit" (a.a.O., xi).

So hat das „Gelassenheitsgebet"[15], das in den USA durch den Theologen Niebuhr populär geworden ist[16], inzwischen seinen festen Platz nicht nur bei den anonymen Gemeinschaften, sondern auch bei vielen therapeutisch arbeitenden Professionellen gefunden.

Gott gebe mir die Gelassenheit,
Dinge hinzunehmen,
die ich nicht ändern kann,
den Mut, Dinge zu ändern,
die ich ändern kann,
und die Weisheit,
das eine vom anderen zu unterscheiden.

Anmerkungen

[1] Joseph Kellermann, Pfarrer und ehemaliger Direktor des Charlotte Council on Alcoholism (North Carolina), ist Autor von zwei äußerst populären „pamphlets": „A Guide for the Family of the Alcoholic" (1962) und „Alcoholism: A Merry-Go-Round Named Denial" (1968). Beide Broschüren sind auch auf deutsch über den Literaturdienst der Al-Anon Familiengruppen erhältlich.

² In der Bundesrepublik gibt es inzwischen auch Selbsthilfegruppen der „erwachsenen Kinder"; die ersten wurden in Hamburg und Frankfurt gegründet. Informationen hierzu über die Al-Anon Familiengruppen.

³ So ist Cocaine-Anonymous besonders geeignet für Kokainabhängige und Coc-Anon für deren Angehörige, Narcotics Anonymous für Heroin- und Medikamentenabhängige sowie Nar-Anon für deren Angehörige. Viele Angehörige von Tablettenabhängigen fühlen sich zu den Al-Anon gehörig, bei denen es auch Gruppen gibt, deren Mitglieder mit Abhängigen verschiedenster Drogen zu tun haben.

⁴ Hierzu gehören zum Beispiel „Overeaters Anonymous", „Emotions Anonymous", „Gamblers Anonymous" und verschiedene andere.

⁵ Das Zitieren der 12 Schritte und von „Loslassen" erfolgt mit freundlicher Genehmigung der Al-Anon Family Group Headquarters New York.

⁶ In Einrichtungen, die mit dem Zwölf-Schritte-Programm arbeiten, sind im allgemeinen Seelsorger fester Bestandteil des Teams. Häufig haben die Familien aber selbst Bindungen zu einer Glaubensgemeinschaft, und der Besuch eines „pastor", Rabbiners oder anderen Priesters während der Therapie ist keine Seltenheit.

⁷ Entsprechendes gilt zum Beispiel auch für Begriffe wie „mind", „mental health", „illness" und „wellness".

⁸ Die meisten Mitarbeiterinnen und Mitarbeiter im Glenbeigh Adolescent Hospital sind – genesende – Abhängige oder Co-Abhängige.

⁹ Diese Formulierung verdanke ich Berthold Kilian, Referent für Suchtkrankenhilfe des Diakonischen Werkes Hessen-Nassau.

¹⁰ Auch die Übertragung auf Suchtkranke, die von anderen Drogen abhängig sind („junkie pride"), scheint mir nach eigenen Beobachtungen geläufig zu sein. In der Bundesrepublik ist mir dagegen kein entsprechender Begriff bekannt.

¹¹ Der oder die „sponsor" übernimmt eine Art Patenschaft für ein neues Mitglied. In den USA ist dieses System stark ausgeprägt, so werden zum Beispiel Klienten während der Nachsorgephase verpflichtet, sich ein Mitglied ihrer Gruppe als sponsor zu suchen. Dieses kann durchaus Kontakt zur Therapie- bzw. Beratungseinrichtung haben.

¹² Viktor E. Frankl ist der Begründer der „Dritten Wiener Richtung der Psychotherapie", der Logotherapie, die von einem dem Menschen eigenen Willen zum Sinn ausgeht.

¹³ Der Vergleich mit Diabetes wird oft in der Diskussion um die Gabe von Ersatzdrogen wie Methadon unter der Prämisse angeführt, Sucht sei eine Stoffwechselstörung. Im hier dargestellten Zusammenhang ist dieser Vergleich jedoch so zu verstehen, daß auf die Eigenverantwortlichkeit der Betroffenen hingewiesen wird. Nach diesem Verständnis kann es also nicht darum gehen, auf der körperlichen Ebene ein Defizit o. ä. auszugleichen, sondern auch dann, wenn Prozesse im Metabolismus des Körpers eine Rolle spielen, wirkt sich die hierdurch entstandene Sucht auf alle Potentiale aus und ist entsprechend umfassend zu bearbeiten. Obwohl Sucht als Krankheit begriffen wird, ist die Eigenverantwortlichkeit hierdurch keineswegs ausge-

schlossen – nämlich dafür, wie Süchtige mit der Tatsache umgehen, Kranke zu sein – ob sie sich dazu entschließen, etwas für sich zu tun, um von dieser Krankheit genesen zu können. Sie bleiben in diesem Verständnis zwar Süchtige, aber sie sind „recovering" – Genesende – und meiden in ihrer Lebensführung die Substanzen, die schädlich für sie sind.

[14] Gemeinsamkeiten in der Sichtweise der Medizin und den Anschauungen der AA sind zum Beispiel bei Wegscheider (1981) und Zierholz (1987) dargestellt.

[15] Das „Gelassenheitsgebet" wird noch oft fälschlicherweise dem schwäbischen Pietisten Friedrich Christoph Oetinger zugeschrieben. Nach einer Erklärung des Professors Theodor Wilhelm geht es jedoch auf alte stoische Philosophie zurück, die er selbst unter dem Pseudonym Friedrich Oetinger in den 50er Jahren aufgegriffen hat (Erklärung in der Frankfurter Allgemeinen Zeitung vom 1. Februar 1986 – siehe auch AA-Informationen vom Dezember 1987).

[16] Reinhold Niebuhr gilt als Begründer des „social gospel" in den USA, seine sozialgeschichtliche ethische Auslegung des Neuen Testaments führte zu dem Begriff „Gott der armen Leute". Die Bedeutung seiner Lehre für die AA ergibt sich aus seiner Theorie, wonach die Menschen oft versuchen, sich von Angst und Streß zu befreien, indem sie vorgeben, größere Macht und mehr Kontrolle über ihr Leben zu haben, als der Wirklichkeit entspricht.

9 Co-Abhängigkeit und Parallelen zum Trauerprozeß nach Elisabeth Kübler-Ross

In der Literatur über Angehörige von Suchtkranken taucht immer wieder das Thema Trauer auf. Beattie (1987) weist darauf hin, daß die Unterdrückung von Gefühlen und die Entwicklung zwanghaften und kontrollierenden Verhaltens von Co-Abhängigen dem normalen Abwehrverhalten von Menschen entspricht, die sich in der ersten Phase der Trauerarbeit befinden, wie diese von Kübler-Ross beschrieben wurde.

9.1 „Ist mein Kind denn wirklich drogenabhängig?" Die Bedeutung der Trauer als Krisenverarbeitung bei Angehörigen von Suchtkranken

Die Übertragung der Erkenntnisse von Kübler-Ross auf den Prozeß der Kapitulation und Genesung in der Arbeit mit Suchtkranken geht zurück auf Williams (1975) und wurde von Huberty und Malmquist (1978) insbesondere im Hinblick auf die Familien von jugendlichen Drogenabhängigen weitergeführt. Die Autoren vergleichen dabei die emotionale Belastung und Kränkung dieser Familien sowie deren Genesungs- und Wachstumsprozeß mit den fünf Phasen der Trauerarbeit, welche die Sterbeforscherin Elisabeth Kübler-Ross (1969) beschrieben hat.

Diese Phasen müssen nicht unbedingt in der dargestellten Reihenfolge auftreten und auch nicht ein- für allemal abgeschlossen sein, wenn sie einmal durchlaufen wurden. Ein trauernder Mensch kann sich von einer Phase zur nächsten und auch wieder zurück bewegen, manchmal kann er sich auch gleichzeitig in mehreren Phasen befinden.

Die erste Phase im Verlauf der Trauerarbeit ist die Verweigerung oder *Verleugnung*. Dies ist ein Zustand von Schock, emotionaler Taubheit, Panik und genereller Weigerung, die Realität anzuerkennen. Die Betroffenen versuchen alles mögliche, um den alten Zustand wieder herzustellen oder verhalten sich sogar so, als habe sich nichts ereignet. Der Patient glaubt nicht, daß er tödlich krank ist, die Angehörigen zweifeln Diagnose und Prognose an. Ähnlich verhalten sich die Familienmitglieder, die emotional mit einem Abhängigen verbunden sind: Sie leugnen, daß das Kind abhängig ist, und daß sie nicht in der Lage sind, das abhängige Kind sowie die Gesamtsituation unter Kontrolle zu bekommen. Sie bagatellisieren Ausmaß und Bedeutung des Drogenkonsums. Sie bagatellisieren ihre schmerzhaften Gefühle („Das macht mir jetzt überhaupt nichts mehr aus, ich betrachte ihn schon lange nicht mehr als meinen Sohn"), und sie reagieren mit zwanghaften Vorstellungen und Verhaltensweisen, mit gesteigertem Schlafbedürfnis, sie betäuben sich, indem sie ständig in Aktion sind, oder vermeiden auf andere Weise, die Realität zur Kenntnis zu nehmen.

Diese Verleugnung der Realität ist auch hier zunächst ein ganz normaler Abwehrmechanismus − eine natürliche Reaktion auf Schmerz, drohenden Verlust und Veränderung. Bei der Arbeit mit den betroffenen Familien ist es sehr wichtig, genau das zu vermitteln: Wenn die Angehörigen verstehen, daß es eine ganz natürliche Erklärung für ihr Erleben und Verhalten gibt, und daß ihr Selbstwert hierdurch nicht bedroht ist, dann können sie auch dieses Verhalten realistisch zur Kenntnis nehmen. Sie benötigen sehr viel Sicherheit und das Gefühl, angenommen zu sein, bevor sie ihren Blick von dem drogenabhängigen Kind lösen und darauf richten können, was mit den einzelnen Familienmitgliedern und dem Familienleben insgesamt geschieht. Wenn sie somit einmal in die Lage versetzt worden sind, zu beschreiben, wie chaotisch und unkontrollierbar ihr Leben geworden ist, haben sie auch die Möglichkeit, zu akzeptieren, daß sie die Existenz der Sucht geleugnet haben. Dies ermöglicht ihnen dann, in die zweite Phase der Trauerarbeit einzutreten.

Die zweite Phase, die ein todkranker Mensch durchlebt, wenn er den Charakter seiner Krankheit nicht mehr leugnen kann, aber das nahende Ende noch nicht akzeptiert, ist gekennzeichnet von *Wut,* Ärger und Selbstmitleid. Die typischen Fragen lauten: „Warum passiert das ausgerechnet mir?" − „Was habe ich getan, um dieses Schicksal ertragen zu müssen?" − „Warum gerade ich?" − Die Familienangehörigen von Drogenabhängigen fragen dementsprechend: „Warum gerade wir − warum unser Kind − unsere Familie?" Die Angehörigen von Suchtkranken geben oft zu, daß sie wiederholt versucht haben, den Angehörigen zu retten, aber ebenso oft erleben mußten, daß ihre Bemühungen zurückgewiesen wurden. Auch hieraus resultieren Gefühle von Wut und Selbstmitleid: Die Angehörigen sind wütend auf den Abhängigen, auf sich, auf das ganze Leben. Manche reagieren ihre Wut nach außen ab, sie werfen den Abhängigen aus dem Haus oder sie schlagen ihn. Andere schließen ihre Gefühle in sich ein und entwickeln eine passiv-aggressive Feindseligkeit.

In dieser Phase besteht das Ziel darin, daß die einzelnen lernen, ihre Wut wahrzunehmen und anzuerkennen, also ihre Gefühle zuzulassen und damit bewußt umzugehen. Die Eltern werden nun ermutigt, auf ihre Abhängigkeit zu achten, darauf, wie sie sich in ihrem Denken, Handeln und Fühlen auf das abhängige Kind konzentrieren. Überdies ist es wichtig, darauf zu achten, was dieser Prozeß für die elterliche Beziehung bedeutet. Wenn die Eltern lernen, das Kind loszulassen, haben sie eine Möglichkeit, sich auf konstruktive Weise als Eltern zu verhalten und die Verantwortlichkeit dafür, wie es dem Kind geht, dem Kind zu überlassen, anstatt ihrerseits von diesem kontrolliert zu werden.

Die dritte Phase im Trauerprozeß ist durch Versuche gekennzeichnet, einen *Handel* abzuschließen – mit dem Arzt, der Drogenberatung oder mit Gott. So wie der Sterbende versucht, noch das Erleben des nächsten Frühlings auszuhandeln, so versuchen auch die Angehörigen von Suchtkranken zu handeln: „Wenn wir es schaffen, unseren Sohn in diese als besonders gut bekannte Einrichtung zu bringen, dann wird er sich nicht weiter mit Drogen ruinieren". Häufig werden in dieser Phase Wunderkuren aller Art gesucht. Auch hier geht es darum, den betroffenen Eltern zu helfen, sich aus ihrer Abhängigkeit zu lösen und ihre Ohnmacht wahrzunehmen, das Kind verändern zu können, sie in die nächste Phase des Trauerprozesses zu begleiten.

Wenn Verleugnung, Wut und Verhandlungsversuche schließlich als sinnlos erlebt werden, setzt eine Phase der *Depression* ein. In dieser Phase erleben die Sterbenden die eigene Ohnmacht, den drohenden Verlust. Dies entspricht dem ersten Schritt der „Alcoholics Anonymous", in dem sie ihre Ohnmacht gegenüber der Droge zugeben. Die betroffenen Familienmitglieder akzeptieren, daß sie machtlos sind, daß sie ihr eigenes Leben nicht mehr meistern können. Wenn sie das Gefühl ihrer Ohnmacht erleben, fangen sie oft an zu weinen. Der emotionale Schmerz in dieser Phase ist so groß, daß sich die Betroffenen oft auf eine der früheren Phasen der Trauerarbeit zurückziehen und mit Wut, Verleugnung oder Verhandlungsversuchen reagieren. Häufig sind auch Sarkasmus als Ausdruck unterdrückter Wut und das Gefühl, persönlich versagt zu haben. Auch in dieser Phase bedeutet die Arbeit mit den Familienmitgliedern, ihnen zu helfen, sich ihrer Gefühle bewußt zu werden und sie zu verstehen, so daß sie zur nächsten Phase im Trauerprozeß übergehen können.

Für tödlich erkrankte Patienten und deren Familien bedeutet die letzte Phase des Trauerprozesses, ihre realistischen Grenzen anzunehmen bzw. ihre Ohnmacht, etwas an der Situation zu ändern. *Akzeptieren* kann hier also eine Veränderung der Lebensziele bedeuten oder das Einbeziehen von Krankheit und Tod in das Familienleben. Hieraus kann sich Gelassenheit entwickeln – eine Art von ruhigem Optimismus. Derselbe Prozeß ist auch dem Drogenabhängigen und seiner Familie möglich. Der Süchtige lernt zu akzeptieren, daß seine Beziehung zur Droge ein Ende haben muß. Die betroffenen Angehörigen müssen ebenfalls durch diese Phasen der Trauerarbeit hindurchgehen. Ihre Aufgabe besteht darin, zu akzeptieren, daß sie ihre Rollen – zum Beispiel als Helfer – aufgeben müssen. An diesem Punkt sind sie in der Lage, sich emotional von den Problemen des Drogenabhängigen zu lösen und somit frei, ihm seine Probleme zurückzugeben. Wenn sie die Phase des Akzeptierens erreicht haben, haben sie auch die Freiheit, den Süchtigen verstehen zu können, ohne seine Probleme übernehmen zu müssen – auch dann, wenn dieser sich doch wieder für die Droge entscheiden sollte. Weiterhin lernt die Familie nun, daß sie nicht dafür verantwortlich ist, ob der Abhängige gesund wird – die Angehörigen mögen ihn gern haben, brauchen aber weder ihn noch seine Sucht zu versorgen.

9.2 Fehlende Trauerarbeit kann die Entwicklung von Sucht und Co-Abhängigkeit begünstigen

Micheline Leroyer, die ihre Erfahrungen unter dem Titel „Ich bin die Mutter eines Fixers" veröffentlicht hat, beschreibt, wie sie lange Monate versucht hat, ihren Kindern die Tatsache zu verbergen, daß der älteste Sohn der Familie an Leukämie sterben würde: „Fünfzehn Monate zum Tode verurteilt. Fünfzehn Monate, die es durchzustehen galt, in denen man sich verhalten mußte, als läge nichts besonderes vor. Wir durften nicht zulassen, daß die beiden anderen durch die Krankheit und den Tod des Bruders beunruhigt wurden. Als es ihm sehr schlecht ging und ich wußte, daß das Ende nahe war, sprach ich mit ihnen. Ich erklärte ihnen, welchen Mut es erfordert hatte, um während der Krankheit ihres Bruders normal weiterzuleben, wie sie uns helfen würden, wenn sie ihren Schmerz überwänden, und daß das Leben weitergehe" (Leroyer 1980, 49).
Die aus ihrer persönlichen Lebensgeschichte heraus verständliche und gut gemeinte Absicht der Autorin dürfte ihren Teil dazu beigetragen haben, die Auseinandersetzung mit der Trennung und den damit verbundenen schmerzlichen Gefühlen zu verhindern. Es scheint, als hätten sich die Geschwister den mütterlichen Erwartungen gegenüber loyal verhalten. Zwei Jahre später begann der zweite Sohn, Drogen zu nehmen. Die Mutter: „Hat der Tod des zwei Jahre

älteren Bruders dazu beigetragen, daß er nach künstlichen Paradiesen suchte? Hat ihn dieser Verlust so schwer getroffen?" – In der psychiatrischen Behandlung übernahm der Sohn zunächst die Version, sich mit seinem Bruder identifiziert zu haben, dessen Tod aufs neue zu erleben, indem er sich durch die Droge zerstöre, Selbstmord zu begehen, um wie er zu sterben. Die Mutter ihrerseits dachte an ihre Anstrengungen, „den Tod zu entdramatisieren, ihn für die Zurückgebliebenen annehmbar zu machen; ich hatte mich gehütet, vor ihnen zu weinen, hatte ihnen meine Zerrissenheit, meine Auflehnung, diesen Verlust eines Teiles meiner selbst verschwiegen, und nun sah ich alle meine Bemühungen mißverstanden und zuschanden gemacht" (a.a.O., 50). Später, als der Sohn sich von der Droge befreit hatte, sprach er nochmals mit der Mutter über den Tod seines Bruders: „Aber es stimmt nicht, daß ich Drogen nahm, weil er starb. Wenn ich dies behauptete, war es nur ein Vorwand, eine Flucht vor meinen wahren Problemen, die ich nicht sehen, nicht auf mich nehmen und nicht lösen wollte. Indem ich in die Droge flüchtete, flüchtete ich auch vor der einzigen Möglichkeit, ihr selbst zu entkommen, nämlich sich mit ihr auseinanderzusetzen" (a.a.O., 51). Hier wird deutlich, daß es nicht der Tod sein muß, der zur Flucht führt, sondern daß die mangelnde Möglichkeit, sich mit ihm auseinanderzusetzen, die damit verbundenen Gefühle zuzulassen und auszudrücken, bzw. die Leugnung der Realität ihre Bewältigung behindert hatte.

Ähnliche Erfahrungen stellte ein Vater im Elternkreis dar, der große Probleme mit seinem co-abhängigen Verhalten hatte: Sein Vater war gestorben, als die Kinder noch klein waren, „meine Mutter hat uns Kinder nie mit ihren persönlichen Problemen belastet". Auch er hatte somit keine Möglichkeit erhalten, zu lernen, wie Trauerarbeit geleistet werden kann. Er entzog sich der Auseinandersetzung mit seinen Gefühlen, indem er für andere da war. In einer anderen Familie starb eine Tochter, das Lieblingskind des Vaters; nach vielen Jahren noch war das Grab des Kindes ohne Grabstein – dies hätte für den Vater bedeutet: „Jetzt ist sie wirklich tot." Die zweite Tochter wurde von ihm kaum wahrgenommen, und wenn, dann in abwertender Weise. Sie wurde drogenabhängig. Durch das Verharren in den Phasen des Leugnens (Grab ohne Grabstein) und der Wut („Du lebst noch – warum lebt sie nicht mehr, sie war mir viel wichtiger als Du") war er nicht in der Lage, zu einer neuen Sinnfindung, Lebensgestaltung und Familienbalance beizutragen, in welcher der Verlust des Kindes als akzeptierter Bestandteil der Familiengeschichte seinen Platz gehabt hätte.

9.3 Weiterentwicklung des Modells von Kübler-Ross als Hilfe zur Selbsthilfe von Betroffenen

Auch in Familien mit einem behinderten Kind muß Trauerarbeit geleistet werden. Erika Schuchardt (1980) hat in ihrer Arbeit mit derart betroffenen Familien die Phasen des Trauerprozesses weiterentwickelt und bildhaft als Spiralphasen dargestellt. Mit dieser Darstellung wird deutlicher, daß verschiedene Prozesse auch wiederholt sowie neu ausgelöst werden können, obwohl die Betroffenen in ihrer Krisenbewältigung schon weiter fortgeschritten waren. Als weitere Phasen führt Schuchardt die der Aktivität und Solidarität an.

Das Akzeptieren der Situation bedeutet nicht Resignation, sondern den Entschluß, mit dem Problem zu leben und aktiv damit umzugehen. Die Kräfte, die bisher im Kampf gegen die Situation zur Leugnung, Wut, Verhandlung und Depression eingebunden waren, sind nun frei für das Leben mit selbstbestimmter Gestaltung dessen, was da ist.

Schuchardt (a.a.O., 108) betont, „daß es hier nicht um eine idealistische Neuschaffung von Normen und Werten geht, die gar zu einer Normen-Werte-Ebene für Menschen mit individueller Eigenart erhoben würde; das würde im Gegenteil die Stabilisierung des „Andersseins" jener Betroffenen verstärken mit Tendenz zur sozialen Isolierung". Dies ist ein Vorwurf, der oft gegen Selbsthilfegruppen erhoben wird (vgl. hierzu auch Kuypers, 1986) und zum Teil auch berechtigt sein dürfte. „Es vollzieht sich vielmehr im Betroffenen direkt und indirekt eine Umschichtung, Umstrukturierung der Werte und Normen aufgrund von verarbeiteten Erfahrungen, aber nicht außerhalb, sondern inmitten des gültigen herrschenden Normen-Werte-Systems." Die Betroffenen verändern sich selbst und dadurch auch die für sie gültigen Prioritäten. In der Arbeit mit Angehörigen von Suchtkranken kann dies so aussehen, daß eine Mutter feststellt, die langjährig für wichtig gehaltene Perfektion im Haushalt habe nun in den Hintergrund zu treten und statt dessen sei es wichtig, Freizeitinteressen zu entwickeln. (Der perfekte Haushalt wird oft gleichgesetzt mit guten Entwicklungsbedingungen der Kinder.) Die Kontrolle über das Verhalten des Kindes wird nicht mehr als vorrangige Elternpflicht betrachtet, sondern die Eltern achten wieder mehr auf ihr persönliches Glück, ihre individuelle Entwicklung und die ihrer Beziehung. Sie lernen sich das Recht zuzugestehen, auch noch etwas vom Leben haben zu wollen.

Solidarität ist die letzte Stufe der Krisenverarbeitung. Nach Schuchardt (a.a.O., 109) „erwächst irgendwann, jedenfalls bei entsprechender begleitender Hilfe (...) der Wunsch als Notwendigkeit, selbst gesellschaftlich verantwortlich zu handeln. Der individuelle Bereich, die individuelle Eigenart wird in ihrer Relation erkannt, sie rückt in den Hintergrund, das gesamte gesellschaftliche Handlungsfeld wird vorrangig, tritt in den Vordergrund des Bewußtwerdens und fordert zum gemeinsamen Handeln heraus."

Das drogenabhängige Kind wird vielleicht weiterhin Drogen nehmen und sogar bald daran zugrundegehen. Aber auch, wenn es drogenfrei leben sollte, sind Rückfall und erneutes Abgleiten in die Abhängigkeit immer möglich. Es kann eine lebenslängliche Krankheit, Kränkung oder Betroffenheit bedeuten, einen Süchtigen als Angehörigen zu haben. Die Annahme dieser Situation − nicht die passive Hinnahme − kann bedeuten, dieses Schicksal als Lebensaufgabe zu betrachten, die es individuell sowie solidarisch mit anderen zu gestalten gilt.

Es geht nicht darum, daß Angehörige von Suchtkranken lebenslänglich in Gruppen leben sollen − ebenfalls ein häufig vernommenes Vorurteil gegenüber Selbsthilfegruppen. Wenn die Betroffenen akzeptiert haben, daß auch sie rückfällig werden können, indem sie wieder co-abhängiges Verhalten zeigen bzw. auf eine frühere Phase der Krisenverarbeitung zurückfallen, ist es für sie sehr wichtig zu wissen, daß sie zum Beispiel jederzeit in eine Al-Anon-Gruppe gehen können. Es ist nicht nötig, immer in derselben Gruppe zu sein und dort zu bleiben, da es ja um den eigenen Genesungsprozeß geht.

10 Das Familienbehandlungsprogramm des Glenbeigh Adolescent Hospital: Eine Integration der dargestellten Aspekte von Co-Abhängigkeit in der Praxis einer amerikanischen Einrichtung

10.1 DAS GLENBEIGH ADOLESCENT HOSPITAL

Das Glenbeigh Adolescent Hospital ist ein Fachkrankenhaus zur Behandlung von suchtmittelabhängigen Jugendlichen in Cleveland, Ohio und ist mit einer Kapazität von 100 Plätzen die derzeit größte Einrichtung für Minderjährige in den USA. Den suchtspezifischen Arbeitsansatz von Glenbeigh habe ich an anderer Stelle beschrieben (Rennert 1986). Die Einrichtung orientiert sich am Minnesota-Modell und arbeitet mit den zwölf Schritten der AA. Dabei werden im Rahmen eines multidisziplinären Ansatzes die charakteristischen Folgen der Sucht im körperlichen, emotionalen, sozialen, geistigen und spirituellen Bereich behandelt und die „ganze Person" berücksichtigt.

Sucht wird in Glenbeigh als Familienkrankheit betrachtet. Die spezifische Betroffenheit der Angehörigen wird dabei so definiert (Glenbeigh 1984 / 1985): „Wenn Familienmitglieder zwanghaft auf das Verhalten eines drogenabhängigen Jugendlichen reagieren, zu glauben beginnen, daß ihr Selbstwertgefühl und ihr Wohlergehen darauf beruhen, was dieser Jugendliche tut oder nicht tut, und sich vorwiegend und auf Kosten ihrer eigenen körperlichen und geistigen Gesundheit mit den Einstellungen und Verhaltensweisen des Jugendlichen beschäftigen, wenn sie damit beginnen, sich gegenseitig die Schuld am Leiden und der Dysfunktionalität der Familie zuzuschreiben, nicht mehr fähig sind, ihre Probleme selbst zu lösen, dann glauben wir in Glenbeigh, daß sie an einer Familienkrankheit leiden – der Drogenabhängigkeit." Im Unterschied zur aktiv drogenkonsumierenden Person werden die anderen Familienmitglieder co-abhängig genannt.

Die Einbeziehung der Familie in die Behandlung wird als Notwendigkeit betrachtet. Sie beginnt bereits bei der Vorbereitung auf den stationären Aufenthalt des Familienmitgliedes, bei dem das Vorliegen von Sucht vermutet wird (vgl. Rennert 1986).

Zunächst wird in einer *Evaluationsphase* (8 bis 14 Tage) untersucht, ob tatsächlich eine Abhängigkeit von Suchtmitteln vorliegt. Bei als abhängig diagnostizierten Jugendlichen folgt darauf eine vierwöchige stationäre Behandlung, und den Angehörigen wird die Teilnahme am Familienprogramm nahegelegt.[1]

Die nächste Phase stellt ein sechswöchiges *Nachsorgeprogramm* dar, in dessen Rahmen die Jugendlichen werktags jeweils fünf Stunden betreut werden. Während die stationäre Behandlung nur im Glenbeigh Adolescent Hospital durchgeführt wird, sind im Stadtbereich von Cleveland zwei Behandlungszentren angeschlossen, welche diese Nachsorge sowie das Familienprogramm anbieten. Die weiterführende Betreuung, die sechs Monate dauert, ist noch stärker dezentralisiert und wird von verschiedenen Beratungsstellen übernommen, die, einer Art Netzwerk vergleichbar, ebenfalls zu Glenbeigh gehören.

Die ersten Familiensitzungen finden bereits in der Behandlungsphase im Hospital statt. Während der Nachsorge nehmen sowohl die Angehörigen als auch die genesenden Abhängigen am Wochenendprogramm für die Familien teil.

Die Einbeziehung der Angehörigen ist nicht nur bei der Behandlung Jugendlicher ein fester Bestandteil des Programms, sondern auch in den anderen stationären Einrichtungen von Glenbeigh, die mit erwachsenen Suchtkranken arbeiten. Organisatorisch andere Versionen bieten z. B. einen stationären Aufenthalt der Angehörigen für acht bis zehn Tage an oder Familiengruppen am Abend anstatt am Wochenende. Gleichgültig, wie das Programm jeweils aufgebaut ist, gehört immer ein strukturiertes Nachsorgeangebot dazu. In jedem Fall wird zusätzlich und weiterführend zu dem professionell durchgeführten Programm der Besuch der Selbsthilfegruppen empfohlen – z. B. AA oder NA für die Jugendlichen, Al-Ateen oder Al-Anon für die Geschwister, Al-Anon oder Families Anonymous für die Eltern.

10.2 DAS FAMILIENBEHANDLUNGSPROGRAMM

Familienbehandlungsprogramme, die sich wie das Glenbeigh Adolescent Hospital an den vom Johnson Institute bzw. von Wegscheider erarbeiteten Modellen orientieren, verfolgen drei wesentliche Ziele: *Erstens* soll die Familien lernen, wie ihr System die Sucht aufrecht erhält. Dieses Ziel muß von zwei Seiten her angegangen werden. Obwohl es erforderlich ist, die ganze Familie über den Prozeß der Entwicklung von Sucht und Co-Abhängigkeit zu unterrichten, reicht eine rein kognitive Wissensvermittlung nicht aus. Damit jedes einzelne Familienmitglied akzeptieren kann, welchen Part es im familiären System übernommen hat, ist auch therapeutische Arbeit erforderlich. Um die Angehörigen auch auf der emotionalen Ebene erreichen zu können, müssen sich die Therapeuten einen Weg durch ganze Abwehrbastionen bahnen, welche durch Verkennung und Verleugnung der Realität sowie zwanghaftes Verhalten gekennzeichnet sind.

Zweitens soll die Familie lernen, ihr System offener und flexibler zu gestalten. Familien, die durch Sucht und Co-Abhängigkeit geschädigt sind, sind im allgemeinen äußerst rigide. Sie müssen lernen, ein neues System zu bilden, in dem jede Person die Freiheit hat, sie selbst zu sein, zu wachsen und sich zu entwickeln. Die Betroffenen sollen lernen, offen und mit gegenseitiger Zuneigung miteinander zu kommunizieren.

Drittens sollen die Familienmitglieder die Möglichkeit erhalten, sich zu „ganzen Personen" zu entwickeln. Da die betroffenen Angehörigen ihrerseits durch Sucht und Co-Abhängigkeit gekränkt und miterkrankt sind, benötigen sie auch ein persönliches Genesungsprogramm. Insbesondere leiden sie im allgemeinen an starken Selbstwertproblemen. Sie werden ermutigt, an einem Programm für ihr persönliches Wachstum teilzunehmen, das sie auch weiterhin begleiten und ihren Selbstwert sowie andere Aspekte ihres Daseins positiv beeinflussen kann.

Um diese wesentlichen Ziele verwirklichen zu können, arbeitet Glenbeigh mit dem „psycho-edukativen Modell", das typisch für viele amerikanische Einrichtungen der Suchtkrankenhilfe ist. Es setzt sich aus verschiedenen Komponenten zusammen, die neben individueller Beratung der Familie auch pädagogische, therapeutische sowie handlungsorientierte Schwerpunkte haben.

Ein wesentlicher Bestandteil des Modells ist die *Wissensvermittlung* in Sachen Sucht, Co-Abhängigkeit, Genesung und Rückfall. Im Rahmen einer Unterrichtsreihe wird jede Woche eine Art Vorlesung angeboten, in der in leicht verständlicher Form über den Krankheitsbegriff, über physiologische Aspekte der Suchtmittelabhängigkeit, über das Konzept der ganzen Person und die Sucht als Familienkrankheit informiert wird. Es geht um die erwachsenen Kinder alkoholkranker Eltern, um die Kommunikation in Familien und um die „familiy wellness", was man wohl mit „Familien, in denen sich alle gut entwickeln können und gesund sind", übersetzen könnte. Die Vorträge behandeln die Behandlungsziele, das Zwölf-Schritte-Programm, schließlich Spiritualität und Genesung sowie die menschliche Entwicklung und ihre Beeinträchtigung durch chemische Stoffe.

Derartige Unterrichsreihen werden von stationären Einrichtungen im allgemeinen kostenlos angeboten und sind für alle Interessenten offen. So nehmen häufig auch Personen teil, die mit den Betroffenen befreundet sind oder beruflich zu tun haben – Lehrerinnen, Seelsorger, Jugendgerichtshelfer, Sozialarbeiterinnen und andere. Die Vorlesungen sind in sich geschlossen, so daß ein Einstieg jederzeit möglich ist. Sind alle Themen vorgestellt worden, beginnt die Serie wieder von vorn.

Das *Wochenendprogramm* besteht aus zwölf jeweils vierstündigen Einheiten, die samstags oder sonntags angeboten werden. Dieser Teil des Familienprogramms richtet sich nur an Betroffene und ist gebührenpflichtig. Manche Krankenversicherungen übernehmen die Kosten oder einen Anteil davon, dies ist jedoch nicht die Regel. Zur Teilnahme sind alle aufgefordert, die zur Familie gehören – auch die Partner und Partnerinnen aus früheren Ehen der Betroffenen, Geschwister ab acht Jahren und Großeltern.

Jede Einheit des Wochenendprogramms besteht aus drei Teilen. Der erste Teil ist die Großgruppe. Hier stellen sich alle Familien vor, neu Hinzukommende werden begrüßt, andere verabschiedet. Hier werden die Ziele des Familienprogramms erläutert, besondere Aktivitäten angekündigt sowie die Tagesordnungspunkte bekanntgegeben. Der zweite Teil des Wochenendprogramms bezieht sich auf die jeweils vorhergehende Unterrichtseinheit. Das vorgestellte Thema wird in unterschiedlichster Form weiter bearbeitet. So kann z. B. ein Film vorgeführt werden, diskutiert werden oder auch durch Rollenspiele sowie andere strukturierte Aktivitäten die Möglichkeit geboten werden, eigene Erfahrungen zu sammeln. Der dritte Teil ist die Familiengruppe. Aus der Großgruppe werden mehrere Untergruppen gebildet, an denen jeweils 3 bis 4 verschiedene Familien teilnehmen. In dieser Zusammensetzung wird mit gruppentherapeutischen Techniken gearbeitet.

Schließlich wird eine individuelle Familienberatung angeboten, wobei sich je nach Situation der Familie auch herausstellen kann, daß für die Eltern eine Paartherapie erforderlich ist. Gegebenenfalls wird auch in spezielle Beratungs- und Behandlungseinrichtungen vermittelt – nicht selten stellt sich heraus, daß auch ein Elternteil Suchtmittelprobleme hat und eine entsprechende Behandlung braucht. Weiterhin besteht die Gelegenheit zu Einzelgesprächen.

10.2.1 Die erste Phase

Während der ersten Phase sind die Behandlungsziele für alle Betroffenen gleich (vgl. Wegscheider 1981). Wenn eine Familie zur Behandlung kommt, hat sie im allgemeinen schon sehr viel mitgemacht. Die einzelnen haben schon seit längerer Zeit gelernt, ihre Gefühle in sich verschlossen zu halten und haben massive Abwehrmechanismen entwickelt. Häufig ist es auch schon eine lange Zeit her, daß die Mitglieder dieser Familie Verständnis und Zuneigung bei anderen gefunden haben. Wenn die Familie erlebt, daß andere zuhören, mitfühlen und nicht verurteilen, kann dies schon viel dazu beitragen, die Abwehrhaltung zu reduzieren. Die Erfahrung kann sowohl in der Großgruppe am Wochenende als auch in den Familiensitzungen gemacht werden. Natürlich geht es hier nicht darum, die psychologischen Abwehrmechanismen der Betroffenen völlig abzubauen, vielmehr sollen sie sich ihrer bis dahin unbewußten Abwehrmechanismen bewußt werden und später lernen, sich bewußt zu schützen, anstatt die bisherigen Mechanismen beizubehalten, die letztlich schädlich für sie geworden sind. Im allgemeinen ist eine klare, aber behutsame Führung nötig, um den Betroffenen die Möglichkeit zu geben, ihre derzeitigen Lebensumstände und ihren Zustand realistisch zu sehen und den Mut zu entwickeln, ihren Schmerz auch zu spüren. Die Erfahrung, daß es Menschen gibt, die sich ihnen zuwenden und bereit sind, sie und ihre Gefühle anzunehmen, macht diese Entwicklung möglich.

Im allgemeinen tragen die Betroffenen eine wohlverpackte Mischung aus Schmerz, Wut, Haß, Scham, Trauer, Einsamkeit, Furcht, Eifersucht und Schuld mit sich herum. Welche Emotion bei einem bestimmten Familienmitglied überwiegt, hängt sehr stark von dessen Rolle ab. Zum Beispiel überwiegt der Zorn bei Personen in der Enabler-Rolle und das Gefühl der Unzulänglichkeit bei jenen in der Heldenrolle.

Wenn die Betroffenen beginnen, ihren Schmerz zu spüren und versuchen, ihn mit Worten, Tränen und anderen Mitteln zum Ausdruck zu bringen, ist es notwendig, daß sie auch erkennen können, was für ein Gefühl sie überhaupt wahrnehmen. Co-abhängige Personen haben große Schwierigkeiten, wenn sie eine Emotion von der anderen unterscheiden sollen. Sie sind häufig nur groben Unterschieden gegenüber sensitiv und neigen dazu, ihre Gefühle in vagen Termini wie traurig, glücklich, zornig und deprimiert auszudrücken. Daher wird im Familienprogramm unter anderem mit einer Liste gearbeitet, auf der ein großes Spektrum verschiedener Gefühle aufgeführt ist.

Eine solche Liste kann auch als Ausgangspunkt für weitere Unterscheidungen dienen. So werden oft ganz bestimmte Paare von Gefühlen miteinander verwechselt: z. B. Scham und Verlegenheit mit Schuld, Schmerz mit Haß und Wut, Aufregung und Spannung mit Ängstlichkeit. Nach Wegscheider (1981) hat sich diese Liste für die Arbeit mit Einzelpersonen sowie für die Arbeit mit Gruppen bzw. Familien als sehr nützlich herausgestellt.

Die nächste Aufgabe nach dem Erkennen der Gefühle besteht darin, diese auch zu akzeptieren. Unsere Kultur neigt dazu, Gefühle als gut oder schlecht zu beurteilen, womit gemeint ist, daß gute Gefühle erlaubt sind, schlechte Gefühle jedoch nicht. So ist es im allgemeinen leicht, zuzugeben, wenn wir uns glücklich oder verliebt fühlen, wenn wir uns jedoch traurig fühlen, wütend oder ängstlich, ist dies sehr viel schwieriger anderen gegenüber zu zeigen. Auch hierzu gibt es elementaren Unterricht: So wird erklärt, daß alle Menschen Gefühle haben, die an sich weder gut noch schlecht sind und einfach existieren, unabhängig davon, ob uns eine Begründung für sie einfällt oder nicht. Es kommt darauf an, was wir als Reaktion auf unsere Gefühle tun – das kann jeweils gut oder schlecht sein. So ist es wichtig zu wissen, was wir fühlen, damit wir uns daraufhin in einer Art und Weise verhalten können, die uns und anderen weiterhilft. Außerdem ist es wichtig, zu lernen, wie wir unsere Gefühle mitteilen können, da sie uns mit anderen Menschen verbinden.

Der kognitiv orientierte Unterricht zum Thema Gefühle sowie die Akzeptanz, die die Betroffenen bei der Äußerung ihrer Gefühle erleben, machen es diesen möglich, sich selbst und ihre Empfindungen anzunehmen. Weiterhin lernen sie, daß es möglich ist, etwas über die Gefühle anderer Menschen zu erfahren, und ihnen diese zuzugestehen.

Wenn die Betroffenen sich erlauben können, ihren Schmerz zu empfinden, so können sie auch ihre positiven Gefühle wahrnehmen. Ihre Fähigkeit zu fühlen, die sie so lange „abgestellt" hatten, um so den Schmerz zu vermeiden, setzt im Laufe ihrer schrittweisen Reaktivierung beide Arten von Gefühlen frei. Die Rolle der Therapeuten besteht darin, diesen Wachstumsprozeß durch Aufmerksamkeit und Anerkennung zu unterstützen.

In dieser Phase spielt das Thema der Vergebung, das im Zwölf-Schritte-Programm enthalten ist, eine wichtige Rolle. So wird die Sucht als eine Krankheit gesehen, an der niemand Schuld trägt. Jedoch müssen sich die Angehörigen von Suchtkranken oft mit Schuld auseinandersetzen: Sie fühlen sich selbst schuldig, sie beschuldigen andere und sie werden von anderen beschuldigt. Eine mitfühlende und nicht verurteilende Haltung der Therapeuten kann viel dazu beitragen, daß die wechselseitige Schuldzuschreibung beendet und stattdessen eine Grundlage für Vergebung geschaffen wird. Wenn die Betroffenen sich erst einmal der Last ihrer schuldbezogenen Gedanken entledigt haben, sich selbst vergeben können und auch die Vergebung durch die anderen empfinden können, wird ihr Schmerz spürbar nachlassen.

Allein die Tatsache, daß die Angehörigen am Programm teilnehmen, spricht für eine minimale Bereitschaft zu akzeptieren, daß Sucht die ganze Familie betrifft. Beratungsgespräche vor der Vermittlung oder Aufnahme in das Behandlungsprogramm haben die Familie im allgemeinen bereits mit Informationen über Suchtkrankheit als individuelle und familiäre Krankheit versorgt. In diesen Gesprächen erhalten die Angehörigen auch schriftliches Informationsmaterial, das leicht verständlich ist und durch die Darstellung von Beispielen die Identifikation erleichtert. Weitergehende Unterrichtung erfolgt in dieser Phase im Rahmen des Vorlesungsprogramms sowie durch Filme und Berichte von anderen Betroffenen, die schon länger am Programm teilnehmen – die Möglichkeit hierzu besteht in den Familiengruppen am Wochenende.

Obwohl es sehr hart ist, die Diagnose Sucht beim eigenen Kind (oder einem anderen Familienmitglied) zu akzeptieren, ist es noch viel schwieriger, den jeweils individuellen persönlichen Anteil daran zu erkennen und anzunehmen. So war die Familie bisher gewohnt, den Abhängigen als das Problem zu sehen. Nun soll sie verstehen lernen, daß seine Krankheit sich deshalb soweit entwickeln konnte, weil das familiäre System dies zuließ. Als Teil dieses Systems sind die einzelnen Angehörigen selbst Teil des Problems. Dies zuzugeben, ist eine notwendige Vorbedingung für die Arbeit, welche die Angehörigen gemeinsam in der Nachsorge leisten müssen.

Es hat Jahre gebraucht, bis sich die Krankheit der Familie soweit entwickelt hatte, daß die gegenwärtige Krise zum Ausbruch kam; und es erfordert ebenso lange Zeit, Geduld und harte Arbeit, ein neues, gesundes Familiensystem zu entwickeln. Die Arbeit, die in der ersten Behandlungsphase begonnen wurde, muß weitergeführt werden: Zunächst gibt es noch professionelle Angebote im Rahmen der Nachsorge und der weiterführenden Betreuung, parallel dazu bzw. darüber hinaus ist es der Initiative der Familienmitglieder selbst überlassen, an einer Selbsthilfegruppe teilzunehmen, die ihrer jeweiligen Situation entspricht. Die Genesung der gesamten Familie kann nur dann gelingen, wenn alle Beteiligten eine starke persönliche Verpflichtung eingehen, hieran mitzuwirken.

Während die bisher genannten Ziele für alle Betroffenen gelten, ist es auch wichtig, auf die individuellen Rollen einzugehen, die jeweils eine ganz spezifische Problematik mit sich bringen. Dies wird bei den Familiengesprächen berücksichtigt, aber es wird auch in Einzelsitzungen daran gearbeitet.

Die Person in der *Enabler-Rolle* hat häufig noch mehr Schwierigkeiten, ihr süchtiges Verhalten aufzugeben, als der Abhängige selbst. Auch sie hat sehr viel erlitten und plagt sich mit einer Last von Scham- und Schuldgefühlen. Ihre Scham- und Schuldgefühle unterscheiden sich jedoch von denen des Suchtkranken: Sie schämt sich dafür, was sie als sein Problem ansieht, sie fühlt sich schuldig dafür, da sie unfähig war, ihn zu verändern. Daher sind ihre Gefühle hauptsächlich Selbstgerechtigkeit, Selbstmitleid und Wut, obwohl sie sich des ganzes Ausmaßes ihrer Wut nicht bewußt sein mag. In ihrer Position ist es äußerst schwierig, das eigene Verhalten objektiv zu betrachten und zuzugeben, selbst Teil des Problems zu sein.

Zunächst ist es daher von grundlegender Bedeutung, daß die beratende Person ihrer Geschichte mit Verständnis und Mitgefühl zuhört, ihr Anerkennung übermittelt für das, was sie erduldet hat, und sie in ihrem Verlangen unterstützt, die Lage der Familie zu verbessern. Erst, wenn die Person in der Enabler-Rolle das Gefühl hat, akzeptiert zu sein, kann sie auch die notwendigen Konfrontationen annehmen. So besteht die weitere Aufgabe des Beraters darin, kontinuierlich den Fokus des Gesprächs immer wieder in eine bestimmte Richtung zu lenken: von spezifischen Problemen und Themen, wie dem Aufzählen aller möglichen Dinge, die den Suchtkranken betreffen, zurück zu den Aspekten der Gefühle, die der oder die Angehörige erlebt. Weiterhin muß diese Person, deren Lebenszweck es war, das Verhalten des Abhängigen zu kontrollieren und zu verändern, darüber unterrichtet werden, daß sie dieses Ziel nicht erreichen kann – sie kann nur sich selbst ändern. Indem im Beratungsgespräch die einfachsten Prinzipien der Familieninteraktion erläutert werden, kann sie jedoch zugleich sehen, daß die Veränderung des eigenen Verhaltens auch zu Veränderungen im gesamten Familiensystem führen kann. Von hier aus kann die Unterrichtung weitergeführt werden zu den charakteristischen Rollen, die die Angehörigen in Familien mit Suchtkranken spielen. Die Beraterin kann ihre Wahrnehmung des derzeitigen Rollenverhaltens der Betroffenen mitteilen, wobei es wichtig ist, nicht zu verurteilen, aber die Konsequenzen dieses Verhaltens klar aufzuzeigen.

Die Personen in der Enabler-Rolle müssen lernen, daß sie sich nicht zum Wohle der Familie verändern sollen – was im allgemeinen ihr hauptsächlicher bewußter Vorsatz bis dahin war −, sondern daß es um sie persönlich geht, um ihr Leben, ihr Wohlergehen. So kann der Berater von anderen Betroffenen in der Enabler-Rolle berichten, die auch dann mit ihrem Rollenverhalten fortfahren, wenn das abhängige Familienmitglied nicht mehr abhängig ist. Am bekanntesten sind die Beispiele der Ehefrauen, die auch nach einer Scheidung oder dem Tod des süchtigen Partners eine neue Beziehung mit einem Menschen eingehen, der zur Sucht neigt: Sie versuchen immer wieder, die ihnen vertraute „Ordnung der Welt" wiederherzustellen, denn sie haben das Gefühl, unmöglich unter anderen Umständen leben zu können.

Eine solche Beratungsarbeit ist selbstverständlich nur dann möglich, wenn die Beratenden ihrerseits die Sucht als Krankheit verstehen, an der niemand die Schuld trägt, und dies sowohl in ihrer Haltung als auch in ihrem Unterricht zum Ausdruck bringen. Schuldzuschreibung würde sowohl die Schuldgefühle des Abhängigen intensivieren als auch den Widerstand der Personen in der Enabler-Rolle bestärken, ihren Anteil an der Suchtentwicklung zu akzeptieren.

Das Familienmitglied in der Rolle des *Helden* erweckt oft auf den ersten Blick den Eindruck, die gesündeste Person der ganzen Familie zu sein. Ihr Selbstwert scheint höher als der der anderen, und ihr Schmerz scheint geringer zu sein. Der Berater sollte jedoch vorgewarnt sein, daß dieses Kind im allgemeinen nach der Person in der Enabler-Rolle den meisten Widerstand gegen Veränderungen leisten wird. Wie früher bereits dargestellt, wird dieses Kind auch „der kleine Enabler" genannt, und es wird dieselben Einstellungen und Widerstände zeigen wie die Personen in der Enabler-Rolle. Zusätzlich hat es einen speziellen Anreiz, an seiner Rolle festzuhalten, da sie ihm außer Schmerzen auch wesentliche positive Aspekte eingebracht hat.

Die Heldin hat durch den Ausbau ihrer Rolle Qualitäten entwickelt, die potentiell wertvoll für andere sind und für sie selbst eine Erfüllung bedeuten. Es kann keinesfalls Intention der Beratung und Behandlung sein, diese Qualitäten zu verändern. Solange sie jedoch mit der für Co-Abhängigkeit typischen Zwanghaftigkeit verbunden sind, bringen sie nicht nur positive Anteile mit sich. Ziel der Beratung ist, der Person in der Rolle des Helden zu helfen, frei entscheiden zu können − im Gegensatz zu dem Gefühl „ich muß". Auch die Heldin benötigt das Gefühl, von der Beraterin akzeptiert zu werden und ihr vertrauen zu können. Dann kann auch sie lernen, wie ihr familiäres System die Sucht aufrechterhält, und welche spezifische Rolle auch sie dabei spielt. Allmählich kann ihr Zwang nachlassen, sich ständig unter Leistungsdruck zu setzen. Wenn sie ihre Rolle aufgibt, gibt sie jedoch auch einen ganz speziellen und honorierten Platz auf. Helden, die nicht genügend auf diesen Verlust vorbereitet sind, werden häufig depressiv, wütend und wechseln unter Umständen auch in die Rolle des Sündenbocks über. Der Berater muß daher dafür Sorge tragen, daß die neu gefundene Entscheidungsfreiheit der Heldin deren Selbstwertgefühl genügend stärkt, so daß sie es nicht länger nötig hat, einen Ehrenplatz zu haben.

Ebenso wie der Suchtkranke kommt auch die Person in der Rolle des *Sündenbocks* mit einem Selbstwertgefühl zur Beratung, das fast völlig zerstört ist. Die Familie – und oft auch andere – haben sie schon so lange als schlecht etikettiert, daß sie davon überzeugt ist, tatsächlich ein schlechter Mensch zu sein. Der Sündenbock ist häufig identisch mit dem suchtkranken Kind, ebenso kann aber auch eines der Geschwister, die Mutter oder der Vater eine Sündenbock-Rolle haben. Dies ist z. B. bei geschiedenen Eltern oder bei Eltern, die sich ganz offen feindselig gegenüberstehen, öfter der Fall. Oft scheint es so, daß dieses Familienmitglied den größten Widerstand zeigen werde. Seine unterdrückte Belastung durch Schmerz, Scham und Schuld ist hinter einer derart soliden Mauer von Schweigen oder aber herausforderndem Benehmen verborgen, daß die ersten Versuche, Kontakt zu ihm aufzunehmen, oft sehr entmutigend verlaufen.

Auch der Sündenbock muß für die gemeinsame Arbeit gewonnen werden. Die einzige Hoffnung der Beraterin liegt darin, völlig ehrlich und zuwendend zu sein, also eine Haltung zu zeigen, gegen die der Sündenbock kaum eine Abwehr entwickelt hat, da er ihr so selten begegnet ist. Vor allem Jugendliche und Kinder in der Sündenbock-Rolle sind sehr argwöhnisch – der leiseste Anschein von Unaufrichtigkeit oder Manipulation wird sofort von ihnen registriert. Es ist daher nötig, daß der Berater in der Lage ist, den Sündenbock tatsächlich zu akzeptieren. Nur so kann er ihm auch die notwendige Rückmeldung zu seinem Verhalten geben, ohne ihn dabei zu tadeln oder strafend zu erscheinen.

Hinter der argwöhnischen Fassade des Sündenbocks verbergen sich im allgemeinen Verzweiflung und das Bedürfnis nach Hilfe. Während einige der anderen Familienmitglieder aufgrund ihrer Rollen sowohl positive als auch negative Konsequenzen erfahren haben, hat der Sündenbock in der Beratung nichts außer seinem Schmerz zu verlieren. Wenn er erst realisiert hat, daß die Beraterin ihn ernsthaft akzeptiert, zeigt er sich erleichtert und dankbar, seinen ganzen Schmerz, seine Wut und seinen Selbsthaß einem Menschen mitteilen zu können, der ihm Verständnis entgegenbringt.

Wenn der Sündenbock über die charakteristische Rollenverteilung in der Familie informiert wird, ist er im allgemeinen persönlich erleichtert: „Nicht ich bin an allem schuld! Wir alle haben es mit einer Krankheit zu tun." Schließlich kann sein Selbstrespekt allmählich wieder wachsen, indem er erfährt, daß der Berater ihn achtet und annimmt.

Erfahrungsgemäß hat der Sündenbock im Laufe der Zeit eine ganze Menge Probleme im Alltagsleben angesammelt, die wesentlich größer ist als die der anderen Familienmitglieder (außer vielleicht dem Abhängigen): Schuleschwänzen, Trinken, Konsum anderer Drogen, Delinquenz, schlechte Gesellschaft, ein Ruf als jemand, der Schwierigkeiten macht, als Herumtreiberin − diese Probleme sind immer noch da und müssen bearbeitet werden. Daher braucht die Person in der Rolle des Sündenbocks starke und kontinuierliche emotionale Unterstützung sowie praktische Anleitung darin, diese Probleme zu lösen. Die Mitarbeiterinnen in einem Suchtbehandlungszentrum haben oft weder die Zeit noch das spezifische Training, um bei der Vielfalt dieser Probleme hilfreich zu sein. In diesem Fall sollte die betroffene Person in entsprechende Hilfsangebote weitervermittelt werden.

Obwohl das Familienmitglied in der Rolle des *verlorenen Kindes* nicht die Feindseligkeit des Sündenbocks zeigt, kann es ebenso schwierig emotional zu erreichen sein. Das verlorene Kind scheint gefühlsmäßig erfroren zu sein. Tatsächlich wird in der amerikanischen Literatur der Ausdruck „eingefrorene Gefühle" oft bei der Beschreibung co-abhängiger Personen verwendet. Die Beraterin hat die Aufgabe, so viel Wärme durch ihre Offenheit und ihre Zuwendung zu vermitteln, daß dieses Kind „auftauen" kann. Sie muß ihm vermitteln, daß es sich lohnen kann, eine Beziehung aufzunehmen, die es bisher vermißt hat, und es sanft und geduldig aus seiner Isolation herausführen. Dies gibt dem Kind in dieser Rolle die Möglichkeit, Fähigkeiten zu entwickeln, die es bisher vernachlässigt hat. In der Nachsorge kann das verlorene Kind sie unter Anleitung der Beraterin in der Kommunikation mit den anderen Familienmitgliedern üben. Weiterführende Therapie in Gruppen Gleichaltriger, Al-Ateen und spätere soziale Aktivitäten, die in dem Programm für die Genesung dieses Kindes enthalten sind, bieten ihm die Möglichkeit, sein neu entdecktes soziales Potential zu benutzen und auszubauen.

Auch hier geht es nicht darum, daß das Kind in dieser Rolle nun die Zeit aufgeben muß, die es für sich alleine verbringt und die ihm sehr wichtig ist. Die Aktivitäten, mit denen es bisher gelernt hat, seine Einsamkeit kreativ auszufüllen, können durchaus beibehalten werden. Aber nun hat auch dieses Kind die Möglichkeit zu einer echten Entscheidung und eine breitere Auswahl an Tätigkeiten. Es kann darüber hinaus nahe Beziehungen aufbauen und schließlich Erleichterung von der intensiven Einsamkeit finden, welche es bis dahin empfunden hat.

In den Familiengesprächen können die Kinder in der Rolle des *Maskottchens* einerseits ein erfrischendes Element durch ihren Humor und ihr Verspieltsein ins Geschehen bringen, sie können aber auch unruhig und so störend sein, daß sie jede konstruktive Arbeit ernsthaft behindern.

Wie auch immer sich die Symptome des Maskottchens darstellen, dieses Kind ist voller Angst. Die erste Aufgabe des Beraters besteht darin, ihm zu vermitteln, daß es sich hier an einem sicheren Ort befindet und im Berater eine Person gefunden hat, der es vertrauen kann. Wenn seine Ängstlichkeit sich auflöst und das Kind entspannter wird, ist es zu bewußterer Kontrolle fähig und seine Hyperaktivität läßt nach. Nun kann es sich auch darauf konzentrieren, was es über die Familie und über sich selbst lernen muß. Symptome, die sich während der Kindheit entwickelt haben, werden natürlich nicht in wenigen Wochen verschwinden – sie können jedoch beträchtlich an Intensität nachlassen. Dies ist eine wichtige Voraussetzung für die Nachsorge. Während einige charakteristische Verhaltensweisen des Maskottchens für die Familiensitzungen sehr gewinnbringend sein können, kann sein Ausagieren andererseits den Fortschritt in der Entwicklung der anderen Familienmitglieder wieder unterbrechen. Wie auch der Sündenbock, so kann das Maskottchen Schwierigkeiten im alltäglichen Leben haben, Lernstörungen oder schwerwiegende emotionale Probleme. Daher muß auch dieses Kind häufig in spezielle Hilfsangebote vermittelt werden.

10.2.2 Themen der Nachsorgephase

Wenn das abhängige Familienmitglied aus der Therapie nach Hause zurückkehrt, erleben die Beteiligten im allgemeinen eine Zeit, die mit den Flitterwochen verglichen wird. Irgendwann jedoch stellt sich der Alltag wieder ein, und häufig scheinen sich jetzt mehr Probleme aufzutun als vor der Behandlung. Zum einen scheinen die Schwierigkeiten viel größer geworden zu sein, da nun das Suchtproblem fehlt, das bisher alles andere überlagert und die Aufmersamkeit abgelenkt hatte. Die Familienmitglieder können sich unter Umständen diesen Alltagsproblemen nicht gewachsen fühlen: Sie haben im Verlauf der ersten Behandlungsphase damit begonnen, ihre zwanghaften Abwehr- und Schutzmechanismen abzubauen, aber noch nicht gelernt, auf neue Art mit ihren Problemen umzugehen. Weiterhin sind die

Angehörigen mit einer sehr schweren Aufgabe konfrontiert: Sie sollen den ehemals Abhängigen in eine Familie aufnehmen, deren Mitglieder gerade mit einer Entwicklung zur Autonomie begonnen haben. In dieser Situation häufen sich daher Probleme, die die Veränderung mit sich bringt. Auf den ersten Blick scheint es überraschend, daß die Familie doch noch dazu neigt, sich an die Muster der Vergangenheit zu klammern, die mit so viel Schmerz verbunden waren. Andererseits brachten die bisher gespielten Rollen auch Belohnung und Verstärkung mit sich, so daß die Familienmitglieder widerstreben, sie aufzugeben, solange sie noch nicht sicher sind, welchen Ersatz sie hierfür erhalten.

Das primäre Problem aller Betroffenen ist im allgemeinen die Angst — Angst vor den Geistern der Vergangenheit und Angst vor dem, was in Zukunft geschehen wird. Der Abhängige fragt sich: „Kann ich auch trocken oder clean bleiben? Hassen mich jetzt alle, werde ich eine Arbeit finden, werde ich die Schule schaffen, werden mich die anderen verachten? Wird meine Freundin — meine Frau — mich akzeptieren, wenn ich mit ihr schlafen will? Wie werde ich mit all den Problemen fertig, die wir als Familie haben?" — Die anderen Familienmitglieder haben ihre eigenen Fragen. Die Person in der Enabler-Rolle fragt sich zum Beispiel: „Wird er auch wirklich nüchtern bleiben? Hat er mir verziehen, daß ich ihn habe einweisen lassen? Kann ich ihm zutrauen, nun mit seinen Verantwortungsbereichen fertig zu werden? Wird er in der Lage sein, einen Arbeitsplatz zu finden, die Schule abzuschließen, seine Ausbildung zu beenden? Muß ich nicht doch vorsichtshalber darauf achten, mit wem er sich trifft, ob er etwas in seinem Zimmer versteckt hat?" Auch die Geschwister oder die Kinder machen sich ihre Gedanken, wie alles weitergehen soll. Möglicherweise ist alles, an was sich betroffene Kinder oder sehr junge Geschwister erinnern können, mit einer unberechenbaren, wütenden, vielleicht sogar gewalttätigen oder „im Tran" befindlichen Person verbunden, deren Verhalten und Launen nicht eingeschätzt werden konnten.

Unter der Angst liegt eine kaum verhüllte Schicht von Verletzung, Ressentiments und Wut. Die erste Phase der Behandlung hat den Familienmitgliedern geholfen, in Kontakt mit diesen Gefühlen zu kommen, es bleibt jedoch Aufgabe der Nachsorge, ihnen dabei zu helfen, damit umzugehen. Sie quälen sich damit herum, daß sie glauben, eigentlich Liebe und Zuneigung für einander empfinden zu müssen — nach allem, was sie getan haben, um die Situation zu verändern. Die von der Gesellschaft oft negativ sanktionierten Gefühle, die sie nun bei sich wahrnehmen, sind nicht leicht zu akzeptieren.

Nachdem die einzelnen Betroffenen Kontakt zu ihren Gefühlen gefunden haben, wird es zunehmend schwerer für sie, diese weiterhin zu verleugnen. Sie benötigen jedoch sehr viel Mut, sich ihren Gefühlen auszusetzen – sie müssen die Sicherheit aufgeben, welche sie sich früher durch Schweigen und Verleugnen der Realität erkauft haben.

Nachdem die Familie ihren Fokus, das Suchtverhalten des abhängigen Familienmitglieds, verloren hat, fehlt den Beteiligten die Stütze, als die dieses Verhalten so lange gedient hat. Wie jemand, der über lange Zeit hinweg eine schwere Last getragen hat, vermissen sie zunächst die gewohnte Belastung mit all ihren verschiedenen Aspekten. Mit dem Fokus können sie sogar ihren Lebenssinn und Antrieb verloren haben.

Wenn bisher Probleme entstanden waren, konnten die Betroffenen etwas Erleichterung darin finden, entweder den Sündenbock oder den Abhängigen (oder beide in einer Person) dafür zu beschuldigen. In der ersten Behandlungsphase wurde ihnen dieses Spiel jedoch verdorben: Hier haben sie gelernt, welche Rolle sie als Mitspielende übernommen hatten.

Weiterhin müssen die Familienmitglieder jedwede positive Konsequenz aufgeben, welche ihre zwanghafte Rolle mit sich gebracht hat. Dies ist besonders hart für die Personen in der Enabler-Rolle und den Helden, die für ihre Geduld, Tapferkeit, Loyalität, Verantwortlichkeit, harte Arbeit und Leistung oft auch viel Anerkennung erhalten haben. Auch die weniger belohnenden Rollen boten immerhin eine Art von familiärer Sicherheit. Nun jedoch weiß niemand mit Sicherheit, welches Verhalten richtig ist – oder was von den anderen Familienmitgliedern erwartet werden kann, deren Verhalten nun auch nicht mehr so vorhersagbar ist wie früher, als noch die alte Rollenverteilung herrschte.

Die Familienmitglieder wissen nicht, was und wie sie etwas als Familie „tun sollen". Sie haben in der ersten Behandlungsphase gelernt, wie eng, rigide, krankmachend und letztlich auch dysfunktional ihre alte Definition von Familie war, aber sie müssen erst noch erarbeiten, wie sie dieses alte System durch ein besseres ersetzen können.

Sämtliche Familienmitglieder müssen damit aufhören, Verantwortung für den Abhängigen zu übernehmen und diesen als unmündiges Baby zu behandeln, sein Leben für ihn zu „managen" und seine Entscheidungen zu treffen. Dies ist besonders schwer für die Personen in der Enabler-Rolle. Das größte Problem für sie besteht darin, daß sie nie sicher sein können, daß der Abhängige seine Angelegenheiten auch tatsächlich richtig handhabt – hierfür gibt es einfach keine Garantie.

Auch in den Gruppensitzungen werden die Angehörigen immer wieder darauf hingewiesen, daß der Schwerpunkt des Familienbehandlungsprogramms auf ihrem persönlichen Genesungsprozeß liegt – ungeachtet dessen, was das abhängige Kind aus seinem Behandlungsprogramm und sogar aus seinem Leben macht. Sie werden mit den Merksätzen vertraut gemacht, die auch in den Selbsthilfegruppen gelten: Du hast die Krankheit (Deines Kindes, Deines Angehörigen) nicht verursacht. – Du kannst die Krankheit nicht unter Deine Kontrolle bringen. – Du kannst die Krankheit nicht heilen. – Du bist nicht alleine – wende dich an andere um Hilfe – fang heute damit an!

Sie lernen die zwölf Schritte der Selbsthilfegruppen der Anonymous kennen und erarbeiten zunächst die ersten fünf Schritte mit Hilfe von schriftlichen Unterlagen, Aufgaben, Unterricht und Diskussionen. Sie werden auf die Meetings der Al-Anon und anderer Selbsthilfegruppen aufmerksam gemacht und aufgefordert, sich einer dieser Gruppen anzuschließen.

Die Arbeit mit dem Zwölf-Schritte-Programm vermischt und überschneidet sich mit der Gruppentherapie, da es hier inhaltlich um das gleiche geht – um die Genesung von der Co-Abhängigkeit. Die Angehörigen lernen, die Co-Abhängigkeit sowie die damit verbundenen Abwehrmechanismen zu identifizieren, die das bewußte Wahrnehmen ihrer Gefühle verhindern. Sie erhalten auch hierzu leicht verständlich formuliertes Material. Am Beispiel anderer Betroffener, die zum Teil schon länger am Programm teilnehmen, erfahren sie, wie diese sich mit ihrer Co-Abhängigkeit auseinandersetzen und wie sich Genesungsprozesse entwickeln können. Sie erleben, daß es Hoffnung gibt, Hoffnung für sie.

Die Gruppentherapie in Mehrfamiliengruppen hat das Ziel, „uns als fühlende Personen zu entdecken und die Abwehrmechanismen zu identifizieren, welche diese Entdeckung verhindern" (Glenbeigh 1984/1985). Der Lernprozeß, der hier angestrebt wird, wird am Modell des Johari-Fensters erläutert, das in vier Bereiche – Fensterscheiben vergleichbar – eingeteilt ist: Die erste Scheibe repräsentiert meine „öffentliche Person", sie enthält Aktivitäten, Einstellungen und Interessen, die für mich selbst sowie für andere sichtbar sind. Das zweite Fenster enthält meinen „blinden Fleck" – persönliche Eigenarten, Gewohnheiten, stereotype Verhaltensweisen und Einstellungen, Normen und Zwänge, die ich zwar selbst nicht wahrnehme, die aber für andere deutlich zu erkennen sind. Das dritte Fenster repräsentiert mein verborgenes oder privates Selbst, das für mich sichtbar ist, das ich den anderen jedoch nicht zeige. Hierhin gehören Intimes und Privates, das mich schmerzlich oder auch sehr angenehm berührt. Das vierte Fenster enthält Unbewußtes, das weder für mich noch für die anderen sichtbar ist.

Abbildung 6: Das Johari-Fenster

1	2
Für mich sichtbar und für die anderen sichtbar: Die „öffentliche Person" (Aktivitäten, Einstellungen, Interessen)	Für mich unsichtbar und für die anderen sichtbar: Mein „blinder Fleck" (Gewohnheiten, Stereotype, Normen, Zwänge)
3	4
Für mich sichtbar und für die anderen unsichtbar: Die „private Person" (Vorlieben, Abneigungen, Wünsche, Ängste)	Für mich unsichtbar und für die anderen unsichtbar: „Verschlossener Bereich" (Unbewußtes)

Durch Feedback und Konfrontation lernen die Gruppenmitglieder, wie sie von anderen wahrgenommen werden, und können somit den Bereich ihres „blinden Flecks" verringern. Thematisch steht dabei co-abhängiges Verhalten im Vordergrund. Weiterhin können sie durch die Mitteilung ihrer Gefühle den Bereich erweitern, der ihnen sichtbar ist, aber bisher den anderen verborgen war. Es wird angenommen, daß hierdurch auch mehr Energie freigesetzt werden kann. Auch durch Ausprobieren von bisher ungewohntem Verhalten, das durch Offenheit und Vertrauen in der Gruppe ermöglicht wird, können die Einzelnen etwas über sich selbst erfahren, das ihnen bis dahin unbekannt war. Die Arbeit am unbewußten Bereich, der für alle verschlossen bleibt, ist im Rahmen dieser Gruppentherapie nicht vorgesehen. Durch den Gruppenprozeß kann zwar bisher unbewußtes Material ins Bewußtsein gelangen, jedoch konzentriert sich die Arbeit auf die Prozesse im „Hier und Jetzt" und stellt sie in den Zusammenhang der Sucht. Eine Aufarbeitung von Lebensproblemen und tieferliegenden Konflikten ist hier nicht angestrebt, gegebenenfalls wird auf entsprechende Hilfsmöglichkeiten aufmerksam gemacht.

10.3 Persönliche Eindrücke im Glenbeigh Adolescent Hospital

Da ich den Ansatz des Glenbeigh Adolescent Hospital im allgemeinen an anderer Stelle kommentiert habe (Rennert 1986), gehe ich hier nur auf das Familienbehandlungsprogramm ein. Wie bereits erwähnt, hat das Glenbeigh Adolescent Hospital eine Kapazität von 100 Plätzen, und in den meisten Fällen nehmen die Angehörigen der Jugendlichen am Familienbehandlungsprogramm teil. Dieses Programm wird zwar in zwei Familienzentren im Stadtbereich von Cleveland angeboten, dennoch sind die Gruppen jeweils wahre Großgruppen: So waren bei den Vorlesungen, die ich besuchte, zumeist 50 bis 80 Personen anwesend, an der Großgruppe des Wochendprogramms nahmen zwischen 40 und 60 Personen teil. Allein diese Gruppengröße war für mich ungewohnt und ließ zunächst das Gefühl einer Massenveranstaltung aufkommen. Andererseits war die Atmosphäre bereits bei den Vorträgen sehr offen und insofern auch persönlich, als die Vortragenden grundsätzlich ihre Erfahrungen als abhängige und / oder co-abhängige Betroffene einbrachten. Dies ermöglichte von vornherein Identifikation bei den Zuhörenden. Nach einem Vortrag zum Thema „Erwachsene Kinder von Alkoholkranken" stellte zum Beispiel der Vater eines drogenabhängigen Mädchens in aller Öffentlichkeit und offensichtlich sehr emotional betroffen fest, er habe jetzt endlich begriffen, womit er selbst sich schon sein Leben lang herumplage – auch er sei Kind eines Alkoholikers, habe jedoch noch nie die Bedeutung dieser Tatsache für sich und seine jetzige Familie erkannt.

Da der Inhalt der Vorträge erst am jeweils kommenden Wochenende vertieft werden sollte, gab es nach der Darstellung keine Möglichkeit zur Diskussion, höchstens zu Verständnisfragen oder zu als so dringend empfundenen Äußerungen wie oben dargestellt. Dies erschien mir jedoch jedesmal als Abbruch von Prozessen, die bei den einzelnen in Gang gekommen waren: Die momentane Betroffenheit konnte nicht aufgegriffen werden, die einzelnen blieben sich selbst überlassen.

Ich habe diesen Bruch insbesondere deshalb bedauert, weil die inhaltliche Darstellung überwiegend so gestaltet war, daß die sachlichen Informationen auch auf der emotionalen Ebene „ankamen" und sowohl für die Vortragenden als auch die Zuhörenden mit persönlicher Bedeutsamkeit verbunden waren.

Das Wochenendprogramm erschien mir zu vollgepackt – nicht nur von der Anzahl der Teilnehmenden, sondern auch vom Anspruch her. Da versucht wurde, möglichst viel im Rahmen des Familienbehandlungsprogramms zu vermitteln, war kein Raum für die einzelnen, wenn diese Themen ansprechen wollten, die nicht direkt vorgesehen waren: Das Programm ging vor. Die Mitarbeiter und Mitarbeiterinnen waren sich dieses Problems durchaus bewußt, standen jedoch unter dem Druck, in einem festgelegten Zeitraum festgelegte

Inhalte bearbeiten zu müssen. Daher wirkte die Arbeit manchmal „rezeptorientiert" und kritisches Hinterfragen wurde eindeutig als störend empfunden.

Davon abgesehen war das Familienbehandlungsprogramm sehr eindrucksvoll: So war es klar strukturiert und transparent in seiner Zielsetzung für die Teilnehmenden, und gleichzeitig doch alles andere als ein kopflastiges Lernangebot. Für mich stellte es eine gelungene Integration aus den beiden Ansätzen dar, die mir aus der Arbeit zu Hause bekannt waren: Vortrag von Expertenwissen, „vor allem als Übergabe fertig verpackten Wissens an den Zuhörer verstanden, ganz gleich, ob er das Gelehrte verarbeiten, verstehen und mit seinem Leben verbinden konnte", im Gegensatz hierzu erfahrungsorientierte Ansätze, denen es jedoch häufig daran mangelte, „das zum Thema vorhandene oder zu erforschende gesellschaftliche Wissen zu beschaffen, zu systematisieren und spiralig mit den Alltagserfahrungen der Beteiligten ins Spiel zu bringen" (Meueler 1986, Seite 59).

Aus der Arbeit mit den Familien in Glenbeigh ist mir insbesondere eine Szene im Gedächtnis geblieben, in welcher eine Familie als Skulptur dargestellt werden sollte. Dabei stellte die achtjährige Linda dar, wie sie die Situation zu Hause erlebte: Die 16jährige Gwen, drogenabhängig, dirigierte die ganze Familie. Dies wurde dargestellt, indem Gwen auf einem Stuhl erhöht über den anderen Familienmitgliedern postiert wurde, mit ausgestrecktem Arm und Zeigefinger zeigte sie der Mutter, wo's lang ging. Die Mutter drehte sich nur um Gwen, lief um diese herum, versuchte, deren ausgestreckte Hand nicht aus ihrem Griff zu verlieren, ließ Gwen nicht aus den Augen, wobei sie sich verrenken und verdrehen mußte − dies schilderte sie später als zunehmend körperlich schmerzhaft. Mit den Fingerspitzen der anderen Hand berührte die Mutter so oft wie möglich gerade noch ihren Mann, der sich anschickte, dieser Familie den Rücken zu kehren. Er sah noch auf seine Frau zurück, und wies mit dem linken Arm die drogenabhängige Tochter ab. Den Versuch, dies alles zusammenzuhalten, machte Linda mit übermenschlich erscheinender Anstrengung: Sie rannte im Kreis um alle herum und versuchte, auf sich aufmerksam zu machen − trotz ihrer Mühe gab es für sie jedoch niemanden, der oder die nach ihr gesehen, geschweige denn, eine Hand ausgestreckt hätte.

Das anschließende Gespräch in der Gruppe bot Gelegenheit, sowohl auf Identifikationen und Gefühle einzugehen als auch die zentrale Rolle des drogenabhängigen Kindes zu erläutern, die Strategien der anderen Familienmitglieder und die Belastung, die diese mit sich bringen. Diese Themen waren kein abstrakter Lernstoff, sondern sie waren intensiv von allen erlebt worden.

Eine typische Situation entwickelte sich in einer Familie, deren Tochter bereits in der Nachsorgephase und somit schon wieder zu Hause war: Die 17jährige Lynn beklagte sich bitter, ihre Mutter enge sie in ihrem Leben ein, mache ihr Vorschriften, gewähre ihr keine Freiheiten. Lynn wurde auf eine frühere Sitzung aufmerksam gemacht, in der sie sich beschwert hatte, ihre Mutter habe sie vernachlässigt, kümmere sich nicht um sie, es sei ihr ganz egal, was Lynn eigentlich mache. Die Mutter hatte ihren Platz als Erziehungsberechtigte tatsächlich seit langer Zeit zum ersten Mal übernommen, und war prompt auf den erbitterten Widerstand der Tochter gestoßen, die sich mit dieser ungewohnten Situation nicht so schnell abfinden wollte.

Zuletzt noch eine Anmerkung zur Einstellung, welche in Glenbeigh gegenüber Drogen und Sucht hingenommen wird. Ich hatte zunächst den Eindruck, die Droge sowie die Sucht als Krankheit dienten als eine Art Sündenbock für die Probleme der Familien. Im Verlauf der Zeit stellte sich jedoch heraus, daß dieser Eindruck nur für eine vorübergehende Phase Gültigkeit besitzt: Indem zunächst der Krankheitscharakter der Sucht und spezifische Merkmale in der Beziehung zur Droge betont wurden, erlebten die Eltern und andere Angehörige Entlastung durch Verständnis und Erklärungen. Erst so wurde die Basis dafür geschaffen, daß die Betroffenen ihrerseits zu einem späteren Zeitpunkt in der Lage waren, die persönlichen Unzulänglichkeiten und auch Fehler zuzugeben und danach einzusehen, wie sie selbst die Sucht unterstützen.

Insgesamt erscheinen mir die Ziele des Familienbehandlungsprogramms äußerst anspruchsvoll. Sie können im Grunde nur dann erreicht werden, wenn die Betroffenen sich tatsächlich Selbsthilfegruppen anschließen und an „ihrem persönlichen Programm" arbeiten. Dazu kann in vielen Fällen durchaus zusätzlich Einzelberatung und -therapie notwendig sein, Spieltherapie, Paarberatung oder andere spezifische Hilfe. Die Teilnahme an einer Selbsthilfegruppe der „Anonymous" wird allgemein empfohlen. Wie bereits dargestellt, schließen sich gleichzeitige Teilnahme an einer solchen Selbsthilfegruppe sowie an professionellen Therapieangeboten keineswegs aus, sondern stellen in den USA eine durchaus übliche Kombination dar. In Kapitel 11 wird Co-Abhängigkeit als Persönlichkeitsstörung beschrieben. In derartigen Fällen ist ein Familienbehandlungsprogramm höchstens eine Ergänzung zu einer notwendigen Psychotherapie. Andererseits hat sich das vorgestellte Programm nach

Angaben des Glenbeigh Adolescent Hospital bereits für viele Familien bewährt, die keinerlei zusätzliche professionelle Betreuung benötigen.

Anmerkungen

[1] Nach Mitteilung des Glenbeigh Adolescent Hospital nehmen zwischen 80 und 90 % der Familien an diesem Programm teil.

[2] Das Johari-Fenster ist ein Persönlichkeitsmodell von Joe Luft und Harry Ingham, das vier Dimensionen der Beziehungen zwischen dem Selbst und anderen aufzeigt. Es wird oft zur Erklärung herangezogen, um zu zeigen, wie sich das Erfahrungslernen im Sensitivity-Training auswirkt (vgl. Bachmann 1981).

11 Co-Abhängigkeit als Persönlichkeitsstörung nach Timmen Cermak

Der Psychiater Timmen Cermak beschreibt sich selbst als „congenital co-dependent", da er in eine Familie mit einem alkoholkranken Vater hineingeboren wurde. Cermak ist Gründungsmitglied der NACoA und arbeitet insbesondere mit erwachsenen Kindern von Alkoholkranken. Neben seinem Engagement als Präsident der NACoA ist er in San Francisco in einem Programm für die Angehörigen von Suchtkranken tätig.

Cermak beobachtete, daß Co-Abhängige ganz spezifische Persönlichkeitsstörungen haben können. Sein Anliegen ist, Co-Abhängigkeit einer systematischen Untersuchung zugänglich zu machen (Cermak 1986). „Während co-abhängige Persönlichkeitsmerkmale weit verbreitet sein mögen, kann die Diagnose einer Persönlichkeitsstörung Co-Abhängigkeit nur angesichts einer identifizierbaren Dysfunktion getroffen werden, die sich aus einer exzessiven Rigidität oder Intensität in Verbindung mit diesen Merkmalen ergibt. So wie Narzißmus ein fast universeller menschlicher Zug ist, existiert eine narzißtische Persönlichkeitsstörung nur angesichts einer objektiven Dysfunktion. Es scheint keinen Grund zu geben, warum dieselbe Argumentation nicht auch auf Co-Abhängigkeit angewandt werden kann" (Cermak 1986, 10).

Um eine entsprechende Forschung im klinischen Bereich anzuregen, schlägt er vor, diagnostische Kriterien in der Art des DSM-III[1] zu erarbeiten. In diesem Rahmen könnte Co-Abhängigkeit als gemischte Persönlichkeitsstörung betrachtet werden. Mit diesem Begriff werden Zustandsbilder bezeichnet, wenn die betreffende Person ausgeprägte Züge verschiedener Persönlichkeitsstörungen zeigt, jedoch nicht in die Beschreibung einer einzelnen dieser Störungen paßt. Da die meisten Angehörigen von Suchtkranken ein durchaus erkennbares und vorhersagbares Muster von bestimmten Merkmalen zeigen, könnten diese Kriterien zur Diagnose einer co-abhängigen Persönlichkeitsstörung dienen.

Cermak definiert Co-Abhängigkeit so (a.a.O., S. 1): „Co-Abhängigkeit ist ein erkennbares Muster von Persönlichkeitsmerkmalen, die in vorhersagbarer Weise bei den meisten Mitgliedern von suchtkranken Familien gefunden wurden und dazu geeignet sind, eine ausreichende Dysfunktion hervorzurufen, um die Diagnose einer gemischten Persönlichkeitsstörung zu rechtfertigen, wie sie im DSM-III skizziert ist."

11.1 KRITERIEN FÜR CO-ABHÄNGIGKEIT ALS PERSÖNLICHKEITS-STÖRUNG NACH CERMAK

Co-Abhängige verknüpfen, und dies ist das *erste* Kriterium, ihr Selbstwertgefühl eng und dauerhaft mit Bemühungen, ihre Gefühle und Verhaltensweisen sowie die anderer Personen zu beeinflussen und zu kontrollieren, obwohl sie dabei offensichtlich schwerwiegende negative Konsequenzen erfahren. *Zweitens,* Co-Abhängige gehen davon aus, daß sie verantwortlich für die Befriedigung der Bedürfnisse anderer sind. Ihre eigenen Bedürfnisse nehmen sie dabei nicht zur Kenntnis. *Drittens* leiden Co-Abhängige in Situationen von Intimität sowie von Trennung unter Ängstlichkeit und Abgrenzungsproblemen. Das *vierte* Kriterium besagt, daß Co-Abhängige zu verstrickten Beziehungen mit Drogenabhängigen, anderen Co-Abhängigen sowie mit persönlichkeits- und antriebsgestörten Personen neigen. *Fünftens* zeigen Co-Abhängige mindestens drei der folgenden Merkmale: Verleugnung der Realität, emotionale Beeinträchtigung (möglicherweise auch mit dramatischen Ausbrüchen), Depression, übermäßige Wachsamkeit, Zwänge, Ängste und Drogenmißbrauch. Sie waren wiederholt Opfer von körperlichem und / oder sexuellem Mißbrauch, leiden unter streßbezogenen körperlichen Krankheiten und sie leben mindestens zwei Jahre lang in einer engen Beziehung mit einem aktiv drogenmißbrauchenden Menschen, ohne fremde Unterstützung zu suchen.

Das *erste Kriterium* beschreibt ein komplexes Muster von Verhaltens- und Sichtweisen, in dem einige Charakteristika von Suchtmittelabhängigkeit und dependenter Persönlichkeitsstörung kombiniert sind. Es umfaßt vier deutlich unterschiedene Elemente: Eine verzerrte Beziehung zur Willenskraft, eine Identitätskonfusion, Realitätsverleugnung und niedrigen Selbstwert.

Die verzerrte Beziehung zur Willenskraft bei Co-Abhängigen ähnelt der Überzeugung des Alkoholikers, daß er die Kontrolle über den Alkohol habe. Die Überzeugung „Wenn ich mich nur richtig anstrenge, schaffe ich, daß der andere mit dem Drogenkonsum aufhört!" ist dazu das Pendant.

Obwohl Co-Abhängigkeit der Persönlichkeitsstörung der dependenten Persönlichkeit sehr ähnlich ist, gibt es hier wichtige Unterschiede. Der erste Unterschied liegt in der verzerrten Beziehung zur Willenskraft, die bei Co-Abhängigen immer gegeben ist und bereits skizziert wurde. Ein weiterer Unterschied liegt in der Identitätskonfusion, die ebenfalls bei aktiv Co-Abhängigen vorhanden ist. Wenn eine Person von einer anderen abhängig ist, so gibt sie dieser über einen oder mehrere Aspekte ihres Lebens Macht: Das Selbstwertgefühl einer co-abhängigen Person ist davon abhängig, wie erfolgreich ihr Partner ist.

Ein Beispiel: Die co-abhängige Person ist glücklich, wenn der Abhängige sich zu einem körperlichen Entzug ins Krankenhaus begeben hat. Sie ist deprimiert, wenn der Abhängige seinen Entzug vorzeitig abgebrochen hat. Die Voraussetzung dafür, daß die co-abhängige Person sich wohl fühlen kann, ist, daß der Abhängige glücklich ist und sich dementsprechend benimmt. Wenn der Abhängige nicht glücklich ist, so fühlt sich die co-abhängige Person dafür verantwortlich, ihn glücklich zu machen. Die co-abhängige Person ist davon überzeugt, daß es nur an ihr liegt, ob der andere glücklich oder gesund ist.

Ebenso wie die drogenabhängige Person leugnet die co-abhängige Person die Realität und bedient sich hierzu einer besonderen Ausprägung ihrer Abwehrmechanismen. Das niedrige Selbstwertgefühl von Co-Abhängigen führt oft zur Wahl eines Partners mit der starken narzißtischen Tendenz, sich als jemand Besonderes zu fühlen – so wie Drogenabhängige. Dabei ist ein Drogenabhängiger die denkbar schlechteste Wahl für die co-abhängige Person, die ihr Selbstwertgefühl an das Verhalten des Abhängigen bindet.

Die vier Elemente des ersten Kriteriums passen ineinander wie ein Puzzle-Spiel und verstärken sich gegenseitig. Die verzerrte Beziehung zur Willenskraft führt dazu, daß die co-abhängige Person versucht, ihren Partner glücklich und drogenfrei zu machen. Die Identitätskonfusion macht es geradezu notwendig, daß die co-abhängige Person so handelt. Die Realitätsverleugnung verdeckt die Nutzlosigkeit dieser Strategie und hindert die co-abhängige Person daran, die negativen Konsequenzen ihres Verhaltens zu sehen. Ihr Selbstwertgefühl wird immer niedriger, das Gefühl der Unzulänglichkeit wird immer stärker und der einzige Ausweg scheint darin zu bestehen, noch mehr Willenskraft aufzubringen. Wenn Co-Abhängige sich selbst dazu zwingen, sich noch mehr anzustrengen, werden ihre Bemühungen, die Situation zu kontrollieren, unglücklicherweise häufig noch durch Verwandte, Ärztinnen, Seelsorger, Therapeutinnen und die Gesellschaft insgesamt verstärkt.

Die Verantwortlichkeit dafür, daß die Bedürfnisse anderer befriedigt werden, wobei die eigenen Bedürfnisse völlig untergeordnet bzw.

nicht zur Kenntnis genommen werden, stellt das *zweite Kriterium* dar. Die Unterordnung der eigenen Bedürfnisse ist ein klassisches Symptom der dependenten Persönlichkeit, das durch die Furcht begründet ist, verlassen oder vernachlässigt zu werden. Im Verlauf der Entwicklung zur Co-Abhängigkeit verliert die betroffene Person nach und nach ihre Fähigkeit, die eigenen Bedürfnisse von denen eines anderen Menschen zu unterscheiden, bis sie schließlich die Wünsche und Bedürfnisse dieser anderen Person als ihre eigenen übernimmt. Die Unterdrückung des Selbst zugunsten des Gefühls, mit dem anderen verbunden zu sein, ist eines der Kennzeichen von Co-Abhängigkeit.

Die Kehrseite dieser Medaille ist die Isolation. Die co-abhängige Person, die Beziehungen mit anderen vermeidet, leidet im wesentlichen unter derselben Störung wie Menschen, die ihre Bedürfnisse zugunsten einer anderen Person ignorieren. Um gar nicht erst in die Situation des Verlassenwerdens zu geraten, weigert sie sich, Engagement in einer personalen Beziehung zu entwickeln. Das Verhalten des apathischen Kindes aus einer Alkoholikerfamilie, das keine Beziehung eingeht, kann hier eingeordnet werden.

Die Regeln der Co-Abhängigkeit scheinen zu diktieren, daß die Beziehung zu einer anderen Person nicht damit vereinbar sei, eigene Bedürfnisse und Gefühle wahrzunehmen und zu akzeptieren. So neigen co-abhängige Personen zum einen oder anderen Extrem: Entweder verleugnen sie sich selbst, um einen anderen Menschen glücklich zu machen, oder sie vermeiden zwanghaft Beziehungen, um sich selbst in Sicherheit zu halten.

Co-Abhängige setzen – das *dritte Kriterium* – Nähe mit „Ich erfülle dem anderen jeglichen Wunsch" und Intimität mit Verschmelzung gleich. Wenn sie eine Beziehung aufnehmen, neigen sie dazu, viele Wertvorstellungen, Wünsche, Träume und Charakteristika der anderen Person zu übernehmen – eventuell auch deren typische Abwehrmechanismen. Die co-abhängige Person wird somit zu einer Art Spiegel. Das Übernehmen der Gefühle der anderen Person wird rationalisiert, indem es als sensibel bezeichnet wird. Anstatt Mitgefühl für den Schmerz der anderen Person zu empfinden, verspürt der Co-Abhängige diesen Schmerz als den eigenen.

Angst und Abgrenzungsprobleme werden besonders intensiv erfahren, wenn eine äußere Struktur fehlt, die die zwischenmenschlichen Beziehungen regelt. Ohne eine solche Struktur müssen die an der Beziehung Beteiligten fortwährend über ihre interpersonale Distanz verhandeln. Wenn diese Distanz abnimmt, nimmt die co-abhängige Person das eigene Selbst entsprechend geringer wahr. Wenn die Distanz zunimmt, so fürchtet sie, völlig verlassen zu werden; damit muß sie konsequenterweise auch den Verlust des vermeintlichen Selbst befürchten, das sie in dieser Beziehung hergestellt hat. Somit ist ihre Identität bedroht, wenn der Status quo nicht aufrechterhalten wird.

Bei einer entsprechend großen Veränderung der interpersonalen Distanz kann die co-abhängige Person Symptome zeigen, die im allgemeinen der Borderline-Persönlichkeitsstörung zugeschrieben werden. Dabei kann es zu rapiden Umschwüngen kommen, wenn sie zwischen den Gefühlen totaler Unzulänglichkeit und Omnipotenz hin- und herpendelt. Zunächst wird der Partner als nur gut oder nur schlecht betrachtet, im weiteren Verlauf wird die ganze Welt aufgeteilt in Freunde und Feinde. Freunde sind dabei oft diejenigen, welche die Realitätsverleugnung der Co-Abhängigen unterstützen und diese in ihrem ganzen Leid bedauern; Feinde sind diejenigen, die darauf bestehen, die Wahrheit auszusprechen, diese können durchaus zum Objekt heftiger Wutausbrüche werden.

Häufig kommt es auch zu impulsiven und verzweifelten Versuchen, die Kontrolle über die eigene Welt zu erhalten. Die Angst, die durch Veränderungen in der interpersonalen Distanz hervorgerufen wird, kann sich in Furcht vor dem Verlassenwerden entwickeln oder in Furcht, durch Nähe überwältigt zu werden.

Die klinische Unterscheidung zwischen einer Borderline-Persönlichkeitsstörung und aktiver Co-Abhängigkeit ist oft äußerst schwierig. Über einen längeren Zeitraum hinweg betrachtet, zeigt sich beim Bordeline-Patienten ein grundlegender Mangel an Ich-Stärke, die notwendig ist, um stabile Grenzen aufzubauen und aufrechtzuerhalten. Co-Abhängige besitzen dagegen durchaus die notwendige Ich-Stärke, sie bauen jedoch ihre Grenzen gewissermaßen freiwillig ab, um so die Verbindung mit der anderen Person zu stärken. Natürlich kann es auch eine duale Diagnose geben, wonach sowohl eine Störung der Persönlichkeit im Sinne eines Borderline-Syndroms vorliegen kann als auch eine Co-Abhängigkeit.

Wie bereits beschrieben, verhält sich eine co-abhängige Person als Spiegel. Dabei spiegelt sie auch die Abwehrmechanismen der anderen Person (das *vierte Kriterium*). Die typischen Abwehrmechanismen von Süchtigen sind ebenfalls bereits dargestellt worden. Während es für andere Menschen oft unerträglich wird, eine längerfristige Beziehung mit einem Suchtkranken aufrechtzuerhalten, akzeptiert die co-abhängige Person zum Beispiel die Projektionen des Abhängigen, trägt zu seinen Rationalisierungen bei und hilft ihm, die Realität zu verleugnen.

Es gibt auch andere Gründe für die wechselseitige Anziehung zwischen Abhängigen und Co-Abhängigen. So weist das erste Kriterium auf die Tendenz von Co-Abhängigen hin, anderen Menschen Macht über ihr Selbstwertgefühl zu geben. Nicht jede Person möchte derartige Macht über einen anderen Menschen haben: Diejenigen, die davon angezogen werden, haben im allgemeinen ein ausgeprägtes narzißtischen Bedürfnis, als jemand Besonderes betrachtet zu werden. Zu ihnen gehören auch Drogenabhängige. Somit existiert eine komplementäre Situation, aus welcher beide gegenseitig Gewinn ziehen können, ohne jemals ihre Bedürfnisse offen ausdrücken zu müssen.

Unglücklicherweise sind Süchtige jedoch andererseits nicht in der Lage, den Selbstwert der co-abhängigen Person zu unterstützen. Der Teufelskreis schließt sich, wenn die co-abhängige Person sich zunehmend als wertlos empfindet, da sie die abhängige Person nicht unter ihre Kontrolle bekommen kann usw., und darauf mit dem festen Vorsatz reagiert, ihre Willenskraft nun noch zu verdoppeln, damit sie es doch noch schaffen kann.

Das *fünfte Kriterium* besteht in der Kombination dreier oder mehrerer der folgenden Merkmale:

Co-Abhängigkeit ist die Abhängigkeit von chemischen Suchtstoffen in verschiedener Hinsicht ähnlich. Beide Störungen zeichnen sich durch Verleugnung der Realität aus und beide zeigen eine große Bandbreite von Symptomen. So können Co-Abhängige eine derart große Bandbreite von Symptomen zeigen, daß kein einziges Individuum sie alle haben kann; einige dieser Symptome erscheinen sogar widersprüchlich. Darüber hinaus ignorieren Co-Abhängige, die die Realität verleugnen, häufig Symptome, die offensichtlich vorhanden sind, während sie auf solche Symptome verweisen, die sie nicht haben. Diese „negative" Gegebenheit wird als Beweis dafür angeführt, daß sie nicht co-abhängig seien. Für Professionelle, die sich mit Co-Abhängigkeit auskennen, ist dieser Prozeß jedoch ein weiterer Hinweis auf die Verkennung der Realität, die ein primäres Symptom von aktiver Co-Abhängigkeit ist.

1. Exzessives Vertrauen auf die Verleugnung der Realität

Die Realitätsverleugnung von Co-Abhängigen und die Realitätsverleugnung von Drogenabhängigen sind faktisch nicht voneinander zu unterscheiden. Beide repräsentieren eine selektive Unaufmerksamkeit gegenüber inneren und äußeren Realitäten. Die Realitätsverleugnung liegt im wesentlichen außerhalb der direkten Kontrolle der bewußten Wahrnehmung. Sie resultiert aus einer tiefen Verweigerung, Gefühle zu erfahren, die sich ergeben würden, wenn diese verbotenen Realitäten anerkannt würden – eine Weigerung, die so tief liegt, daß der Verstand jegliche Bewußtwerdung blockiert, welche zu diesen gefährlichen Gefühlen führen würde. Es ist ein sehr aktiver, wenn auch unbewußter Prozeß, der einen konstanten Einsatz psychischer Energie erfordert, um die Umgebung wie mit Radar zu überprüfen, so daß schnell genug Scheuklappen ausgefahren werden können.

Die Realitätsverleugnung kann als eine Art behinderter Strategie betrachtet werden, mit der Sicherheit erreicht werden soll. Angesichts einer bedrohlichen Situation kann eine Verengung der Wahrnehmung Sicherheit hervorrufen. Eine *globale* Reduzierung würde eine *psychotische* Realitätsverkennung darstellen; die Realitätsverkennung von Co-Abhängigkeit und von Drogenabhängigkeit ist jedoch mehr selektiv und sie schließt die Bewußtwerdung von bedrohlichen Realitäten aus, während sie andere zuläßt.

Wenn eine Bedrohung ignoriert werden kann, ist es nicht mehr nötig, etwas zu tun, um diese zu vermeiden oder abzuschwächen. Andererseits ist es notwendig, dauernd auf der Hut zu sein. Als Resultat verdichtet sich das Bedürfnis nach Realitätsverleugnung im Laufe der Zeit und kann schließlich sogar einen Punkt erreichen, an dem die Psyche diese nicht weiter aufrechterhalten kann. Co-Abhängige sehen den Zusammenbruch ihres Verdrängungssystems häufig als Zeichen ihrer eigenen persönlichen Unzulänglichkeit, so wie Drogenabhängige den zunehmenden Kontrollverlust über den Drogenkonsum als Zeichen persönlicher Schwäche werten. Beide versuchen typischerweise die Kontrolle dadurch wieder zu gewinnen, daß sie das Problem mit Willenskraft lösen wollen.

Paradoxerweise reagiert eine genesende Person auf eine Bedrohung in umgekehrter Weise — indem sie nämlich ihr Bewußtsein expandieren läßt. Dies ermöglicht ihr, das Ausmaß der Gefahr genau einzuschätzen und nach Möglichkeit effektiv etwas dagegen zu unternehmen. Für aktive Drogen- und Co-Abhängige bedeutet die Realitätsverleugnung jedoch, fortwährend einen falschen Eindruck von Sicherheit zu haben. Sie wird selten zugegeben und erst dann losgelassen, wenn der Schmerz und die innere Leere ihres immer enger und isolierter gewordenen Lebens unerträglich geworden ist.

2. Einschränkung der Emotion

Co-Abhängige sehen Emotionen häufig als Feinde (oder auch als Waffen). Viele Familien glauben irrtümlicherweise, daß sie ihre Emotionen zügeln müssen und ihnen nicht erlauben dürfen, ihr Verhalten bzw. ihre Beziehungen untereinander zu beeinflussen. Dies wird zu einer Angelegenheit von Willenskraft, ein Weg zu beweisen, daß sie in der Lage sind, Kontrolle über ihr Leben zu haben oder wenigstens etwas, was so aussieht.

Typischerweise sind die Emotionen, die sie mit der größten Kraft unterdrücken wollen, jene, die normalerweise als unreif, gefährlich, unangenehm oder auch einfach schlecht bezeichnet werden: Wut, Angst, Traurigkeit, Zorn, Verwirrung, Bitterkeit, Einsamkeit usw. Unglücklicherweise ist es unmöglich, solche „negative" Gefühle einzusperren, ohne gleichzeitig den Ausdruck von positiven Gefühlen wie z. B. Glück zu behindern. Co-Abhängige neigen dazu, einen Teil ihrer emotionalen Energie dafür aufzubringen, um andere Anteile zu unterdrücken, die sie als unerwünscht betrachten. Somit bleibt nur noch ein Bruchteil ihrer Energie verfügbar — nicht genug, um ein erfülltes, reiches und sinnvolles Leben zu führen. So stellt sich die Frage: „Ist das denn wirklich alles?"

Diese Anstrengung, die Gefühle zu kontrollieren, ist genau das Verhalten, das in der zweiten Hälfte des ersten Schrittes der Anonymen Alkoholiker angesprochen wird: „Wir gaben zu ..., daß wir unser Leben nicht mehr meistern konnten." Co-Abhängige geben sehr viel darum, ihr Leben „zu meistern" — eine Idee, „die derselben Hybris entstammt, die Menschen dazu verführt zu glauben, daß sie die Natur verbessern können, indem sie gefährliche Tierarten ausrotten, ‚schlechte' Insekten vernichten und damit die Felder vergiften. Früher oder später reagiert das ganze Öko-System auf solch brutale Gewalt und die Konsequenzen hierfür kommen aus völlig unerwarteten Richtungen. Wenn wir die Käfer in unserem Getreide vernichten, vergiften wir die Vögel, die die Käfer fressen ..." (a.a.O., 24).

Cermak vergleicht unsere emotionale Landschaft mit den Wiesen und Äckern im Öko-System. Wenn ein Teil versucht, das Ganze zu „meistern", so leidet die ganze emotionale Natur. Wir können unser Leben nicht verbessern, indem wir unerwünschte Emotionen unterdrücken — ebenso wie wir Öko-Systeme nicht verbessern können, indem wir bestimmte Elemente daraus eliminieren.

Ein typisches Phänomen von Co-Abhängigkeit ist die Tendenz, zu extremeren Mechanismen der Dissoziation oder Depersonalisation Zuflucht zu suchen. In einem verzweifelten Versuch zu überleben (in anderen Worten: nichts zu fühlen) „machen sie sich zu", „schließen die Welt aus", „gehen innerlich weg" oder begeben sich spontan in eine Art Trancezustand. Dies resultiert in einer Qualität, in der zwar der Körper anwesend ist, nicht jedoch der Geist. In der Therapie kann tatsächlich beobachtet werden, wie sich co-abhängige Klienten aus der Intensität des Moments herausbegeben und sich buchstäblich von sich selbst entfernen. Ihr Gesichtsausdruck wird fixiert, sie scheinen in eine weite Ferne zu blicken, ihr Atem wird flach. Dies sind Zeichen, daß sie ihren „Überlebensmodus" eingeschaltet haben – ihre Taubheit und Gefühllosigkeit gibt ihnen die Illusion von Sicherheit und Kontrolle.

Co-Abhängige können ebensogut Symptome zeigen, die genau das Gegenteil von gefühlsmäßiger Einschränkung auszudrücken scheinen: dramatische Ausbrüche und zwanghafte Zurschaustellung von Gefühlen. Wenn Gefühle, deren Erfahrung nicht zugelassen wurde, sich über einen Zeitraum hinweg aufgebaut haben, so kann ein an sich höchst unbedeutender Anlaß eine Explosion dieser Gefühle auslösen. So kann z. B. ein unangenehmes Gefühl eine ganze aufgestaute Ladung ähnlicher Gefühle zum Mitschwingen bringen und der Effekt kann in unangemessener Weise intensiv sein. Eine co-abhängige Person, die ihre Gefühle bezüglich des Alkoholismus ihres Partners nicht zum Ausdruck bringen mag, kann zum Beispiel einen Gefühlsausbruch haben, wenn jemand vergessen hat, ihr eine Geburtstagskarte zu schicken, ein Wutausbruch kann auf eine relativ unbedeutende Unachtsamkeit anderer folgen. Jedesmal ist die co-abhängige Person bei einem solchen Ereignis diejenige, die sich als verrückt oder schlecht empfindet. Bemerkenswert ist, daß der Gefühlsausbruch auf ein „sicheres" – oder vergleichsweise sichereres – Ziel gerichtet ist. Das wirkliche Problem ist ja nicht die Person, die etwas vergessen hat, sondern der Drogenkonsum des Partners. Ironischerweise wird gerade die Intensität des Ausbruchs zur Entschuldigung dafür genommen, ihn nicht weiter zu berücksichtigen: Er wird als hysterisch, verrückt oder übernervös abgetan.

Das zwanghafte Zurschaustellen von Gefühlen ist eine wirkungsvolle Verkleidung für eingeschränkte Gefühle. Einige Co-Abhängige verbalisieren exzessiv jegliches Gefühl, sobald es ihnen bewußt wird. Weiterhin bedrängen sie ihre Umgebung, daß auch die anderen ihre Gefühle fortwährend zum Ausdruck bringen sollten. Während solches Verhalten als das Gegenteil einer emotionalen „Verstopfung" gesehen werden könnte, welche häufig beobachtet werden kann, dient es im wesentlichen jedoch demselben Zweck: Es hilft zu vermeiden, mit Gefühlen bzw. deren Erfahrung umzugehen. Das Wesen von Co-Abhängigkeit liegt darin, die Ängstlichkeit und Ambiguität zu minimieren, die es bedeutet, Gefühle ihrem natürlichen Lauf folgen zu lassen, indem sie entweder eingedämmt oder sobald wie möglich nach außen vertrieben werden.

3. Depression

Nach innen gewandter Ärger, unbearbeitete Trauer, die chronische Unterdrückung von Gefühlen, mehr mit dem vermeintlichen Selbst als mit dem wahren Selbst identifiziert sein – Co-Abhängige haben genug Gründe, depressiv zu sein. Typischerweise betrachten sie ihre Depression jedoch als einen Beweis für ihre Unfähigkeit und ihr Versagen dabei, die Kontrolle über alles zu behalten – und aus diesem Grunde verleugnen sie im allgemeinen ihre Depression. Die Depression anzuerkennen bedeutete, einen Verlust anzuerkennen; dies wäre eine Herausforderung der gemeinsamen familiären Verleugnung und würde die Aufmerksamkeit auf die Gefühle einer Person lenken. Also reagiert die Familie von vornherein so auf entsprechende Ansätze, daß diese nicht ernst genommen werden. Co-Abhängige berufen sich oft auf den Druck, den die Kinder, die Arbeit und das Leben zu Hause als Rechtfertigung dafür bieten, sich ihre persönlichen Gefühle nicht zu gestatten. („Zu viele Menschen sind von mir abhängig – ich muß für sie da sein.") Zuzugeben, daß man deprimiert ist, bedeutete auch zuzugeben, daß man Bedürfnisse hat, und Co-Abhängige stellen die Bedürfnisse anderer über ihre eigenen Bedürfnisse. Wenn Therapeuten wirkungsvoll mit Co-Abhängigen arbeiten wollen, müssen sie auch dann fähig sein, die Depression zu erkennen, wenn der Klient (noch) nicht in der Lage ist, diese Beobachtung zu bestätigen.

Bei Kindern, die ihre Entwicklungsjahre in einer Familie mit einem Suchtkranken verbracht haben, stammt die Depression von einer aktuellen Deprivation im Gegensatz zu einem Verlust – eine Verbindung, die niemals existiert hat, kann auch nicht gelöst werden. Kinder schützen sich selbst natürlicherweise vor unstabilen Bindungen, und bei denen, die co-abhängige Persönlichkeitszüge entwickkeln, während sich ihre Persönlichkeit herausbildet, kann die Depression charakterologisch und zum Normalen werden. Wenn sie ihre Depressionen anerkennen sollen, so erfordert dies, daß sie völlig neue Grundlagen des Vertrauens zu anderen entwickeln müssen – im besten Fall eine schwierige Aufgabe, da ihre frühe Erfahrung ihnen beigebracht hat, daß ihr Vertrauen weder respektiert noch zurückgegeben wird.

4. Erhöhte Wachsamkeit (Hypervigilanz)

Die Umgebung einer co-abhängigen Person ist unvorhersagbar, im wesentlichen unverständlich und im höchsten Maße streßreich. Aktiv Drogenabhängige bringen Chaos mit sich und damit auch in die familiäre Interaktion – und jene, die mit ihnen zu tun haben, können niemals vorhersagen, was sie als nächstes tun werden. Entscheidungen, die augenscheinlich ganz verbindlich getroffen worden sind, können im allgemeinen ignoriert werden – man kann einfach nicht mit ihnen rechnen. Der einzige Weg für die co-abhängige Person, ihr Überleben zu sichern, besteht darin, ultra-sensitiv auf subtile Veränderungen im Verhalten und der Stimmung der drogenabhängigen Person zu reagieren und einen Dauerzustand erhöhter Wachsamkeit zu etablieren.

Erhöhte Wachsamkeit oder Hypervigilanz ist ein Symptom der posttraumatischen Belastungsreaktion, die in den USA auch als Vietnam-Syndrom bei Veteranen des Vietnam-Krieges bekannt geworden ist. Indem das bedrohte Kind oder der Soldat in Lebensgefahr ihre Vigilanz sozusagen auf andauernde Bereitschaft gestellt haben, sind sie immerzu zur Reaktion bereit. Unglücklicherweise gibt es in den meisten Fällen keine Möglichkeit mehr abzuschalten: Wenn eine co-abhängige Person einmal damit begonnen hat, die Umgebung auf Anzeichen einer drohenden Katastrophe hin zu überprüfen, kann auch freiflottierende Angst zum Dauerzustand werden.

Erhöhte Wachsamkeit ist weiterhin eine natürliche Nebenerscheinung, wenn Menschen ihr Selbstwertgefühl aus dem Verhalten einer anderen Person beziehen. Um sich gut fühlen zu können, muß der co-abhängige Mensch zuerst darauf achten, alle anderen glücklich und zufrieden zu machen. Das leiseste Anzeichen einer Unzufriedenheit einer anderen Person signalisiert, daß das eigene Verhalten verändert werden muß. Um zu kontrollieren, wie andere sich fühlen und benehmen – das Ziel der co-abhängigen Person – ist es wesentlich, in Hab-Acht-Stellung zu verharren und jedes unangemessene Verhalten zum frühestmöglichen Zeitpunkt zu erkennen und zu eliminieren. Natürlich erfordert erhöhte Wachsamkeit sehr viel Energie.

Wenn die Belastung unerträglich groß wird, kann sich die co-abhängige Person plötzlich überwältigt und demoralisiert fühlen. Episoden von Apathie können sich abwechseln mit frenetischen Bemühungen, alles und alle Menschen zu überprüfen und unter Kontrolle zu bekommen.

5. Zwanghaftes Verhalten

Zwanghaftes Verhalten wird von Cermak als primärer Abwehrmechanismus gesehen, wobei das Objekt eines Zwanges von sekundärer Bedeutung ist und sich häufig mit der Zeit verändert. Eine genesende suchtkranke Person kann z. B. verschiedene Phasen von zwanghaftem Essen, zwanghaftem Arbeiten, zwanghaftem Rauchen usw. durchmachen. Die innere Dynamik ist dabei immer dieselbe: ein

Kampf zwischen zwei Polen innerhalb und außerhalb der Person. Die Identität der Person ist damit verbunden, dem Impuls Widerstand zu leisten, während der Impuls selbst als eine fremde Kraft erfahren wird. Das resultierende dramatische Geschehen lenkt die Aufmerksamkeit der Person von unerwünschten Gefühlen ab, die im allgemeinen nichts oder nur wenig damit zu tun haben, welche Art von Zwang zur Zeit im Vordergrund steht.

Ebenso wie Suchtkranke können Co-Abhängige nur aktiv in ihrer Krankheit verharren, indem sie den Schmerz nicht zur Kenntnis nehmen, den diese ihnen bringt. *Im Gegensatz* zur suchtkranken Person haben Co-Abhängige jedoch keine biochemischen „Verstärker" für ihr Abwehrsystem. Für sie dient der Zwang dem selben Zweck, ob es sich nun um den Zwang zu essen handelt oder um den Zwang zu arbeiten, andere zu retten, fernzusehen, zu reden, sexuelle Vergnügen zu finden, zu spielen, religiös zu sein usw. Viele Co-Abhängige können ganz detailliert beschreiben, wie sie nach und nach in den Wirbel ihrer zwanghaften Verhaltensweisen hineingeglitten sind. Zunächst ist da der Adrenalin-Ausstoß. Bezüglich des jeweilig vorherrschenden Zwanges bauen sich starke Gefühle auf („ich muß aufhören, so zu essen"), während die bedrohlicheren Emotionen in den Schatten gestellt werden („ich fühle mich leer in dieser Beziehung"). Ein Gefühl, „dem Schicksal nicht entrinnen zu können", stellt sich ein. Unter Umständen hört die co-abhängige Person auf, ihrem Zwang Widerstand zu leisten und erlebt dabei vorübergehend Erleichterung.

In vielen Fällen sind Emotionen, die vermieden werden, während des Anhaltens des Zwanges nicht zugänglich. Um die Emotionen an die Oberfläche gelangen zu lassen, muß man sich des zwanghaften Verhaltens enthalten. Dies ist eine andere Gemeinsamkeit der co-abhängigen und der suchtkranken Person: Um genesen zu können, müssen sie sich beide für Abstinenz entscheiden.

6. Angst

Die Angst co-abhängiger Personen kann eine Vielzahl von Formen annehmen, von der freiflottierenden, chronischen Angst bis hin zu panischen Attacken, Phobien und existenzieller Bedrohung. Zum Teil stellt sie eine Reaktion auf das Chaos dar, das das Leben mit einem Suchtkranken darstellt. Diese Angst kann freiflottierend werden, weil das allgemein hohe Niveau von Realitätsverleugnung, das die co-abhängige Person aufrechterhalten muß, dies verlangt. In einigen Fällen blockiert diese Verleugnung die co-abhängige Person darin, zur Kenntnis zu nehmen, daß es überhaupt ein Suchtproblem gibt − in anderen Fällen schützt sie die co-abhängige Person davor, die Anspannung zur Kenntnis zu nehmen, unter der sie lebt. Wenn sie in der Lage ist, sich dieser Spannung sowie deren Herkunft nicht bewußt zu werden, erscheint ihr die Angst „grundlos" und freiflottierend und kann als weiteres Anzeichen von persönlicher Unzulänglichkeit wahrgenommen werden.

Während die tiefe existentielle Bedrohung, die Co-Abhängige erfahren, oft nicht erkannt wird, können Therapeuten sie als Weg benutzen, eine bedeutungsvolle empathische Verbindung herzustellen. Die Angst von Co-Abhängigen erreicht dieses Stadium aus zwei Gründen: Wenn zum einen der Selbstwert einer Person kontinuierlich durch einen anderen validiert werden muß, droht das fortwährende Risiko, daß die eigene Identität sich auflöst, wenn die Beziehung zu Ende geht. Cermak zitiert eine depressive Frau, die nach dem Tod ihres Mannes sagte: „Ich war die Hälfte von etwas Wunderbarem. Nun bin ich die Hälfte von Nichts – und die Hälfte von Nichts *ist* nichts." Zum zweiten sind co-abhängige Personen von Natur aus wie Chamäleons. Sie werden, was immer ihre Partner wollen und brauchen. Das Spiegeln der Aktionen und Emotionen anderer bedeutet jedoch, das wahre Selbst zugunsten einer Fassade – des vermeintlichen Selbst – zu verlassen. Sogar dieses vermeintliche Selbst muß sich verändern und entsprechend den Bedürfnissen der anderen Person variieren.

Das wahre Selbst wird Schritt für Schritt immer substanzloser, bis die Angst der co-abhängigen Person zur eigenen Eixstenzangst wird. Wenn man mehr emotionale Energie auf das vermeintliche Selbst als auf das wahre Selbst verwendet, besteht die Gefahr des emotionalen Todes – eine co-abhängige Person spürt dies, auch wenn sie es nicht artikulieren kann.

7. Mißbrauch von chemischen Substanzen

Co-Abhängigkeit führt oft zur Entwicklung einer Abhängigkeit von Suchtmitteln. Wenn man gewohnheitsmäßig auf Bedrohungen so reagiert, daß man ihre Existenz verleugnet, ist der Gebrauch von stimmungsverändernden Substanzen ein logischer nächster Schritt. Verleugnung ist notwendig, um zu vermeiden, daß man von seinen Gefühlen überwältigt wird, und Suchtmittelmißbrauch dient als biochemischer „Verstärker" für die abbröckelnde Realitätsverleugnung. Kurz gesagt, Drogenmißbrauch ist konsistent mit der Persönlichkeitsstruktur der co-abhängigen Person.

Wie bereits früher festgestellt, zeigen co-abhängige Personen eine große Bandbreite von zwanghaftem Verhalten – und der Konsum von Alkohol und anderen Drogen fällt ebenfalls in diese Kategorie.

Die co-abhängige Person, die in zwanghafter Weise Suchtmittel mißbraucht, um ihre Verleugnung aufrechtzuerhalten, wird traditionel-
lerweise nur als suchtkrank diagnostiziert. Natürlich erscheint sie
auch als süchtig, und wenn eine Drogenabhängigkeit vorliegt, muß
diese auch zuerst behandelt werden. Aber die Drogenabhängigkeit
kann in diesem Fall nicht als das einzige Problem betrachtet werden:
Die Co-Abhängigkeit bleibt weiterhin erhalten – und wenn diese
nicht behandelt wird, wirkt sie sich als Hindernis für ein langfristig
drogenfreies Leben aus.

8. Co-Abhängige sind (oder waren) häufig Opfer von wiederholtem
   körperlichem und / oder sexuellem Mißbrauch

In vielen Familien mit einem Suchtkranken ist die Bedrohung durch
körperlichen und / oder sexuellen Mißbrauch immer präsent. Dabei
ist es weniger ausschlaggebend, ob sie tatsächlich von aktivem Mißbrauch herrührt oder aus dem Gefühl, einem aus der Kontrolle gera-
tenen Partner oder Elternteil völlig ausgeliefert zu sein – die Folgen
sind katastrophal.

Häufig geschehen solche Vorkommnisse, Jähzornausbrüche etc.
während eines Blackouts. Am nächsten Morgen hat der Suchtkranke
selbst keine Erinnerung an das, was vorgefallen ist – und dementsprechend auch keinerlei Schuldgefühle. Dagegen hat der Rest der
Familie noch die Furcht der vergangenen Nacht in den Knochen. Die
Betroffenen verbergen ihre Gefühle, achten jedoch den Rest des
Tages und der weiteren Wochen und Monate ängstlich darauf, daß
eine derartige Bedrohung nicht wieder ausbrechen möge.

Co-Abhängige neigen dazu, sowohl das Ausmaß der Gewalt in ihrer
Beziehung als auch den Grad der Belastung zu bagatellisieren, unter
der sie leben. Sie sehen sich selbst nicht als Opfer von körperlichem
oder sexuellem Mißbrauch außer in äußerst extremen Fällen, und
auch dann übernehmen sie selbst die Schuld dafür: Entweder haben
sie selbst den Mißbrauch „verursacht", oder die haben ihn sogar
„verdient", da sie sich „entsprechend verhalten" haben. Besonders,
wenn nur wenige oder nicht offensichtlich mißbräuchliche Handlungen geschehen sind, verhindert das Abwehrsystem der co-abhängigen
Person, daß sie ihre Situation realistisch betrachtet. Cermak (1986,
31) zitiert eine co-abhängige Frau: „Mein Mann behandelt mich gut.
Wenn er mich schlägt, schlägt er mich nur mit der Hand. Er benutzt
niemals eine Latte oder irgendetwas, was wirklich Schaden anrichten
könnte." – Die Frau eines Drogenabhängigen, der hauptsächlich
Kokain und andere Aufputschmittel nahm und der sie mehrfach ge-

schlagen hatte, antwortete mir auf die Frage, ob sie Angst habe, sich zu wehren: „Ich habe Angst, ich könnte ihm wehtun".

In extremen Fällen verharren co-abhängige Personen in Beziehungen, in denen sie chronisch mißbraucht werden. Während es schwierig sein mag zu verstehen, wie irgendjemand auch nur eine kurze Zeit derart leben kann, ist es wichtig zu realisieren, daß co-abhängige Personen ihre Realität aus einer verzerrten Perspektive wahrnehmen, die selbstverstärkenden Charakter hat. Wenn andere unglücklich sind, so sehen sie dies als Resultat ihrer eigenen Unzulänglichkeit, und wenn sie mißbraucht werden, so drückt dies ihr Selbstwertgefühl noch weiter. Wie es auch oft in Geißelnahmesituationen passiert, beginnen sie, sich mit dem Aggressor zur identifizieren und mit den Frustrationen und Enttäuschungen des Aggressors mitzufühlen. Ihre Bedürfnisse nehmen erst den zweiten Platz ein oder werden überhaupt nicht berücksichtigt. Am Ende glauben sie nicht einmal mehr daran, daß sie selbst mit Respekt behandelt werden sollten. Sie können sich schlichtweg kein anderes Leben mehr vorstellen, als das, das sie zur Zeit führen.

Opfer von körperlichem bzw. sexuellem Mißbrauch sind im allgemeinen zu verwirrt und zu beschämt, um frei darüber sprechen zu können. Für die betroffenen Frauen muß eine Therapeutin zur sanften, aber beharrlichen Anwältin ihrer Klientinnen werden − ein Balanceakt, der viel Geschicklichkeit und Sensibilität erfordert. Damit Co-Abhängige ehrlich über ihre Mißbrauchserfahrungen sprechen können, müssen sie als erstes ein Ausmaß an Vertrauen in die therapeutische Allianz entwickeln, das das übersteigt, zu dem sie sich selbst fähig fühlen. Wenn sie die Wahrheit sagen, bedeutet dies für sie, daß sie ihre Familie „verraten", und das resultierende Gefühl von Schuld kann die Tendenz aktivieren, das, was sie gerade gesagt haben, wieder zu bagatellisieren. Oder es kann eine Flut von aufgestauten Gefühlen freigesetzt werden. Eine Zeitlang können sie von Trauer und Wut überwältigt sein − Gefühle, die von der co-abhängigen Person voll erfahren werden müssen, damit diese eine Chance hat, zu sehen, wie und warum sich die Mißbrauchsbeziehung entwickelt hat und wie sie verändert werden kann.

Körperlicher und sexueller Mißbrauch nehmen noch verhängnisvollere Dimensionen an, wenn sie gegenüber Kindern ausgeübt wurden, die sich im allgemeinen nicht dessen bewußt sind, daß das, was mit ihnen geschieht, falsch ist und *nicht ihr Fehler*. Die vergrabenen Gefühle und uralten Vertrauensbrüche begleiten sie bis in ihr Erwachsensein. Viele Co-Abhängige, die Opfer von wiederholtem Mißbrauch sind, sind in einem Muster gefangen, das vor langer Zeit etabliert wurde und inzwischen in Vergessenheit geraten ist, obwohl es immer noch wirkt. Damals waren sie nicht in der Lage, ihre Gefühle zu verbalisieren – und sie sind ebensowenig in der Lage oder widerstreben, dies nun als Erwachsene zu tun. Daher ist die Rolle der Therapeutin hier besonders wichtig: Sie kann die erste sichere Umgebung anbieten, die die Klientin jemals erfahren hat. Sie kann eine Situation herstellen, in der die Klientin es sich leisten kann, ihre vergrabenen Gefühle zu erforschen und den Umgang mit ihnen zu lernen.

Vor allem Alkoholismus trägt so häufig zu körperlichem bzw. sexuellem Mißbrauch bei, daß in der Arbeit mit betroffenen Angehörigen immer in Erwägung gezogen werden sollte, daß ein derartiger Mißbrauch stattgefunden hat. Eines der zuverlässigsten Symptome von Co-Abhängigkeit ist die Unfähigkeit, eine chronisch mißbräuchliche Beziehung hinter sich zu lassen – ob diese Beziehung zur Zeit noch besteht oder in der Vergangenheit liegt.

9. Streßbedingte Krankheiten

Familienmitglieder von Suchtkranken benötigen mehr medizinische Betreuung als der Durchschnitt – nicht für somatische Äquivalente von emotionaler Belastung, sondern für Krankheiten, die im allgemeinen als streßbedingte Krankheiten betrachtet werden.

Das Familienleben einer co-abhängigen Person ist äußerst belastend. Zunächst ist die co-abhängige Person in der Lage, mit den Begleiterscheinungen der sich entwickelnden Abhängigkeit fertig zu werden, wie insbesondere in Kapitel 5 dargestellt wurde. Schließlich entwickeln sich jedoch körperliche Beschwerden, die nicht länger verleugnet werden können. Körperliche Zustände, die entweder durch Streß hervorgerufen oder verstärkt werden, sind zum Beispiel Kopfschmerzen (Spannungskopfschmerzen und Migräne), Asthma, zu hoher Blutdruck, Gastritis, Magengeschwüre usw. Cermak weist darauf hin, daß die Diskussion um die Bedeutung von Streß noch nicht beendet sei, daß streßbedingte Krankheiten jedoch offensichtlich existieren und häufiger bei Menschen mit dysfunktionalen Reaktionen auf Streß gefunden werden, zu denen die von ihm beschriebenen Co-Abhängigen gehören.

Bei der Behandlung von streßbedingten Krankheiten ist es allgemein üblich, mit Medikamenten – und vor allen Dingen mit Beruhigungsmitteln – zu arbeiten. „Aber in vielen Fällen reagieren co-abhängige Patienten nicht darauf. In solchen Fällen kann das wirkungsvollste Rezept darin bestehen, direkt in eine Al-Anon-Gruppe zu vermitteln. Die Teilnahme an einer Al-Anon-Gruppe kann der erste Schritt sein zu lernen, wie man anders auf die Belastung, die man erlebt, reagieren kann. Oft können Co-Abhängige erst dann auf Behandlungsmethoden reagieren, die bei anderen Patienten anschlagen, wenn sie gelernt haben, bewußt wahrzunehmen, wann sie unter Streß stehen und wann nicht" (Cermak 1986, 34).

Obwohl die Co-Abhängigkeit nicht so dramatisch oder direkt lebensbedrohlich ist wie die Suchtkrankheit, ist sie potentiell jedoch ebenso gefährlich. Die fortschreitende Abhängigkeit von Rauschmitteln, Selbstmordgedanken, Unfälle wegen mangelnder Konzentrationsfähigkeit und Aufmerksamkeit sowie der Tod aufgrund von unbehandelten streßbedingten Krankheiten – dies kann alles mit Co-Abhängigkeit verbunden sein. Da das Bagatellisieren der eigenen Co-Abhängigkeit (oder das Bagatellisieren des eigenen Selbst) ein Symptom von Co-Abhängigkeit ist, ist es schwierig, die co-abhängige Person dazu zu bewegen, ihre Situation ehrlich zu betrachten. Eine Möglichkeit, die Verleugnung zu durchdringen, besteht darin, Co-Abhängige mit den lebensbedrohlichen körperlichen Konsequenzen zu konfrontieren, die sich durch das Leben mit der Belastung, die sie haben, ergeben.

10. Co-Abhängige leben zumindest zwei Jahre in einer primären
    Beziehung mit einem aktiv Drogensüchtigen, ohne fremde Hilfe
    zu suchen

Co-Abhängige präsentieren endlos erscheinende Begründungen dafür, daß sie keine fremde Hilfe suchen, und viele davon hören sich auch sehr vernünftig an. Niemand möchte zugeben, daß die Familie nicht in der Lage ist, die eigenen Probleme zu lösen. Niemand möchte die Familie einer Kritik von anderen aussetzen.

Es gibt jedoch einen Punkt, an dem diese Begründungen zu Ausreden werden, und das Verlangen, auf eigenen Füßen zu stehen, zum Märtyrertum wird. Wenn man sich weigert, Hilfe zu holen, um zu vermeiden, daß die eigenen Abwehrmechanismen von außen konfrontiert werden, wird das Stillschweigen zum Selbstzweck. Wenn man durch Angst vor dem Suchtkranken motiviert ist, ist die Situation bereits schädlich für alle Beteiligten; wenn man durch Stolz blockiert wird, ist die eigene Passivität in gefährlicher Weise selbstzerstörerisch geworden.

„Wie kann man erkennen, wann dieser Punkt erreicht wird? Wie können wir sicher sein, daß das Nicht-um-Hilfe-Suchen Manifestation einer aktiven Co-Abhängigkeit ist und nicht einfach ein normales Bedürfnis, mit den eigenen Problemen auf eigene Art und Weise umzugehen? Wann sollten wir aufhören, Co-Abhängigen die Wohltat des Zweifels zuzugestehen?" (a.a.O., 35). Cermak schlägt eine Zeitspanne von zwei Jahren vor, danach seien die Motive einer co-abhängigen Person auf jeden Fall suspekt. Ob dies nun eine angemessene Zeit darstellt, stellt er selbst zur Diskussion. Er weist jedoch darauf hin, daß einmal der Tag kommen muß, an dem die co-abhängige Person sich fragen lassen muß, ob ihr Verhalten nicht entscheidend zu den Problemen beiträgt, die sie doch zu verbergen sucht.

Der Autor schätzt einen Zeitraum von zwei Jahren als lange genug ein, um betroffenen Familien das Vorliegen einer Suchtkrankheit erkennbar werden zu lassen – sofern die Angehörigen dazu bereit sind, die Wahrheit zur Kenntnis zu nehmen. In dieser Zeit müßte realisiert werden können, daß es unmöglich ist, in der gestörten Umgebung einer süchtigen bzw. co-abhängigen Familie ein normales Leben zu führen. Cermak illustriert seine Vorstellung von Co-Abhängigkeit mit Ovids Erzählung von Narzissus und Echo: Die Nymphe Echo aus den „Metamorphosen" ist für ihn ein „klassischer Fall".

11.2 Narzissus und Echo – ein klassischer Fall von Co-Abhängigkeit

Der notorische Schürzenjäger Zeus schien sich wieder einmal verliebt zu haben, diesmal in eine Nymphe, und seine Frau Hera suchte die Nymphen auf, um herauszufinden, wer die Geliebte sei. Die schönste der Waldnymphen, Echo, die sehr wortgewandt war, lenkte Hera mit ihrem unterhaltsamen Geschwätz ab, während die anderen Nymphen das Weite suchten. Wütend und enttäuscht wandte sich Hera gegen Echo und verdammte diese dazu, immer das letzte Wort zu haben – sie beraubte sie jedoch gleichzeitig der Fähigkeit, selbst das Gespräch zu beginnen. Echo sollte nichts eigenes mehr sagen und nur noch das wiederholen können, was andere ihr sagten.

Echo verliebte sich in Narzissus, einen jungen Mann von großer Schönheit. Als Strafe für sein herzloses Verhalten den Mädchen gegenüber, die ihn bewunderten und anbeteten, sowie für seine Weigerung, seinerseits einen anderen Menschen zu lieben, hatte die Göttin Nemesis Narzissus dazu verurteilt, das Schicksal dieser anderen zu teilen und sich in sein eigenes Spiegelbild zu verlieben.

Echo hatte keine Möglichkeit, Narzissus ihre Liebe mitzuteilen. Sie konnte ihm lediglich folgen und darauf hoffen, daß er sie irgendwann beachten würde. Ihre Chance kam eines Tages, als Narzissus ausrief: „Ist irgendjemand hier?" Echo, die zu scheu war, ihm direkt

gegenüberzutreten, antwortete hinter einem Baum verborgen, „hier –
hier!" Als Narzissus niemanden sehen konnte, rief er: „Komm!" Hierauf
hatte Echo gewartet. Sie kam aus ihrem Versteck heraus, ging auf
Narzissus zu und antwortete liebevoll: „Komm." Aber Narzissus drehte
sich voll Abscheu weg von ihr und rief: „Lieber will ich sterben, bevor
du auf die Idee kommst, ich gebe dir Macht über mich." Hierauf
erwiderte Echo verzweifelt: „Ich gebe dir Macht über *mich*."

Nachdem Narzissus gegangen war, schämte sich Echo zutiefst. Sie
verkroch sich in eine Höhle und verzehrte sich in ihrem Verlangen
nach Narzissus, so daß ihr Körper zu Stein wurde und nur ihre Stimme
weiterlebte. Sie liebte Narzissus jedoch weiterhin. Dann kam der
Tag, an dem dieser sich über klares Wasser beugte um zu trinken,
wobei er sein eigenes Antlitz erblickte. Von diesem Moment an war er
gefangen in brennender Liebe zu seinem Spiegelbild und auch er verzehrte
sich in seiner Liebe. Echos Schicksal war zu warten, bis Narzissus
sterbend seinem Spiegelbild „Lebewohl" zuhauchte, bevor sie
diesen Abschiedsgruß wiederholen konnte.

Cermak interpretiert Narziß als Menschen mit einer Beziehungsstörung
– „Narzißten haben beträchtliche Probleme, feste zwischenmenschliche
Beziehungen einzugehen, wenn sie nicht Aspekte ihrer
eigenen Persönlichkeit im anderen gespiegelt sehen. Eine Beziehung
mit unabhängigen, autonomen Individuen ist für sie faktisch unmöglich"
(a.a.O., xi). Sie verlieben sich nur in solche Menschen, welche
die gleichen grundlegenden Werte, Gefühle, Bedürfnisse, Attitüden
usw. haben. Je mehr sie miteinander gemeinsam haben, desto enger
kann die Beziehung sein. Während dies die Theorie zu stützen
scheint, daß alle Narzißten sich selbst als überlegen betrachten, leiden
jedoch tatsächlich viele von ihnen an sehr niedrigem Selbstwert. Sie
suchen Erleichterung, indem sie Menschen suchen, in denen sie sich
wiedererkennen.

Im Mythos von Echo und Narzissus gelang es Echo, den Jüngling
sehr stark emotional zu berühren. Als ihm die anderen Mädchen ihre
Liebe offenbart hatten, war er völlig ungerührt geblieben. Als jedoch
Echo ihm zeigte, wie ähnlich sie ihm war – ihre Worte waren
schließlich auch seine Worte –, war er eindeutig emotional betroffen
und reagierte mit tiefem Abscheu. Cermak weist darauf hin, daß uns
nichts mehr mit Abscheu erfüllt, als jene Anteile unserer selbst, die
wir nicht annehmen können. Narzissus erklärte, lieber sterben zu
wollen, als Echo Macht über ihn zu geben – etwas, worum sie nie
gebeten hatte. Damit war er der Aufnahme einer Beziehung am nächsten
gekommen, und der einzige Grund dafür war, daß Echo ihn so
perfekt spiegelte.

Narzißmus kann das emotionale Leben eines Menschen sehr stark beeinträchtigen. Das Dilemma der Nymphe Echo ist ebenso schwerwiegend: Wenn es Menschen gibt, deren Beziehungsmöglichkeiten sich nur auf jene beschränken, die ihnen sehr ähnlich sind, dann ist auch anzunehmen, daß es Menschen gibt, die ihre Erfüllung darin finden, ersteren als Spiegel zu dienen. Die komplementäre Rolle zum Narzißmus ist Co-Abhängigkeit. Echo erhoffte die Zuneigung des Narzissus zu gewinnen, indem sie ihm seine eigenen Worte zurückgab und durch die Art ihrer Wiedergabe ihre eigenen Zwecke verfolgte. Sie manipulierte somit sowohl Narzissus als auch sich selbst. Dabei ging der Sinn dessen unter, was sie eigentlich sagen wollte, und sie erlebte letztlich ihre völlige Ohnmacht. Paradoxerweise hatte sie jedoch mehr Macht über Narzissus als die anderen, viel unabhängigeren Nymphen. Die Macht, die im innersten Kern von Co-Abhängigkeit liegt, ist dadurch bedingt, daß Co-Abhängige ihr Selbst opfern. Der Preis, der schließlich bezahlt werden muß, zeigt sich jedoch im Schicksal von Echo: Was am Ende von ihr übrigblieb, war lediglich die Stimme – und noch nicht einmal diese unterlag ihrer Kontrolle.

Schließlich weist Cermak darauf hin, daß das Konzept Co-Abhängigkeit, wie er sie begreift, sowohl interpersonale als auch intrapsychische Prozesse berücksichtigen muß und somit eine größere Komplexität aufweist als andere Konzepte, die sich auf einen der beiden unterschiedlichen Bereiche beschränken. Als ein dem Phänomen Co-Abhängigkeit angemessenes mehrdimensionales Konzept betrachtet er die „projektive Identifikation" nach Melanie Klein, die er folgendermaßen auf seine Sichtweise anwendet: „Bei der projektiven Identifikation werden die Projektionen der einen Person durch das Verhalten einer anderen Person aufgenommen und bestätigt. In diesem einzigen Konzept sind die komplementären Rollen vereinigt, welche zwei Personen mit einer Persönlichkeitsstörung für einander spielen können – bis hin in die pathologischen Extreme. Co-Abhängigkeit bezieht sich in vergleichbarer Weise nicht nur auf eine identifizierbare Persönlichkeitsstörung (Echo), sondern auch auf deren charakteristisch dysfunktionalen Interaktionsstil mit einer anderen spezifischen Persönlichkeitsstörung (Narzissus)" (a.a.O., 103).

11.3 Krankheit und Genesung in Cermaks Modell

Cermak entwickelte seine Sichtweise aufgrund seiner Arbeit mit Co-Abhängigen, die als Kind mit einem suchtkranken Elternteil aufgewachsen waren. Er weist darauf hin, daß die Bezeichnung „co-abhängig" zwar deshalb bekannt wurde, weil die ersten Beobachtungen hierzu im Bereich der Suchtkrankenhilfe gemacht wurden, gibt aber ebenso wie andere Autorinnen und Autoren auch andere Situationen an, in welchen Co-Abhängigkeit entwickelt werden kann. Er warnt davor, co-abhängiges Verhalten in jedem Fall als pathologisch zu etikettieren. Er legt seinen Krankheitsbegriff folgendermaßen dar: „Ob man Co-Abhängigkeit als Krankheit betrachtet, hängt in beträchtlichem Maße davon ab, wie man Krankheit definiert. Nicht-psychotische, psychologische Störungen sind im allgemeinen Muster fehlangepaßten Verhaltens, die außerhalb der bewußten Fähigkeit des Individuums liegen, Kontrolle auszuüben (zum Beispiel Phobien, Depression, Persönlichkeitsstörungen). In diesem weiten Sinne kann Co-Abhängigkeit als echte Krankheit betrachtet werden, welche durch die im Vorhergehenden beschriebenen Kriterien charaktierisiert ist" (a.a.O., 35).

Schließlich unterscheidet der Autor die von ihm dargestellte Störung der Persönlichkeit von Charakterstörungen: „Die Schnelligkeit, mit welcher bei einigen genesenden Co-Abhängigen eine Besserung beobachtet wurde, spricht dagegen, deren Zustand als Charakterstörung zu begreifen.

Einige Co-Abhängige erleben rasche Besserung in einem primär erzieherischen und unterstützenden Angebot. Es wäre absurd, daran zu denken, daß jemand mit einer Borderline- oder narzißtischen Störung der Persönlichkeit während einer vierwöchigen Unterrichtsreihe oder unmittelbar danach ähnliche Fortschritte erfahren könnte" (a.a.O., 101).

Diese Beobachtung entspricht möglicherweise der „spät entwickelten Co-Abhängigkeit" nach Subby (vgl. Kapitel 12). Anders dürfte es sich bei Betroffenen verhalten, deren Beziehung durch die Geschichte von Narzissus und Echo charakterisiert ist: Dieses Beispiel zeigt, daß die co-abhängige Persönlichkeit der narzißtischen komplementär ist. Im Falle entsprechender Persönlichkeitsstörungen sind beide Betroffene von vornherein krank und halten die Störung in ihrer Beziehung wechselseitig aufrecht, ihre Anziehungskraft aufeinander ist bereits durch die Störung bedingt.

Zur Behandlung von Co-Abhängigkeit gehört nach Cermak nicht nur die Teilnahme an einer Selbsthilfegruppe der „Anonymous", sondern auch eine spezifische Psychotherapie. Er kritisiert, daß die üblichen Behandlungsprogramme für Angehörige von Suchtkranken Co-Abhängigkeit in der Ausprägung einer Persönlichkeitsstörung nicht berücksichtigen (vgl. Kapitel 10). Cermak beschreibt vier Phasen in der Therapie von Co-Abhängigkeit als Störung der Persönlichkeit:

In Phase I, der *Überlebensphase*, verfolgt die Behandlung drei wesentliche Ziele: Den Betroffenen soll geholfen werden, ihr System der Abwehr und Verleugnung zu enttarnen; den Betroffenen soll geholfen werden, ihre Aufmerksamkeit wieder auf sich selbst zu richten; den Betroffenen soll geholfen werden, zu erkennen, wie sie dazu beitragen, ihre Probleme aufrechtzuerhalten. In dieser Phase ist ein edukativer Ansatz wichtig, der wesentliche Informationen über die Sucht vermittelt, über die Auswirkungen der Sucht auf die Familie, Co-Abhängigkeit sowie die Genesung von Sucht und Co-Abhängigkeit. Cermak weist auf die Notwendigkeit hin, eine Balance zu finden, die Betroffenen einerseits voller Empathie anzunehmen und andererseits kontinuierlich und konsequent mit ihrer Verleugnung der Realität zu konfrontieren.

Die Behandlung während der Phase II, der Phase der *Re-Identifikation*, verfolgt vier wesentliche Ziele: Den Betroffenen soll geholfen werden, ihre Identität als Co-Abhängige zu akzeptieren und sich darin zu konsolidieren; den Betroffenen soll eine Begleitung durch den Trauerprozeß geboten werden, welcher damit einhergeht, daß sie ihre Illusion von Macht verlieren; den Betroffenen soll Bewußtsein ihrer Zwanghaftigkeit vermittelt werden; die Betroffenen sollen dazu angeregt werden, realistische Grenzen und Möglichkeiten ihrer Willenskraft kennenzulernen und damit zu experimentieren. Hier bezieht sich Cermak auf die Kapitulation der Co-Abhängigen, in der sie akzeptieren, im Hinblick auf bestimmte Bereiche ihres Lebens und ihrer Beziehungen ohnmächtig zu sein – in Bereichen, in denen sie bisher verzweifelt um Kontrolle gekämpft haben.

Auch in diesem Bereich hält Cermak einen edukativen Ansatz für wichtig, zu dem auch das Erlernen sozialer Fähigkeiten – Kommunikation, Selbstbehauptung u. a. – sowie die Informationsvermittlung über Co-Abhängigkeit gehört. Die Begleitung durch den Trauerprozeß bezieht sich dagegen mehr auf die Arbeit mit Gefühlen, die zugelassen werden sollen. Schließlich können die zwanghaften Verhaltensweisen der Betroffenen als etwas erkannt werden, das ihnen bis dahin geholfen hat, Kontakt mit schmerzlichen Gefühlen zu vermeiden – also auch mit ihrem positiven Aspekt gesehen werden.

Die Phase III, die Behandlung *zentraler Themen*, hat zwei wesentliche Ziele: Die Betroffenen sollen erkennen, wie ihre Co-Abhängigkeit sämtliche Aspekte ihres Alltagslebens beeinträchtigt hat; die Betroffenen sollen verallgemeinern lernen, was sie während der Phase II gelernt haben: wie ihre Anstrengungen, die Suchtkranken zu kontrollieren, das Problem nur noch verstärkt haben. Dies ist die Phase, in der nach Cermak eine psychotherapeutische Arbeit mit den Betroffenen ansteht. Die stark strukturierten Techniken, die im Setting der Suchtkrankentherapie angewandt werden, sind nun nicht mehr angebracht. Auch die Selbsthilfegruppen sind nun nicht mehr so wesentlich, da hier oft der Fokus der Aufmerksamkeit auf den Themen der ersten Genesungsphasen liegt. „Neuankömmlinge sind das Herzblut der Selbsthilfegruppen, aber sie sind nicht notwendigerweise das, was Personen in Phase III benötigen" (a.a.O., 85). Cermak weist darauf hin, daß Co-Abhängige Therapeuten und Therapeutinnen benötigen, die sich sowohl in Suchtkrankheit als auch herkömmlicher Psychotherapie auskennen.

Die Phase IV, die Phase der *Re-Integration*, hat die Vorbereitung der Betroffenen auf den Abschluß der Therapie zum Ziel − auf einen Abschied, bei dem die dazugehörigen Gefühle bewußt gemacht und zugelassen werden können.

11.4 Beispiele

In meiner Praxis konnte ich die von Cermak beschriebenen Kriterien regelmäßig bei Kindern von Alkoholkranken wiederfinden, aber auch bei Betroffenen aus Familien, in denen der Vater jähzornig und gewalttätig war, sowie bei Frauen, die in ihrer Kindheit oder Jugend sexuell mißbraucht wurden. In der letzten Zeit wird in Praxisberichten auch zunehmend über drogenabhängige Frauen informiert, die in ihrer Kindheit sexuell mißbraucht worden sind − also Drogenabhängige, die primär co-abhängig sein dürften.

Ein anderes typisches Beispiel ist Frau B, 33 Jahre, die mit einem alkoholsüchtigen Vater aufgewachsen ist. Sie kam in die Beratungsstelle, nachdem sie an einer Informationsveranstaltung teilgenommen hatte, in welcher ich über die betroffenen Kinder berichtet hatte. Wie sie beim ersten Gespräch schilderte, hatte sie zu diesem Zeitpunkt bereits im Rahmen einer Selbsterfahrungsgruppe viel an sich gearbeitet. Dies habe dazu geführt, daß sie nun nicht mehr „die kaputtesten Typen" für eine Beziehung suchte. Das habe sie früher getan und sich viel Mühe gegeben, dem jeweiligen Freund bei seinen Problemen zu helfen. Sie hatte jedoch noch keine Möglichkeit gehabt, ihre Erfahrungen in spezifischem Zusammenhang mit der Sucht des Vaters zu sehen. Für sie waren zunächst Informationen über Co-Abhängigkeit von besonderer Bedeutung, die über die sonst übliche Betrachtung der Rollenverteilung zwischen der problematischen bzw. suchtkranken und der „hilfreichen" Person hinausgingen: Die unterschiedlichen und wechselnden Ängste wurden ihr verständlich, unter denen sie zeitweise stark litt. So konnte sie zum Beispiel nicht mit der Straßenbahn fahren oder ein Kaufhaus betreten, ohne panische Angst zu verspüren. Daher hatte sie es seit Jahren vermieden, in entsprechender Situationen zu geraten, was ihren Aktionsradius zeitweise erheblich einschränkte. Da sie keinen Grund für ihre Ängste benennen konnte, hatte sie außerdem Angst, als hysterisch zu gelten bzw. tatsächlich verrückt zu sein. Von der Umwelt hatte sie kein Verständnis für ihre Probleme erfahren.

Frau B ist ein typisches „Opfer". Als Kind wurde sie von einem Freund der Familie jahrelang sexuell mißbraucht, ohne mit jemandem darüber sprechen zu können. Das Muster, das sie heute noch wiederholt, schildert sie so: „Ich will zwar etwas von anderen (damals Aufmerksamkeit und Zuwendung) – aber *das* (was passiert) will ich nicht – aber ich sage besser nichts, ich weiß nicht, was dann passiert, ich warte besser, bis es vorbei ist" – und später: „Ich bin ja auch selber schuld, weil ich ja schon etwas gewollt habe – weil ich nichts gesagt habe – also darf ich jetzt erst recht nichts sagen". Sie hat nicht nur in privaten Beziehungen Schwierigkeiten, sich abzugrenzen, sondern dieses Muster wiederholt sich auch in vielen anderen alltäglichen Situationen.

Frau B orientiert sich an Ansprüchen, die andere Personen ihrer Meinung nach an sie stellen. Diese vermeintlichen Erwartungen sind für sie grundsätzlich wichtiger als ihre persönlichen Bedürfnisse – diese kann sie nicht einmal immer wahrnehmen. Sie „verdient" sich ihre Existenzberechtigung damit, für die anderen da zu sein, aber gleichzeitig empfindet sie sich oft als deren Opfer, mit dem „etwas passiert", was die anderen wollen, ohne daß sie selbst eine Entscheidung getroffen hat. Dies geht einher mit dem tiefen Gefühl der Ohnmacht, daran etwas ändern zu können.

Nach außen erscheint Frau B kompetent und tüchtig. Sie hat einen helfenden Beruf ergriffen, in dem sie zwanghaft perfektionistisch ist und sich „für alles" verantwortlich fühlt. Sie ist chronisch überlastet und reagiert psychosomatisch mit Spannungskopfschmerzen.

Für Frau B eröffnete das neue Wissen um die Zusammenhänge zwischen Sucht und Co-Abhängigkeit als Persönlichkeitsstörung den Weg in eine Gruppe für „erwachsene Kinder von Alkoholkranken" sowie zu einer Psychotherapie, in welcher ihre spezifischen Probleme berücksichtigt werden können.

Anmerkung

[1] Das Diagnostic and Statistical Manual of Mental Disorders (DSM-III) ist ein Diagnoseschlüssel der American Psychiatric Association, der inzwischen auch in der Bundesrepublik erschienen ist. In den USA ist seine Anwendung weit verbreitet.

12 Co-Abhängigkeit als Phänomen, das über drogen- und suchtbedingte Entwicklungen hinausgeht

Die bisher beschriebenen Ansätze beziehen sich schwerpunktmäßig auf Co-Abhängigkeit als Phänomen, das im Zusammenhang mit der Sucht einer anderen Person zu sehen ist. Ein Verhalten, das zunächst im Bereich der Suchtkrankenhilfe co-abhängig genannt wurde, kann jedoch auch in anderen Beziehungen beobachtet werden. Im folgenden werden verschiedene Ansätze vorgestellt, die sich mit Co-Abhängigkeit in einem allgemeineren Sinne befassen.

12.1 Sharon Wegscheider-Cruse – die Weiterentwicklung von Wegscheiders Ansatz der Alkoholikerfamilie

Sharon Wegscheider, die als eine der ersten Co-Abhängigkeit beschrieben hat, betont in ihren frühen Publikationen die Bedeutung des Alkoholismus, dem sie die Rolle eines Auslösers zuschreibt. Sie betrachtet Co-Abhängigkeit als eigenständige Krankheit, die einer speziellen Behandlung bedarf, bezieht sich jedoch nicht auf eine Störung der Persönlichkeit wie Cermak, sondern auf gewohnheitsmäßig ausgebildetes Verhalten, das im Zusammenleben mit einem suchtkranken Menschen reaktiv entwickelt wurde.

1985 definiert Wegscheider-Cruse die Co-Abhängigkeit nicht mehr so eng im Zusammenhang mit Alkoholismus, sondern so (Wegscheider-Cruse 1985, 2): „Co-Abhängigkeit ist ein spezifischer Zustand, der durch die vorrangige Beschäftigung mit einem anderen Menschen oder Objekt sowie die Abhängigkeit (emotional, sozial, manchmal auch körperlich) von diesem charakterisiert ist. Schließlich wird diese Abhängigkeit von einer anderen Person zu einem pathologischen Zustand, der die co-abhängige Person in allen anderen Beziehungen beeinträchtigt."

Co-Abhängige sind nach Wegscheider-Cruse in einer oder mehreren Beziehungen oder Situationen regelrecht steckengeblieben. Sie sind wie gefangen und erleben sich als völlig ohnmächtig. Es scheint keinerlei Ausweg für sie zu geben, und ihr Gefühl, total überwältigt und ausgeliefert zu sein, ist mit tiefem Schmerz verbunden. „Ursprünglich ist Co-Abhängigkeit die normale Reaktion auf eine abnormale

Situation. Sie ist jedoch auch fortschreitend, chronisch und charakterisiert durch Verleugnung der Realität, zwanghaftes Verhalten und Unterdrückung von Gefühlen. Co-Abhängigkeit bedarf ganz offensichtlich noch weiterer Aufmerksamkeit und Forschung" (Wegscheider-Cruse 1985, 30).

Als Personen, die stark gefährdet sind, Co-Abhängigkeit zu entwickeln, benennt Wegscheider-Cruse zunächst Lebenspartner und -partnerinnen von Suchtmittelabhängigen sowie kleine Kinder mit suchtkranken Eltern, Großeltern oder Geschwistern. Auch Abhängige, die von ihrer Sucht genesen, stellen oft fest, daß sie ihrerseits in einer co-abhängigen Beziehung gelebt haben oder noch leben. Mißerfolge in der Behandlung von Suchtkranken werden nun in vielen Fällen daraus abgeleitet, daß dem Drogenkonsum oft bereits eine Co-Abhängigkeit vorausging und daher ebenfalls zu behandeln ist. Im Hinblick auf Wegscheiders Beschreibung der Lebensmuster betroffener Kinder ist dies sehr einleuchtend.

Aber auch andere Personen können zu co-abhängigem Verhalten tendieren: „Alle, die in einer Familie voller Realitätsverleugnung, zwanghaftem Verhalten und Unterdrückung von Gefühlen leben, sind anfällig für Co-Abhängigkeit – selbst wenn es in der Familie weder Alkohol- noch andere Drogenabhängigkeit gibt" (Wegscheider-Cruse 1985, 4). Besonders gefährdet sind dabei Personen aus Familien, die ein Geheimnis haben, aus traumatisierten Familien und aus rigiden und dogmatischen Familien.

Familien, die ein Geheimnis bewahren, achten darauf, daß „nichts nach draußen dringt". „Man spricht nicht darüber." Die Familienmitglieder spielen sich und anderen etwas vor und bauen eine Scheinwelt auf. Hierzu gehört beispielsweise, daß alle so tun, als ob Vater wirklich so viel arbeiten müßte – obwohl alle wissen, daß er eine Freundin hat; als ob der Bruder an einem Unfall gestorben sei – obwohl alle wissen, daß er sich selbst getötet hat; als ob die Großmutter noch lange leben würde – obwohl alle wissen, daß der Arzt ihr nur noch wenige Monate gegeben hat.

Familien, die ein Trauma erlitten haben, tragen in ähnlicher Weise zur Entwicklung von Co-Abhängigkeit bei: Das traumatische Ereignis – die Geburt eines behinderten Kindes, der Tod eines Elternteils – wird niemals offen besprochen. Die Familienmitglieder unterdrücken ihren Schmerz, manchmal reden sie vielleicht darüber, ohne ihn jedoch zu erfahren, ihn zuzulassen, zu spüren und sich damit auseinanderzusetzen.

Im Grunde geht es hier immer wieder darum, daß die betroffenen Familien nicht in der Lage sind, die Veränderung in ihrem Leben zu akzeptieren und zu integrieren. Das „Mobile im Sturm" müßte zu einer neuen Balance führen, statt dessen wird alles versucht, um den gewohnten Zustand nicht zu verändern.

Rigide Familien, Familien, die übermäßig stark in traditionellen Dogmen bezüglich der Rollen einzelner Mitglieder verhaftet sind, legen ebenfalls die Basis für co-abhängiges Verhalten. Derartige Dogmen sind zum Beispiel „Frauen können und sollten ihren Lebensunterhalt nicht selbst verdienen", „Männer müssen immer stark sein", „Frauen sind schwach und müssen beschützt werden" – gleichzeitig jedoch im allgemeinen in Verbindung mit der Erwartung, daß die Frauen immer für andere da sein müssen und auf deren Bedürfnisse einzugehen haben.

Weiterhin gedeiht Co-Abhängigkeit in Familien, in denen zu „erlernter Hilflosigkeit" erzogen wird. Beispiele hierfür sind: Die Eltern übernehmen sämtliche Verantwortlichkeiten für ihre Kinder und gestatten diesen nicht, ein eigenes Gefühl von Autonomie und Verantwortlichkeit zu entwickeln. – Die Eltern „machen das schon": Sie können alles besser und schneller als die Kinder und geben diesen somit keine Chance, in ihrem eigenen Tempo zu lernen. – Der Ehemann, der alle finanziellen Angelegenheiten selbst bzw. alleine regelt, weil sich seine Frau „in Finanzen nicht auskennt" und seiner Meinung nach dies auch weder lernen kann noch soll. – Die Eltern, die grenzenlos finanzielle und andere Unterstützung bieten, statt den Kindern zu gestatten, selbst mit den kleinsten Problemen und Widrigkeiten fertig zu werden.

Derartige „Erziehungspraktiken" sind mit Manipulation und Kontrolle der anderen verbunden – ihre Kehrseite sind Einschüchterung und Angst, emotionale Unterdrückung, Machtausübung durch die Verteilung materieller Mittel und anderer Belohnungen. Nach Wegscheider-Cruse entwickelt sich in solchen Familien ein übermäßig ausgeprägtes Bedürfnis nach Zustimmung und Anerkennung durch andere: So kann ein Kind von dieser Bestätigung durch andere so abhängig werden, daß es ohne sie das Gefühl völliger Wertlosigkeit hat. Resultat ist das Bedürfnis nach einer Bestätigung der eigenen Daseinsberechtigung.

12.2 CO-ABHÄNGIGKEIT UND FAMILIENREGELN: DER ANSATZ VON ROBERT SUBBY

Robert Subby ist Psychologe und Psychotherapeut, Gründungsmitglied der NACoA, leitender Direktor des Family Systems Center in

Minneapolis – und schreibt von sich, er habe seine Helferkarriere begonnen als Alkoholiker, erwachsenes Kind einer alkoholabhängigen Mutter sowie als Co-Abhängiger. Sein Ansatz impliziert die Annahme eines familiären Gleichgewichts, das durch Regeln aufrechterhalten wird, geht jedoch schwerpunktmäßig auf die Bedeutung dieser Regeln für die Persönlichkeitsentwicklung der einzelnen Betroffenen ein.

12.2.1 Familienregeln und persönliche Entwicklung

Subby definiert Co-Abhängigkeit als „ein Lebensbewältigungs- und Problemlösungsmuster, das durch eine Reihe von dysfunktionalen Regeln innerhalb der Familie oder des sozialen Systems geschaffen und aufrechterhalten wird. Diese Regeln beeinträchtigen gesundes Wachstum und machen konstruktive Veränderungen sehr schwer, wenn nicht unmöglich" (Subby 1987, 15 f.). Co-Abhängigkeit besteht in der „Verleugnung oder Unterdrückung des wahren Selbst, die auf der irrigen Annahme beruht, daß Liebe, Akzeptanz, Sicherheit, Erfolg, Nähe und Seelenheil nur von der Fähigkeit der Person abhängig sind, ‚das Richtige zu tun'" (a.a.O., 26).

Als Beispiel für typische Regeln, die zur Entwicklung von Co-Abhängigkeit beitragen, führt er an: Man spricht nicht über Probleme. – Gefühle sollten nicht offen gezeigt werden. – Kommunikation sollte indirekt stattfinden, wobei eine Person als Botschafter zwischen zwei anderen agiert (Triangulation). – Unrealistische Erwartungen: „Sei stark, gut, perfekt. Mach alles richtig. Mach uns stolz." – Sei nicht „egoistisch". – Handle nach dem, was ich sage – nicht nach dem, was ich selbst tue. – Es ist nicht erlaubt, zu spielen oder spielerisch zu sein. – Nichts in der Familie darf sich ändern. – Man spricht nicht über Sex[1].

Subby weist darauf hin, daß diese Regeln dazu dienen, die einzelnen Familienmitglieder voreinander zu schützen und zu isolieren bzw. sie vor dem Risiko zu bewahren, einander nahe zu kommen. Menschen, die nach solch einem Regelsystem aufwachsen, nehmen nicht wahr, daß es auch andere Möglichkeiten gibt – Familien, die ihren Mitgliedern gestatten, auch außerhalb über Probleme zu sprechen, ihre Gefühle auszudrücken oder Fehler zu machen. Sie erleben kaum oder gar nicht, daß es erlaubt sein kann, verletzlich zu sein, Schwächen zu zeigen und um Hilfe zu bitten.

Kinder, die in solch einer Umgebung aufwachsen, werden in ihrer Persönlichkeitsentwicklung beeinträchtigt. Subby bezieht sich auf die Theorie von Eric Erikson zur Identitätsentwicklung und betont dabei die Bedeutung, welche funktionalen Familienregeln für eine gesunde Entwicklung von Urvertrauen bzw. Gefühlen von Geborgenheit und Selbstwert zukommt. „Unglücklicherweise ist der Prozeß des Wachstums, der Veränderung und Entwicklung bei Personen, die in einer co-abhängigen Realität gefangen sind, unterbrochen – wenn nicht sogar gänzlich blockiert" (Subby 1987, 103).

Co-abhängige Personen sind eingeschlossen in einem Käfig aus Familienregeln, die gesunde Entwicklung unmöglich machen. Bis die Betroffenen diese Falle erkennen und die Regeln infrage stellen, sind sie in einer co-abhängigen Realität steckengeblieben, in der sie sich ohnmächtig zu jeglicher Veränderung fühlen. In dieser Realität können sie ihre wahren Gefühle nicht zeigen, bleiben innerlich einsam und isoliert. Ihre Identität wird als eingefroren bezeichnet, ein Ausdruck, der auch in anderen Arbeiten über Co-Abhängigkeit immer wieder im Zusammenhang mit den Gefühlen erscheint: als „eingefrorene Gefühle" (zum Beispiel Wegscheider-Cruse 1985). Unter einer Oberfläche, die glücklich und erfolgreich aussieht, liegen Gefühle der Angst und Schuld, der Verletzung, Wut, Ohnmacht und Einsamkeit. Subby, Friel und Subby (1984) weisen darauf hin, daß es durchaus möglich ist, eine „klare Identität" in einem Lebensbereich zu haben – häufig ist dies zum Beispiel im beruflichen – , aber dort, wo es um Beziehungen geht, um politische oder religiöse Überzeugungen, noch im alten Gefängnis eingefroren zu sein. Das „Auftauen", das Infragestellen der alten Regeln, führt über die Entwicklungsstufe der „fragenden Identität": „Ich weiß nicht, wer ich bin. Vielleicht habe ich es noch nie gewußt." Um zu einer klaren Identität zu gelangen, müssen die Betroffenen das Risiko eingehen, Dinge zu tun, deren vermeintliche Folgen sie bisher als existentiell bedrohlich empfunden haben; und sie werden das „Paradoxon" erleben, daß ein besseres Leben möglich ist, wenn sie diese Bedrohung riskiert haben.

Subby betrachtet Co-Abhängigkeit als ein Phänomen, das in der Interaktion mit Suchtkranken entsteht, aber ebenso in anderen Beziehungen, in denen dysfunktionale Regeln gelten. Er ist zwar davon überzeugt, daß bei der Entwicklung von Suchtmittelabhängigkeit genetische Faktoren eine Rolle spielen, er ist jedoch gleichzeitig der Auffassung, daß Süchtige co-abhängige Systeme finden oder herstellen, die zur Unterstützung der Sucht beitragen. Auch ein neu gebildetes System wird somit nach den gleichen Regeln operieren wie eine langjährig co-abhängige Familie. Weiterhin betont er die Notwendigkeit zu berücksichtigen, daß viele Suchtkranken primär co-abhängig sind und daher außer der Suchtmittelabhängigkeit auch diese spezifische Problematik bearbeiten müssen, um zur „emotionalen Nüchternheit" zu gelangen.

Co-Abhängigkeit wird von Subby zwar als Krankheit bezeichnet, jedoch legt er Wert auf die Feststellung, daß in diesem Fall keine biologische oder genetische Störung gemeint ist. Er bezieht sich vielmehr auf einen Krankheitsbegriff, wonach die normale physiologische Funktion eines Organismus „durch eine Kondition beeinträchtigt ist, die insbesondere als Folge einer Infektion, von inhärenter Schwäche oder umgebungsbedingtem Streß resultiert" (Subby 1987, 83). In diesem Sinne wird Co-Abhängigkeit zu einer Krankheit, wenn das Individuum über einen längeren Zeitraum dysfunktionalen Regeln ausgesetzt ist und diese internalisiert, um seine ungelösten Konflikte in den Griff zu bekommen: Hierdurch unterbricht es seinen emotionalen, psychologischen und sozialen Wachstumsprozeß.

Subby weist auf die Bedeutung von Einstellungen, Werten, Glaubenshaltungen und Regeln hin, die in früheren Zeiten angemessen waren, jedoch in der aktuellen Situation nicht mehr funktional sind: Mit diesen Regeln werde Co-Abhängigkeit schließlich von einer Generation zur nächsten weitergegeben. Von den hier vorgestellten Autorinnen und Autoren betont er als einziger, daß diese Regeln zu anderen Zeiten, in einer anderen historischen Epoche oder in einem anderen sozialen Zusammenhang, durchaus einmal sinnvoll gewesen sein dürften. Weiterhin ist er der einzige, der klar sagt, daß Co-Abhängige nicht in jedem Fall unglückliche oder unzufriedene Menschen sein müssen; ihr Lebensstil orientiert sich zwar an sehr engen Richtlinien, dies muß jedoch nicht in jedem Fall zu schwerwiegenden Konsequenzen führen. In diesem Aspekt unterscheidet sich der Autor wesentlich von den im folgenden noch vorgestellten Anschauungen Norwoods und insbesondere Wilson-Schaefs, die Co-Abhängigkeit mit Sucht und Krankheit gleichsetzen, ohne Unterschiede zwischen den Betroffenen zu machen.

Weiterhin fällt auf, daß Subby den ansonsten in der familientherapeutischen Literatur oft gebrauchten Ausdruck „dysfunktionale Familie" vermeidet und stattdessen von „dysfunktionalen Regeln" spricht — auch hier also enthält sich der Autor stigmatisierender Zuschreibungen.

Die angeführten Regeln passen sehr gut in die Familien, die Wegscheider-Cruse als gefährdet beschreibt, auch wenn kein aktiver Drogenmißbrauch gegeben ist. „Nichts darf sich ändern", das bedeutet auch, das gemeinsame Geheimnis zu bewahren, nicht über den erlebten Verlust zu sprechen und ähnliches mehr: In jedem Fall wird die Veränderung blockiert, die notwendig ist, um die Entwicklung und Anpassung an die neue Situation zu ermöglichen.

Im Gegensatz zu Wegscheider spricht Subby von „belasteten Familiensystemen". Als Bedingungen, welche die Entwicklung der Co-Abhängigkeit besonders fördern, benennt er: Familien mit einem alkohol- bzw. drogenabhängigen Mitglied; Familien, in denen jemand psychisch gestört oder psychosomatisch krank ist und sich in widersprüchlicher, unvorhersagbarer sowie „verrückter" Weise ausagiert; Familien, in denen körperlicher bzw. sexueller Mißbrauch betrieben wird: Hier werden immer wieder persönliche Grenzen verletzt, sodaß die Entwicklung der Persönlichkeit und eines Gefühls persönlicher Integrität schwer beeinträchtigt werden; fundamentalistische oder rigide-dogmatische Familien: Hier wird vermittelt, daß es nur eine einzige Weise gibt, die Welt zu sehen – und zwar eine Weise, in der Ordnung, Disziplin, Reglementierung und vor allem das Prinzip „alle müssen gleich sein" vorherrschen.

Subby schätzt, daß 80 % der Personen aus derart belasteten Familien zwanghafte und süchtige Verhaltensmuster entwickelt haben, um ihre ungelösten Probleme, ihre Ängste und ihren seelischen Schmerz zu vergessen bzw. zu betäuben, wobei die Angst aus der Spaltung dessen entspringt, „was wir auf der einen Ebene *fühlen* und was wir auf einer anderen Ebene *glauben*. Es ist die Kluft zwischen dem, was wir glauben tun zu müssen und tun sollten, und dem, was andere unserer Meinung nach von uns erwarten. Es ist die Differenz zwischen einer erzwungenen Entscheidung und einer freien Wahl, zwischen Vortäuschung und Ehrlichkeit. Co-Abhängige tun beständig so, als sei alles in Ordnung, obwohl tatsächlich alles auseinanderbricht" (a.a.O., 12).

Der Autor geht auch auf das Phänomen ein, daß aus derart belasteten Familien nicht nur co-abhängige und suchtkranke Personen kommen, sondern auch Menschen, die nicht so beeinträchtigt sind. Er vermutet, daß diese Personen Beziehungen zu Außenstehenden knüpfen konnten, die ihnen eine andere Entwicklung ermöglicht haben. Aber auch wenn die meisten Co-Abhängigen bereits in ihrer Herkunftsfamilie mit dysfunktionalen Regeln aufgewachsen sind, bedeutet dies nicht, daß diese Familie der einzige Ort ist, an dem Co-Abhängigkeit entstehen kann: So gibt es auch die erst später co-abhängig werdende Person, die nicht aus einer problembelasteten Familie stammt, sondern erst als erwachsener Mensch in eine Beziehung mit einer Person oder einer Familie tritt, die ihrerseits belastet ist, und deren dysfunktionale Muster übernimmt.

In jedem Fall empfiehlt Subby die Teilnahme an einer Selbsthilfegruppe, die nach dem Zwölf-Schritte-Programm arbeitet. Gleichzeitig weist er auch auf Beratung und Psychotherapie hin. Insbesondere betont er im Hinblick auf therapeutische Arbeit mit Co-Abhängigen: „Co-Abhängige haben die Ängste von Kindern, Angst vor der Dunkelheit und vor den schrecklichen Dämonen, die auf der anderen Seite der Veränderung lauern. Co-Abhängige brauchen ein gesundes Erwachsenen- bzw. Elternmodell, das mit ihnen durch ihre Ängste geht und ihnen zeigt, daß diese schrecklichen Dämonen sie nicht vernichten können. Dies macht einen großen Teil der Rolle von Therapeuten in der Behandlung von Co-Abhängigen aus. Ich habe noch keinen guten Therapeuten getroffen, der mit erwachsenen Kindern von Alkoholkranken arbeitet, der dieses grundlegende Bedürfnis seiner co-abhängigen Klienten nicht erkannt hätte, (...) das Bedürfnis nach einem gesunden Rollenvorbild. Merkwürdigerweise wird diese einfache Sichtweise im Prozeß der Behandlung jedoch häufig übersehen" (Subby 1987, 119).

12.2.2 Familienregeln und ihre Bedeutung für die einzelnen: Zwei Beispiele

Unabhängig davon, wann die Regeln für co-abhängiges Verhalten erlernt wurden, geht es in der Praxis darum, welche Regeln aktuell als wirksam erkannt werden. Da sich in meiner Arbeit mit Betroffenen gezeigt hat, daß eine Auseinandersetzung mit den jeweiligen Regeln sehr hilfreich sein kann, werde ich im folgenden die Bedeutung dieser Regeln ausführlicher darstellen und anhand zweier Fallbeschreibungen illustrieren.[2]

Regel 1: Man spricht nicht über Probleme
Die Formulierung dieser Regel habe ich oft als zu kraß erlebt. Erfahrungen aus meiner Praxis sprechen eher dafür, daß in unpersönlicher Art über Probleme gesprochen wird oder nur bis zu einem Punkt, an dem die persönliche Betroffenheit nicht gezeigt wird. In vielen Familien gilt die ausgesprochene Regel „Man wäscht keine schmutzige Wäsche in der Öffentlichkeit" oder „Familienangelegenheiten gehen niemanden außerhalb der Familie etwas an". Weiterhin gibt es Familien, in denen tatsächlich die Existenz wesentlicher Probleme schlichtweg geleugnet wird und insbesondere unausgesprochene Regeln zur Geltung kommen. Für kleine Kinder hat dies schwerwiegende Folgen in der Identitäts- und Persönlichkeitsentwicklung. Auch sehr kleine Kinder spüren genau, wenn Spannungen zwischen den anderen Familienmitgliedern bestehen, selbst dann, wenn die Eltern nicht darüber reden. Sie registrieren die gelegentlichen Anzei-

chen von Zorn und eine Atmosphäre, als bewege man sich auf einem Minenfeld, die typisch für diese Familie ist. Somit lernen die Kinder schnell, daß es wahrscheinlich das beste ist, Probleme nicht auszusprechen, und führen das Verhalten der Eltern ihrerseits fort. Eine andere Möglichkeit, ein Risiko zu vermeiden, besteht darin, sich beim Auftreten von schwierigen Themen aus dem Staub zu machen, nichts mehr zu sagen, sich dem Fernsehprogramm zu widmen. Die gespannte Atmosphäre bleibt jedoch spürbar im Raum.

Die langfristigen Folgen, die sich unter der Herrschaft dieser Regel einstellen, sind auf den verschiedensten Ebenen wirksam. Die Mitglieder der Familie leugnen ihre Probleme und nehmen sie nicht zur Kenntnis; andererseits haben sie das Gefühl, ihrem Schicksal ausgeliefert zu sein. Typische Begleiterscheinungen dabei sind Druckgefühle im Magen, freiflottierende Angst, Kopfschmerzen, Schlafstörungen usw. Das charakteristische Dilemma von Angehörigen solcher Familien heißt: Von mir wird erwartet, daß ich nicht über Probleme (oder über *das* Problem) rede. – Ich habe Probleme. – Die anderen haben offensichtlich keine Probleme. – Ich glaube, daß mit mir irgendetwas nicht stimmt, wenn ich zugebe, daß ich Probleme habe. – Ich fürchte, daß die anderen mich als schwach, krank, nervös, hysterisch, nicht belastbar, überempfindlich usw. verurteilen, wenn ich zugebe, Probleme zu haben. – Vielleicht bin ich wirklich verrückt.

Diese feste Überzeugung führt schließlich zu einem tiefen Gefühl der Scham im Hinblick auf ein eigentlich ganz realistisches und alltägliches Phänomen – daß alle Menschen auch einmal Probleme haben können. Wer jedoch nicht darüber reden kann, kann weder die Erfahrung machen, daß auch andere Menschen Schwierigkeiten haben, noch erleben, daß ein Gespräch helfen kann, sich mit seiner Problematik auseinanderzusetzen und nach Lösungsmöglichkeiten zu suchen. Auch dies ist eine Konsequenz der Regel, nicht über Probleme zu sprechen, das Gefühl, es gebe keine Hilfe und keinen Ausweg.

Frau E, deren Schwester drogenabhängig ist, und die ihrerseits schon lange unter den typischen Persönlichkeitsproblemen von Co-Abhängigen leidet, hat die Geltung dieser Regel in ihrer Familie so erlebt: „Es wurde immer so getan, als ob durch Reden die Probleme und die Gefühle nur noch schlimmer würden. Ich erhielt das Schild mit der Aufschrift ‚zu sensibel, nicht ernst zu nehmen‘. Später, bei dem nicht befürworteten Abitur wurde ich dann ‚intellektuell‘. Auf alle Fälle war mein Verhalten unangebracht. Dies zeigt sich in den letzten Monaten am Beispiel von K. K ist meine Schwester und heroinabhängig.

Mein Vater möchte nicht über dieses Thema sprechen. Gespräche darüber lehnt er ab; er sieht die einzige Chance im Verdrängen."

Frau U, die mit einem alkoholabhängigen Vater aufgewachsen ist, erlebte diese Familienregel besonders in bezug auf das gemeinsam gehütete Geheimnis „Vater ist Alkoholiker": „Mir ist diese Regel durch Sätze vermittelt worden wie ‚Das betrifft uns als Familie und geht sonst keinen etwas an' oder ‚Das muß aber unter uns bleiben'. Im Rückblick denke ich, haben wir uns alle – meine Eltern und Geschwister – über das gemeinsame Geheimnis als Familie definiert. Das Geheimnis Alkohol bzw. das Vertuschen der Probleme hat uns zu einer – von außen betrachtet starken – Gemeinschaft gemacht."

„Es fällt mir auch heute noch sehr schwer, in unserer Familie über das Problem Alkohol, und wie ich es empfinde, zu reden. Sätze wie ‚Das ist Vergangenheit', ‚Davon weiß ich nichts mehr', ‚Das bildest Du Dir vielleicht ein' sind Reaktionen, wenn ich versuche, Dinge anzusprechen, wie ich sie für mich erkannt und empfunden habe. Oftmals frage ich mich dann, ob ich übertreibe, meine Erinnerungen und Gefühle nicht stimmen, was nun letztendlich Wahrheit ist. Das passiert mir auch heute noch oft, obwohl ich durch Gespräche mit Betroffenen weiß, daß ich nicht verrückt bin."

In der Familie von Frau U wurde über andere Probleme gesprochen: „Bei Problemen in unserer Familie hielten wir ab und zu richtige Familienkonferenzen ab. Themen waren zum Beispiel ‚Wie können wir in unserer Familie den Haushalt besser organisieren' oder ‚Was können wir tun, damit das Familienleben für Vater einen Rückhalt bietet'." Die Mitglieder dieser Familie hätten also aus tiefster Überzeugung bei entsprechenden Fragen angegeben, daß sie sogar sehr intensiv über Probleme redeten. Tatsächlich halfen die Konferenzen, das eigentliche Problem zu verdecken. Dies kommt auch später bei Regel 2 deutlich zum Ausdruck.

Regel 2: Gefühle werden nicht offen ausgedrückt, oder: Gefühle, die als negativ betrachtet werden, werden nicht offen ausgedrückt

Auch hier gibt es ausgesprochene Regeln, die sich häufig auf die männliche Rolle beziehen: „Ein Junge weint nicht" oder „Ein Indianer kennt keinen Schmerz". Auch hier gibt es die mehr subtile Art und Weise, das gleiche auszudrücken. So spürt ein Kind deutlich, wenn es aus Einsamkeit oder Angst versucht, sich auf den Schoß des Vaters zu setzen oder diesen zu umarmen – und der Vater dabei erstarrt. Auch wenn er nichts sagt, kann sich zum Beispiel seine Körperhaltung eindeutig verändern. Möglicherweise ist dieser Vater selbst so aufgewachsen, daß er nicht so recht weiß, ob er Gefühle haben darf oder sogar ausdrücken sollte. Dieses Dilemma übermittelt er nun seinem Kind: Im Laufe der Zeit wird es lernen, seine Gefühle nicht zu zeigen, wenn sein Vater in der Nähe ist.

Das Ergebnis dieser Regel ist sehr vielseitig. Kinder, die mit ihr aufwachsen, können zum Beispiel glauben, daß es besser sei, zu leugnen, was sie fühlen, als das Risiko einzugehen, anderen zu zeigen, wie es wirklich in ihnen aussieht. Möglicherweise spalten sie den emotionalen Anteil so ab, daß sie letztlich tatsächlich nicht wissen, was für Gefühle sie haben. So können sie einerseits die Botschaft klar und eindeutig wahrnehmen – zum Beispiel „Mir ist es ganz egal, was die anderen von mir denken". Andererseits manifestiert sich in ihrem Körper eine ganz andere Botschaft, derer sie sich nicht bewußt sind: Sie entwickeln zum Beispiel Spannungskopfschmerzen, Migräne, Schlafstörungen, Depressionen, Angstzustände. Da sie sich derart gründlich von Ihren Gefühlen abgespalten haben, können sie auch nicht sehen, wie diese sie beeinflussen.

Frau E: „Ich habe mich zum Weinen immer auf mein Zimmer zurückgezogen. Mein Vater vermittelte mir, daß Heulen unnötig sei, es gäbe doch keinen Grund, ich sollte nur mal überlegen. Überstarke Gefühlsäußerungen, dazu gehört der Kuß auf Omas Wange, gehören sich nicht. Er bezeichnet mich dann als überschwenglich und aufgesetzt. Ich hatte oft sehr starke Angstzustände, fühlte mich alleine und verlassen, traurig, ohne ersichtlichen, faßbaren Grund. Ich hab' mich oft darüber geschämt, wollte und will heute oft noch so nicht sein." Frau E hatte den Überlebensmechanismus des „Abschaltens" entwickelt, das Gefühl, „nicht mehr ganz da zu sein". Dies half ihr, wenn bedrohliche Gefühle auf Abstand gehalten werden mußten. Sie litt unter Angstzuständen und Depressionen.

Frau U hatte ebenfalls viel Angst: „Über die Angst, die Unsicherheit und Wut gegenüber dem Alkohol und vor allem der Heimlichkeit, mit der alles zugedeckt wurde, ist nie geredet worden. In vielen Situationen, in denen ich Angst hatte oder völlig hilflos war (nach meinem Gefühl), redete ich mir ein, daß ja alles gar nicht so schlimm sei, sondern fast normal. Der Gedanke, verrückt zu sein, sich nicht auf eigene Gefühle verlassen zu können, begleitet mich auch heute." – „Gefühle galten bei uns in der Familie eigentlich nichts. Sie hatten keinen Wert, wurden nicht ernstgenommen. Sätze wie ‚Gefühle sind immer schlechte Ratgeber', ‚Auf Gefühle kann man sich nicht verlassen', ‚Mit dem Gefühl kannst Du gar nichts beweisen' oder ‚Wenn Du etwas sagst, mußt Du es auch begründen können, sonst kannst Du auch nicht ernstgenommen werden' und ‚Gefühle haben keine

Referenz' prägen auch jetzt noch mein Leben. In einer wichtigen Unterhaltung oder Diskussion würde ich auch heute noch nicht meinen Gefühlen trauen oder ihnen verbal Ausdruck geben können." – „Im Prinzip haben wir nie wirklich miteinander geredet. Keiner hat dem anderen gesagt, wie es ihm wirklich geht. Worte wie ‚ich möchte' oder ‚ich fühle' benutzten wir wirklich selten, über sich hatte man nicht zu reden." – „Jeder in unserer Familie hat mit Kopfschmerzen zu tun, bei denen keine organische Ursache gefunden werden konnte."

Regel 3: Die Kommunikation geschieht oft indirekt, wobei häufig eine Person als Botschafter zwischen zwei anderen fungiert (Triangulation).

Ein Vater sagt zu seinem 14jährigen Sohn: „Ich finde, Deine Mutter könnte mich wirklich besser verstehen. Sie weiß ja gar nicht, wie elend ich mich fühle, wenn sie ewig so herumnörgelt." Der Sohn glaubt tatsächlich, er könne die Dinge in Ordnung bringen, wenn er die Mutter informiert, wie sich der Vater fühlt. Daher sagt er zu ihr: „Weißt Du, Mama, wenn Du so viel mit dem Papa schimpfst, geht es ihm gar nicht gut..." Obwohl diese Szene zunächst als völlig normal im Zusammenleben einer Familie betrachtet werden kann, ist es wichtig, hier genauer hinzuschauen: Einen Botschafter auf diese Art einzusetzen, ist äußerst problematisch, ob es sich dabei um ein Kind handelt oder um einen Erwachsenen. Zunächst gerät das Kind zwischen die beiden Erwachsenen. Wenn es der Mutter nicht mitteilt, was der Vater ihm gesagt hat, dann läßt es den Vater im Stich. Wenn es der Mutter die Botschaft übermittelt, riskiert es, von ihr den Ärger oder die Ablehnung zu erleben, die sich eigentlich gegen den Vater richtet. In jedem Fall benutzen sowohl Mutter als auch Vater das Kind, um ihrerseits eine direkte Kommunikation als Erwachsene zu vermeiden. Wenn diese Art von Kommunikation regelmäßig gebraucht wird, so werden die Beteiligten langfristig gefühlsmäßig verwirrt und schließlich verstört. Die Botschaften werden verwirrt, Gefühle werden falsch gerichtet und Unschuldige werden zum Opfer der Unfähigkeit anderer Leute, sich mit ihren Problemen zu konfrontieren. Diese Last und dieser Schmerz können letztlich unerträglich werden und auch krank machen.

Frau E: „Ich dachte, ich habe den Überblick, ich verstehe doch, warum und weshalb die Eltern sich streiten. Ich wurde von meinem Vater oft als Ansprechpartner benutzt. Zu meiner Mutter sagte ich dann oft ‚Sei doch nicht so zynisch zu Vater; es ist doch dann kein Wunder, wenn er sich zurückzieht. Laß' ihm doch etwas Zeit.' Zu meinem Vater wiederum ‚Laß' Mutter doch, sie zeigt eben mehr Gefühl als

Du, sie kann sich halt nicht zusammennehmen. Dies mußt Du doch verstehen.' Letztlich wurde ich immer verwirrter, da sich trotz meines Einsatzes nichts veränderte und dies lag natürlich an meiner Unfähigkeit."

In Kapitel 6 berichtet Frau U, wie sie sich zu ihrem betrunkenen Vater ans Bett gesetzt und ihm zugehört hat – später erzählte sie dann der Mutter, was den Vater so belastet, daß er trinken muß. Sie hat die Rolle der Botschafterin schon wie selbstverständlich übernommen. Dies galt auch für die Kommunikation zwischen den anderen Kindern und den Eltern: „Wenn meine Geschwister etwas angestellt hatten, versuchte ich mit meinen Eltern zu verhandeln, damit die Strafe nicht so schlimm ausfiel."

Regel 4: Unrealistische Erwartungen: „Sei stark, gut, perfekt.
Mach immer alles richtig. Mach uns stolz."

Im Hinblick auf Leistung und die Art und Weise, in der Leistung erbracht werden soll, wird in einigen Familien ein Idealbild vermittelt, das weit von jeglicher Realität entfernt ist. Dementsprechend müssen die Betroffenen sich schließlich als unzulänglich empfinden: Obwohl zum Beispiel die Kinder gute Schulnoten nach Hause bringen, hören sie immer, daß sie noch bessere Noten hätten erarbeiten können. Die Eltern ihrerseits fühlen sich als Versager, da sie sich als unfähig erleben, ihre Kinder so zu erziehen, daß diese die Idealerwartung erfüllen. Andererseits beginnen die Kinder nun, die gleichen unrealistischen Erwartungen an ihre Umwelt zu richten.

Personen, die mit dieser Regel aufgewachsen sind, haben später große Schwierigkeiten, Wertschätzung von anderen anzunehmen – sie haben innerlich immer noch das Gefühl, nicht zu genügen. Werden sie „einfach so" geschätzt, erscheint ihnen dies nicht echt und eher verdächtig. Sie glauben höchstens, die anderen hätten ihr „wahres" unzulängliches Selbst einfach noch nicht entdeckt – aber eines Tages werde es soweit sein, und dann lasse man sie fallen.

Frau E: „Ich war nie gut genug und ihr Ideal konnte ich nie erfüllen. Immer habe ich gefühlt, daß etwas fehlt, immer war es etwas anderes, das nicht ihren Vorstellungen entsprach. Etwas hab' ich todsicher immer vergessen, etwas fiel mir immer aus der Hand, ein Fleck war bestimmt auf der Kleidung. Ich schaffe es auch heute noch nicht, meinem Idealbild zu entsprechen. Meilenweit von der Perfektion entfernt, obgleich ich heute um meine überhöhten Ansprüche weiß. Das Gefühl, nicht zu genügen, ist eine alte Bekannte."

Frau U wurde explizit mit der Forderung konfrontiert: „Ich erwarte von Dir, daß Du Dein Studium mit Eins abschließt." Außerordentliche Leistung garantiert ihr wenigstens, Achtung von anderen zu bekommen. Da sie den Konflikt zwischen den vermittelten Werten und ihren Gefühlen ihrer persönlichen Minderwertigkeit zuschrieb, mußte sie immer mehr Leistung erbringen, um das Gefühl ihrer Wertlosigkeit „abzutöten". Mit der Angst, unzulänglich zu sein, quält sie sich noch heute: „Ich schaffe das nicht – das ist meine Lebensangst."

Regel 5: Sei nicht egoistisch
Wenn diese Regel ganz rigide auf jedwede Situation angewandt wird, entwickeln die Beteiligten mit Sicherheit im Laufe der Zeit Schuldgefühle. Ein Kind wächst dabei in der Überzeugung auf, daß es falsch sei, die eigenen Bedürfnisse vor die der anderen zu setzen. Daher lernt es auch nicht, sich darum zu kümmern, daß seine persönlichen Bedürfnisse erfüllt werden. Bei Co-Abhängigen kann oft beobachtet werden, daß sie versuchen, sich bezüglich ihrer selbst gut zu fühlen, indem sie sich der Bedürfnisse anderer annehmen. Sie beziehen sehr häufig ihren Selbstwert in abhängiger Weise daraus, sich um andere zu kümmern, diese zu pflegen, für sie verantwortlich zu sein. Ohne eine andere Person, um die sie sich kümmern kann, ist eine co-abhängige Person ohne Lebenssinn und empfindet sich als wertlos. Je mehr sie sich um jemand anderen kümmert, desto weniger kümmert sie sich um die Befriedigung der eigenen Bedürfnisse. Hin und wieder beginnt sie damit, die anderen als undankbar zu empfinden, da diese ja nicht erkennen, was sie für sie tut. Das Ergebnis dieser enttäuschten und auch ärgerlichen Gefühle ist zusätzliche Scham, die nun damit bekämpft wird, daß sich die co-abhängige Person noch intensiver um den anderen Menschen kümmert. Die co-abhängige Ehefrau, das Kind eines alkoholkranken Vaters und die suchtkranke Person leiden schließlich alle als Ergebnis dieser Fürsorge. Wenn ihr Schmerz stärker wird, beginnen die „Kümmerer" damit, die Fehler der jeweils anderen herauszustreichen und diese dafür zu tadeln. Sie werden sarkastisch, ärgerlich, quengeling und pessimistisch, weil sie spüren, daß alle nehmen und niemand ihnen etwas dafür gibt. Schließlich führt dieses zirkuläre Muster zu einem emotionalen Karussell, das immer schmerzhafter wird, je länger es sich dreht. Der Weg aus diesem Teufelskreis heraus führt durch eine paradoxe Betrachtungsweise: Um sich aus der schmerzhaften Umklammerung des Egoismusverbotes lösen zu können, muß die betroffene Person zunächst die Entscheidung treffen, „egoistisch" sein zu wollen und sich der eigenen Bedürfnisse anzunehmen. Um frei zu werden, muß sie also zunächst genau jenes Verhalten beenden, von dem sie bisher geglaubt hat, es

werde ihr die Akzeptanz und Liebe einbringen, welche sie braucht. Co-Abhängige müssen ein großes persönliches Risiko eingehen, um zu lernen, daß sie sowohl der bisher von ihnen versorgten Person als auch sich selbst helfen, indem sie sich um die eigenen Bedürfnisse kümmern. Sie erfahren erst dann Respekt von anderen und können langsam auch für sich selbst Respekt gewinnen.

Frau E: „Um andere mich zu kümmern, schien mir lange Zeit die Lösung für mein Leben, das ich als sinnlos ansah, das keinen Sinn ergibt, ohne Kontakt zu den Menschen, oft zu Menschen, die schwächer, hilfloser sind. Der Wunsch, Sozialarbeit zu studieren, wuchs lange vor dem Abitur in mir. Die Verantwortung für andere zu übernehmen, gab und gibt mir Kraft und vor allen Dingen Anerkennung. Fiel dies fort oder zu schwach aus, war ich beleidigt, fühlte meine Kraft und Arbeit als ignoriert und unterstellte meiner Umwelt starke Unsensibilität. Auch heute noch fällt es mir schwer, an mich zu denken, ich arbeite lieber für andere, dann spüre ich die Leere nicht, wenn ich mit mir alleine bin."

Frau U berichtet, daß in ihrer Familie alle an Schuldgefühlen litten. An sich zu denken, galt in der rigiden an einseitig verstandenen christlichen Werten orientierten Familie als schlecht und sündig. „Keiner hatte das Recht, Individuum zu sein. Unsere ganze Familie hat soziale Berufe ergriffen, mit dem Anspruch, anderen helfen zu wollen oder anderen nützlich zu sein. Keiner von uns hat gelernt, seine Rechte einzufordern. ‚Du mußt gut und demütig sein' hieß es bei uns, und die Interessen der anderen gingen immer vor. Ich durfte auch keine eigene Meinung vertreten und habe nie gelernt, anderen mitzuteilen, daß ich etwas von ihnen möchte. Schon dieser Wunsch ließ mich wieder schuldig fühlen. (...) Ich konnte nicht nein sagen und empfand mich deshalb in meinem Innersten als unzuverlässig." Diese zu Recht empfundene Unzuverlässigkeit führte zu weiteren Schuldgefühlen. Die Angst, von den anderen in ihrer Schlechtigkeit erkannt und abgelehnt zu werden, führte oft dazu, daß sie Dinge tat, „von denen ich im Moment nicht wußte, ob ich sie tun will oder nicht." Wenn ihr klar war, welche Interessen ihre eigenen waren, durfte sie diese jedoch nicht vertreten: „Auf keinen Fall war es richtig, für sich zu kämpfen, das paßte nicht zur Nächstenliebe. Ich mußte mir draußen alles gefallen lassen, um möglichst gut und hilfreich zu sein." Typisch für Co-Abhängige ist auch, daß sie sich andauernd entschuldigen − auch wenn sie recht haben. Der oft so ironisch gebrauchte Satz „Entschuldigen Sie bitte, daß ich geboren bin" drückt tatsächlich das Lebensgefühl vieler Co-Abhängiger aus.

Regel 6: Mach es so, wie ich es Dir sage, nicht so, wie ich es
        selber mache

Diese Regel lehrt vielleicht mehr als alle anderen, anderen nicht zu vertrauen. Wenn Eltern ihren Kindern sagen, sie sollten ehrlich sein, und bei der nächsten Gelegenheit selber lügen, werden die Kinder verwirrt. Sie werden argwöhnisch. Sie gehen keine Risiken mehr ein und verlassen sich schließlich nur noch auf sich selbst. Sie tun dies aus einem Bedürfnis heraus, sich selbst vor dem Schmerz der Widersprüchlichkeit zu bewahren. Wie oft ist es ihnen passiert, daß der Vater versprochen hat, sie am Samstagnachmittag irgendwohin mitzunehmen, und daß er stattdessen das Auto gewaschen hat, gearbeitet hat oder, am schlimmsten, sich betrunken hat. Nach einigen Enttäuschungen dieser Art fragen sich die Kinder, ob die Eltern sie tatsächlich lieben und ob sie für die Eltern auch tatsächlich zählen. Viele Kinder, die diesen Widerspruch des „Mach wie ich es sage, nicht wie ich es selbst mache" erfahren haben, gelangen schließlich zu der Überzeugung, daß es wohl an ihnen selbst liegen muß, das heißt, daß sie nicht gut genug sind und die Liebe der Eltern nicht verdienen. Da sie nicht in der Lage sind, die Zustimmung der Eltern zu erhalten, suchen sie nach neuen Wegen, Aufmerksamkeit zu erlangen. Absichtlich oder unabsichtlich arbeiten sie darauf hin, andere zu manipulieren, um sich Bestätigung und Liebe zu verschaffen. Wie sie sich fühlen, erscheint ihnen nicht gut genug oder nicht verdienstvoll genug zu sein, so verbergen sie diesen nicht akzeptablen Teil und lernen, solche Dinge zu tun, die ihnen die Anerkennung der anderen einbringen.

„Der destruktivste Anteil dieser speziellen Regel ist: Indem wir nur das tun, was wir als die Erwartungen der anderen an uns betrachten, verleugnen wir uns selbst und werden innerlich gespalten. Durch das Verleugnen dessen, wer wir wirklich sind, verhindern wir, jemals herauszubekommen, ob die Leute, die uns nahe sind, auch wirklich an uns interessiert sind oder uns lieben. Schließlich zeigen wir ihnen nur den Teil von uns, von dem wir glauben, daß sie ihn auch akzeptieren. Wir leben in konstanter Furcht, zurückgewiesen zu werden, wenn die anderen jemals die Wahrheit über uns herausfinden. Indem wir versuchen, uns ,richtig zu verhalten', stellen wir keinerlei Sicherheit für uns her, da wir uns selbst gegenüber auch nicht die Wahrheit eingestehen. Wir wissen eine ganze Menge über die Wahrheit − dies ist das Resultat unserer Versuche, sie zu vermeiden − aber wir fühlen uns niemals o.k." (Subby/Friel 1984, 40).

Frau E: „Ich bin sehr vorsichtig, versuche permanent, die Erwartungen der anderen an mich zu erspüren. Durch die Therapie hab ich erfahren, daß sich dieses ‚Abchecken' in mir regelrecht festgesetzt hat. Ich versuche herauszubekommen, was der andere oder die anderen von mir erwarten. Ich hab mich lange Zeit als Ungeheuer empfunden und permanent Angst davor gehabt, daß die Menschen, die mit mir zu tun haben, diese ‚schlechten' Seiten kennenlernen. Dann verlassen mich alle und ich bin ganz allein. "

Bei Frau U, deren Vater Alkoholiker ist, waren die Widersprüche alltäglich: „Das Verhalten meiner Eltern stand meistens im Widerspruch zu dem, was sie sagten. Es wurden unheimlich hohe Erwartungshaltungen angesprochen, aber zum Beispiel alles, was wir in unseren Familienkonferenzen besprochen hatten, wurde nicht in die Tat umgesetzt! Wir machten Pläne und stellten Regeln auf, mit dem Ergebnis, daß eine Umsetzung in den Alltag nie funktionierte." Auch Frau N hat „Superantennen" dafür entwickelt, was die anderen insgeheim erwarten könnten, sie erwartet ihrerseits bei Abmachungen mit den Eltern von vornherein nicht mehr, daß die Eltern sich daran halten. Sie geht inzwischen davon aus, im Grunde von niemandem Zuverlässigkeit erwarten zu können.

Regel 7: Du darfst nicht spielen

Co-Abhängige beginnen schon sehr früh zu glauben, daß diese Welt eine äußerst ernsthafte Welt ist und das Leben etwas Schweres und Schmerzliches. So wie auch die anderen Regeln führt diese zur Entwicklung einer co-abhängigen Wahrnehmung seiner selbst als einer nicht liebenswerten, langweiligen, dummen, häßlichen und schlicht „verkehrten" Person. Daher müssen Co-Abhängige doppelt so hart arbeiten wie andere Personen, um sich als „in Ordnung" zu empfinden. Da sie glauben, „Was ich tue, ist das, was ich bin", wird es für ihr Gefühl, in Ordnung zu sein, immer wichtiger, daß sie nicht in Situationen geraten, in denen sie etwa nichts zu tun haben könnten. „Für ein Kind mag es ja in Ordnung sein, zu spielen, aber nicht für Erwachsene – da ist es nicht angebracht." Für sie bedeutet Spielen, das Risiko einzugehen, spontan zu sein und vielleicht auch etwas „kindisch", was für co-abhängige Personen sehr bedrohlich ist. Kinder in Familien mit einem alkoholkranken Elternteil haben es sehr eilig, erwachsen zu werden. Ihre Eltern sagen oft von ihnen, daß sie sehr früh vernünftig gewesen seien.

Für eine Person, die mit dieser Regel groß geworden ist, ist es sehr hart, sich vorzustellen, daß sie jemals wieder die kindliche Fähigkeit zu spielen erlangen könnte. Sie hat gelernt „Nun bist Du erwachsen, also benimm Dich auch wie ein Erwachsener." Das „Kind in ihr" braucht die Möglichkeit zu spielen, sie muß aber erst mühsam lernen, dies zuzulassen. Sie hat ihn lange verleugnet und zugunsten „nützlicher und sinnvoller" Betätigung unterdrückt.

Frau E: „Die Arbeit war mir immer wichtiger als das Erleben. ‚Wir würden ja gerne dies und das tun, aber ...' ist ein typischer Satz meiner Eltern. Ich brauche permanent eine Aufgabe, sonst fühle ich mich nutzlos und schlecht. Wenn ich versuche, nichts zu tun, dauert es immer eine ganze Weile, bis ich entspannen kann; denn es gehört sich nicht. Ich habe Schwierigkeiten zu spielen, denn es gibt ja so viel Leid auf der Welt; ich fühle mich schuldig, wenn ich mich gehen ließe. Die Sehnsucht nach dem Verspielten ist gewachsen, ich kann es jetzt spüren. Oft weiß ich jedoch nicht, wie ich es angehen soll, denn ich muß ja vernünftig sein."

In Kapitel 6 berichtet Frau U, daß sie immer das Gefühl hatte, der Mutter helfen zu müssen – und deshalb nicht spielen ging. „Erst kommen die Pflichten, dann kommt eine Weile nichts, und dann hast Du vielleicht auch mal ein paar Rechte" und „Man hat mehr Pflichten als Rechte im Leben" sind ihr als typische Sätze in Erinnerung. Auch Frau N ist sehr schnell „erwachsen geworden".

Regel 8: Laß alles am besten so, wie es ist

Jede Familie ist ein System und jede Person in der Familie hat einen besonderen Part zu spielen – so wie Schauspieler in einem Theaterstück. Die Familienregeln helfen den einzelnen, ihre Rolle zu lernen und zu behalten. Sie machen es leichter zu erkennen, was als falsch und als richtig betrachtet wird, ab welchem Alter die Kinder beginnen sollten, bestimmte Dinge zu tun oder eben nicht zu tun. Stabilität ist eines der positiven Ergebnisse gesunder Familienregeln. Diese Regeln halten alles im Gleichgewicht, und sie lassen die ganze Familie wissen, wenn das System durcheinander geraten ist – so wie Schmerz oder Fieber den Körper wissen lassen, daß innerhalb seines Systems etwas aus der Balance ist.

Die Anpassung an Veränderungen ist eine gesunde Qualität von Systemen. In Familien mit ungelösten Problemen von Drogen- oder Co-Abhängigkeit versucht das System ebenfalls, eine Art der Balance aufrecht zu erhalten, aber die Balance, die es in diesem Fall aufrechterhalten will, ist ungesund. Die Regeln, an denen es so festhält, machen es für jede Person im System sehr schwierig zu wachsen, reif oder gesünder zu werden. So wird z.B. die Tochter immer dann ängstlich, wenn Vater und Mutter miteinander Krach haben, aber die Regeln des Familiensystems sagen, „wir reden nicht über Probleme" oder „wir zeigen nicht unsere traurigen Gefühle"; so schließt die Tochter ihre Gefühle in sich ein. Wie eine Schauspielerin im Theaterstück spielt sie ihren Part, um das Familienleben in Balance zu halten: Sie ändert nichts.

Mit anderen Worten ausgedrückt, versucht das familiäre System, sich in dem Zustand der Balance zu halten, der durch Belastungen aller Beteiligten zustandegekommen ist. Die Regeln lassen jetzt eine Veränderung in Richtung auf Entlastung und Befreiung nicht mehr zu. Irgendwann hat diese Familie aufgehört, neue Entwicklungen zuzulassen und zu integrieren, und nun versuchen alle Beteiligten, nichts zu verändern – es wäre zu schmerzhaft für sie.

In der Familie von Frau E wurde die sich anbahnende Drogenabhängigkeit der Schwester von den Eltern einfach nicht zur Kenntnis genommen. Frau E, die viel früher merkte, was mit ihrer Schwester geschah, verschonte die Eltern lange Zeit vor der Konfrontation mit den Tatsachen. Niemand wollte etwas ändern.

Frau U kennt die explizit gestellte Anforderung, daß die Familie als eine feste und starke Gemeinschaft zusammenhalten und weder von außen etwas herein- noch von drinnen etwas herauslassen sollte. „Dies ist mit Sicherheit ein Grund dafür, daß unsere Familie bis heute keine Freundschaften pflegen konnte. Alles mußte, konnte und sollte ja in der Familie bleiben und auch als ‚Gemeinschaft‘ getragen werden. Andere hatten darin keinen Platz. Vielmehr hätten sie entdecken können, worum es in unserer Familie eigentlich ging. Wir Kinder haben uns immer gescheut, Freunde zum Spielen mit nach Hause zu bringen. Wenn ich allerdings einmal eine Freundin mit nach Hause brachte, habe ich mir vorher überlegt, welche Situation eintreten könnte, und wie ich sie erklären kann. Meistens habe ich erzählt, mein Vater sei zur Zeit krank und müsse starke Tabletten nehmen. Waren wir dann bei uns zu Hause, benahmen sich alle anderen Familienmitglieder sehr nett, freundlich und spielten die einheitliche, verständnisvolle Familie. Alle waren Meister darin, Situationen zu verschleiern, und den Gast über das Trinken meines Vaters hinwegzutäuschen. Heute denke ich, es war uns auch gar nicht möglich, eine gleichberechtigte partnerschaftliche Freundschaft mit anderen zu führen. Dies hätte Veränderung und Forderung an jeden von uns bedeutet. Vor allem hätte es aber unser Familienleben sehr erschüttert. Durch Kontakte nach außen wäre es uns nicht mehr möglich gewesen, all unsere Kraft auf das Trinken meines Vaters zu konzentrieren. Vielleicht wäre dann viel früher der Punkt gekommen, an dem wir hätten umlernen müssen."

In beiden Fällen haben sich Co-Abhängigkeit und Sucht entwickelt, wobei für Frau U die Sucht des Vaters prägend war, für Frau E und ihre Schwester dagegen kein derartiges Problem vorlag, als sie aufwuchsen. In ihrer Familie galten jedoch ähnliche Regeln — und diese unterstützen schließlich in der Kindergeneration Drogen- und Co-Abhängigkeit. Wie Frau E selbst schilderte, empfand sie sich als sehr „schwer gestörten Fall" und übernahm für sich die Sichtweise von Co-Abhängigkeit als Persönlichkeitsstörung. Für sie sowie für Frau U war es eine äußerst wichtige Erfahrung, im Rahmen von Angehörigengruppen feststellen zu können, daß sie nicht mit ihrem Schicksal alleine waren. In beiden Fällen bildeten Einzelgespräche und Gruppe eine wichtige Ergänzung.

12.3 „WENN FRAUEN ZU SEHR LIEBEN": DER ANSATZ VON ROBIN NORWOOD

Robin Norwoods Bestseller „Wenn Frauen zu sehr lieben" hat sich auch in der Bundesrepublik zu einem Verkaufsschlager entwickelt. Das Buch richtet sich an Frauen, die „zu viel lieben", „beziehungssüchtig" sind oder an der „heimlichen Sucht, gebraucht zu werden" leiden. Norwood betrachtet diese Probleme als frauenspezifisch und beschränkt sich auf die Beziehung zwischen Mann und Frau. Die Bedeutung ihres Buches für die Diskussion von Co-Abhängigkeit ergibt sich daraus, daß die Autorin die von ihr beschriebenen Merkmale bei Co-Alkoholikerinnen beobachtet hat und feststellt, diese seien auch für viele andere Frauen typisch. Die Reaktion auf ihr Buch zeigt zwar, daß sich tatsächlich viele Frauen angesprochen fühlen, eine genauere Analyse schränkt den Aussagewert von Norwoods Darstellung für die Situation der Angehörigen Suchtkranker jedoch wieder ein.
Zunächst ist Norwoods Darstellung widersprüchlich, wenn sie auf ihren Erklärungswert bezüglich der Entstehung von Co-Abhängigkeit untersucht wird. So definiert die Autorin den Begriff Co-Alkoholismus wie folgt (Norwood 1986, 69): „Das Wort Co-Alkolholiker[3] bezieht sich auf Menschen, deren Verhalten im Umgang mit anderen gestört ist, weil sie eine sehr enge Beziehung zu jemandem hatten, der alkoholkrank war. Ganz gleich, ob der Alkoholiker nun ein Elternteil, Ehepartner, Kind oder Freund gewesen ist — eine solche Beziehung bewirkt meistens, daß beim Co-Alkoholiker bestimmte Gefühle und Verhaltensweisen auftreten: ein niedriges Selbstwertgefühl, das Bedürfnis, gebraucht zu werden, ein starkes Verlangen danach, andere zu verändern und zu kontrollieren, und eine Bereitschaft zu leiden."

Nach dieser Definition kann sich Co-Alkoholismus in einer Beziehung mit einem Alkoholiker entwickeln – unabhängig davon, zu welcher Generationsebene die einzelnen Beteiligten gehören. Andererseits sieht Norwood die Ursachen für Co-Abhängigkeit jedoch grundsätzlich in gestörten Verhältnissen der Herkunftsfamilie. Die Eltern der von ihr beschriebenen Frauen erscheinen durchweg als pathologisch, unreif, grausam, aggressiv, nicht liebesfähig, wenn sie nicht selbst suchtkrank sind. Dagegen stellt die Autorin im Hinblick auf die Abhängigen fest, daß nur ein Teil von diesen aus dysfunktionalen Familien stamme.

Norwoods Beschreibung der Kommunikationsstrukturen in den Herkunftsfamilien der von ihr zitierten Frauen stimmt mit den anderen hier vorgestellten Erfahrungen überein: Die Familienmitglieder spielen starr festgelegte Rollen, ihre Kommunikation ist begrenzt auf Aussagen, die diesen Rollen entsprechen. Den einzelnen steht es nicht frei, ihre Erfahrungen, Wünsche, Bedürfnisse und Gefühle in vollem Umfang zu äußern. Häufig existieren Familiengeheimnisse. Deshalb entsteht schon früh Unsicherheit in den Gefühlen und Bedürfnissen.

Die so beschriebene Herkunftsfamilie wird als gegeben und statisch betrachtet. Norwood fragt weder danach, welche Entwicklung die Familie ihrerseits durchlaufen hat, bis sie derart rigide geworden ist, noch greift sie mögliche aktive, kreative und konstruktive Aspekte bei der Übernahme und Ausübung der jeweiligen Rollen auf. Dies führt schließlich zu einem Verständnis von Co-Abhängigen als Opfern, die nur leiden und nichts Positives erleben. Daß auch Frauen, die nicht aus einer gestörten Familie kommen, co-abhängiges Verhalten entwickeln können (zum Beispiel als bereits Erwachsene), wird von ihr nicht weiter berücksichtigt, obwohl ihre Definition von Co-Alkoholismus diese Möglichkeit grundsätzlich beinhaltet. Vielmehr ist die Partnerwahl von Co-Abhängigen nach Norwood bereits durch deren Pathologie bestimmt: Sie suchen sich emotional unzugängliche Partner in der Hoffnung, diese durch die eigene Liebe und Fürsorge ändern zu können. Unerklärt bleibt somit die Wahl eines Mannes, der sich erst später zum Alkoholiker entwickelt, und dessen Persönlichkeit sich im Zusammenhang mit der Sucht entsprechend verändert. Ähnliche Fragen wirft auch der Versuch auf, Norwoods Sichtweise auf die Eltern und Geschwister von Drogenabhängigen zu übertragen.

Die Entwicklung einer süchtigen Beziehung zu einer Droge sowie eine wechselseitige Entwicklung von Sucht und Co-Abhängigkeit haben in dieser Sichtweise keinen Platz. Für eine Familientherapeutin zeigt Norwood dabei einen erstaunlichen Mangel an systemischem Denken.

Sie negiert gerade den von der familientherapeutischen Betrachtungsweise errungenen Fortschritt – von einzelnen zum System – und wirft stattdessen wieder die alte Schuldfrage auf: Schuld haben die Eltern. Weiterhin propagiert sie offensichtlich eine Veränderung alleine der Frau – wobei dies nicht grundsätzlich kritisiert werden soll, sondern im Vergleich zur familientherapeutischen Arbeit anderer als sehr einseitig erscheint. Die Chance, gemeinsam an Veränderungen zu arbeiten, die wechselseitige Unterstützung süchtigen und co-abhängigen Verhaltens abzubauen *und* sich individuell weiterzuentwickeln, wird von ihr nur am Rande gestreift.

Obwohl der Aspekt der Abhängigkeit in den von Norwood beschriebenen Beziehungen offensichtlich ist, geht die Autorin zu undifferenziert mit den Begriffen Sucht und Krankheit um. Sie setzt die apersonale Beziehung zu einer Droge, die stimmungsverändernd wirkt und ein Suchtpotential in sich trägt, mit einer personalen Beziehung gleich, in der zwei Menschen agieren sowie aufeinander reagieren. Dies fällt gerade deshalb auf, weil Norwood sich explizit auf Alkoholismus und Co-Alkoholismus bezieht, dabei jedoch weder auf die Geschichte des Begriffes Co-Alkoholismus noch auf die aktuelle Diskussion in der amerikanischen Suchtkrankenhilfe eingeht. In direktem Vergleich mit Alkoholabhängigen sieht Norwood Co-Abhängige als Kranke – im Gegensatz zu Cermak, der sein Verständnis von Co-Abhängigkeit als Krankheit genau definiert, erläutert Norwood ihren Krankheitsbegriff jedoch nicht.

Bisher ist noch nicht geklärt, warum eine dysfunktionale Herkunftsfamilie zu Co-Abhängigkeit gerade der Frauen führen soll. Norwood räumt zwar ein, daß auch Männer die gleichen Schäden erfahren können wie Frauen und sich mit derselben Besessenheit in Beziehungen stürzen können, betont jedoch, Männer seien im allgemeinen nur selten derart abhängig von Beziehungen. Sie schützten sich mehr vor ihrem Schmerz, „indem sie Ziele anstreben, die eher außen als innen liegen, die mehr unpersönlicher als persönlicher Art sind. Diese Männer neigen eher zu einer Fixierung auf Arbeit, Sport oder ein Hobby" (a. a. O., 12). Warum dies so sein sollte, erklärt Norwood lapidar mit einer „Wechselwirkung zwischen kulturellen und biologischen Faktoren" (a. a. O., 12). Andererseits betont sie, daß betroffene Frauen mit Therapeutinnen oder Beraterinnen arbeiten sollten, denn „wir wissen, was es heißt, eine Frau in dieser Gesellschaft zu sein" (a. a. O., 268) – und in diesem Zusammenhang wird veständlich, warum sie einen so weiten Kreis von Frauen angesprochen hat: Ihr Ansatz ist nicht suchtspezifisch, ihr Ansatz betrifft sozialisationsbedingte Probleme von Frauen in der westlichen Kultur.

Da eine Diskussion dieses Aspektes den Rahmen der vorliegenden Problemstellung überschreiten würde, soll er hier nur kurz skizziert werden: Die geschlechtsspezifische Sozialisation macht Frauen anfällig für eine Entwicklung, die im Zusammenhang mit einer Beziehung zu einem suchtkranken Menschen als co-abhängig bezeichnet wird. So sind wesentliche Charakteristika von Co-Abhängigkeit bereits im Geschlechterrollenstereotyp für Frauen angelegt: Frauen werden von vornherein als abhängig vom Urteil anderer betrachtet, als passiv, als verantwortlich dafür, daß Gefühle und Befindlichkeit anderer berücksichtigt werden – und dementsprechend werden sie auch erzogen (siehe zum Beispiel Greenglass 1986; Biermann-Ratjen 1988). Es ist sicher Norwoods Verdienst, auf die Tatsache aufmerksam gemacht zu haben, daß diese Form von Co-Abhängigkeit (welche der Enabler-Rolle und jener der Heldin entspricht) überwiegend bei Frauen auftritt – die anderen hier vorgestellten Ansätze berücksichtigen dies nicht. Eine konsequente Weiterführung des geschlechtsspezifischen Ansatzes würde jedoch nicht die Frauen pathologisieren, sondern das Krankmachende an überholten gesellschaftlichen Normen für Frauen und Männer aufzeigen, die ja ebenfalls eine starre Rollenzuschreibung und Einschränkung der Ausdrucks- und Kommunikationsmöglichkeiten bedeuten.

Das Programm, das Norwood zur Genesung empfiehlt, ist im wesentlichen am Zwölf-Schritte-Programm orientiert. Norwood verlangt auch explizit die Teilnahme an einer Al-Anon-Gruppe, wenn sie mit einer Co-Alkoholikerin arbeitet. In der praktischen Arbeit mit Angehörigen von Suchtkranken kann das Buch von Norwood zunächst zur Entlastung der Betroffenen dienen, da sich diese häufig in den dargestellten Fällen wiederfinden. Sie brauchen sich somit nicht mehr als Einzelfall oder besonders verrückt zu empfinden. Darüber hinaus ist jedoch eine differenzierende Betrachtung notwendig, die die individuelle Situation der Betroffenen berücksichtigt.

12.4 Co-Abhängigkeit und Gesellschaft: Der Ansatz von Anne Wilson-Schaef

Anne Wilson-Schaef ist eine amerikanische Psychotherapeutin, klinische Psychologin und Mitbegründerin des Women's Institute of Alternative Psychotherapy. Ihr Buch „Co-Abhängigkeit – nicht erkannt und falsch behandelt" erschien auch in der Bundesrepublik und kam insbesondere in Zusammenhang mit dem Institut für Familientherapie in Weinheim auf den Markt und in die Diskussion[4].

Nach Wilson-Schaef ist Co-Abhängigkeit nicht auf Entwicklungen im Zusammenhang mit der Beziehung zu einem suchtkranken Menschen begrenzt, sondern ein umfassendes gesellschaftliches Phänomen der nordamerikanischen Kultur, das auf die westliche Welt übertragen werden kann. Die Autorin begreift Co-Abhängigkeit explizit als eigenständige Krankheit, die zwar in vielerlei Formen auftritt, aber eine eigene Symptomatik aufweist, einen vorhersehbaren Verlauf nimmt und schließlich zum Tode führt. Co-Abhängigkeit ist einerseits persönliche, individuelle Krankheit, andererseits geht sie aus einem Kranheitsprozeß hervor, der eng mit dem Gesellschaftssystem verbunden ist, und den die Autorin Suchtprozeß nennt. Wilson-Schaef erhebt den Anspruch, mit diesem Suchtprozeß das Gesamtbild einer „systemischen Primärerkrankung" erkannt zu haben: Dieser Prozeß liege der Sucht sowie der Co-Abhängigkeit zugrunde, wobei jene sowohl eigenständige Krankheiten darstellen als auch gleichzeitig Teile des generischen Krankheitsprozesses sind. Ähnlich wie eine Art Todestrieb verneint dieser Suchtprozeß das Leben und führt unausweichlich zum Tod. Seine Manifestationen sind Drogenabhängigkeit, Co-Abhängigkeit, Eßstörungen, charakterologische Störungen, Beziehungsstörungen, Sexismus, Rassismus, Menschenverachtung und ähnliches mehr. Weiterhin geht Wilson-Schaef davon aus, „daß wir es hier mit einer Grundkrankheit zu tun haben, die in vielen Ausprägungen vorkommt. Sie ist von unserer heutigen Kultur nicht zu trennen. Es gibt wenig Menschen − wenn es überhaupt welche gibt, die frei von dieser Krankheit sind" (Wilson-Schaef 1986, 51).

Der Suchtprozeß selbst wird von Wilson-Schaef nicht dargestellt. Die Autorin führt jedoch eine Liste von Merkmalen auf, in denen er in der Co-Abhängigkeit erscheint. Sie reichen von der Abhängigkeit von der Bestätigung durch andere und mangelndem Kontakt zu den eigenen Gefühlen über Kontrollverhalten, Überfürsorglichkeit und Perfektionismus bis hin zu psychosomatischen Erkrankungen, süchtigen Beziehungen und dem Verlust der inneren Moral bzw. Spiritualität. Die Liste ist „so umfassend, daß *jede* Abweichung vom Ideal der ‚fully functioning person' als Indiz für Co-Abhängigkeit gewertet werden kann" (von Schlippe 1987, 48)[5].

Weiterhin weist sie darauf hin, daß Familie, Schule und Kirche die Institutionen sind, in denen die krankmachenden Strukturen dieser Gesellschaft zum Ausdruck kommen und verfestigt werden. Die, als Konsequenz naheliegende, Forderung, einen auf die persönliche Krankheit bezogenen therapeutischen Ansatz mit gesellschaftsbezogenem Handeln zu ergänzen, wird von Wilson-Schaef jedoch nicht erhoben. Zur Genesung von der gesellschaftlich bedingten Erkrankung hält die Autorin einen „Systemwechsel" für erforderlich, der durch das Zwölf-Schritte-Programm in Kombination mit einer von Wilson-Schaef entwickelten „Prozeßtherapie" geschehen soll. Unklar bleibt dabei, ob hier der Systemwechsel gemeint ist, der von Bateson (siehe Kapitel 8) beschrieben wird, oder ob dieser im Rahmen von Wilson-Schaefs Therapieansatz stattfinden soll, welchen sie in diesem Buch jedoch nicht weiter vorstellt.

Die Darstellung der Autorin ist in vielerlei Hinsicht widersprüchlich, nicht nur in Bezug auf ihren Krankheitsbegriff, der einerseits am medizinischen Vorstellungsmodell orientiert ist, andererseits ein gesellschaftlich-systemimmanentes Phänomen beschreiben soll. Auch sind ihre Literaturrecherchen wenig präzise und, ebenso wie die Auseinandersetzung mit den dort vertretenen Konzepten, oberflächlich.

Im Hinblick auf die Frage nach Entwicklungen in Familien mit einem suchtkranken Mitglied erscheinen die Beiträge von Wilson-Schaef schließlich recht verwirrend: Einerseits weist die Autorin darauf hin, daß Drogenabhängigkeit einer Person gewissermaßen als Auslöser für die bereits latent vorhandene Co-Abhängigkeit anderer dienen sowie die Struktur einer Familie einschneidend verändern könne. Traditionelle Familientherapie könne weder Drogen- noch Co-Abhängigkeit wirksam behandeln, solange sie nicht die Suchtstrukturen berücksichtige (Wilson-Schaef 1986, 49 ff). Andererseits interpretiert sie das Phänomen des „dry drunk" als Beweis dafür, daß bereits *vor* Ausbruch des Alkoholismus die Primärerkrankung des Suchtprozesses vorgelegen habe (a.a.O., 37). Die von der Familientherapie als „dysfunktional" bezeichneten Familien seien im wesentlichen genau das, was sie selbst als „Familien mit Suchtstruktur" bezeichne (a.a.O., 51).

Zu fragen bleibt, warum Familien mit einem drogenabhängigen Mitglied eine andere Behandlung benötigen als andere Familien: Wenn es nicht die Drogenabhängigkeit ist, die zu einer besonderen Veränderung der Persönlichkeit führt (was in Wilson-Schaefs Interpretation des „dry drunk" impliziert ist), gibt es auch keinen Grund, zwischen den Familien von Drogenabhängigen und anderen zu unterscheiden – der Suchtprozeß betrifft, folgt man den Ausführungen der Autorin, schließlich alle.

Trotz dieser Widersprüchlichkeiten enthält der Ansatz von Wilson-Schaef zwei wichtige Aspekte: Zunächst weist sie darauf hin, daß Verhalten, welches im Bereich der Suchtkrankenhilfe als süchtig und/oder co-abhängig bezeichnet wird, auch in vielen anderen Bereichen der Gesundheitsversorgung beobachtet wurde – allerdings wurde es im Rahmen der jeweiligen Arbeitsschwerpunkte nicht mit Sucht assoziiert. Dies entspricht den Hinweisen, daß die zunächst als typisch für Familien von Drogenabhängigen beschriebenen Merkmale auch in anderen belasteten Familien vorkommen, und daß die von Wegscheider sowie Cleveland beobachteten Rollen in Familien von Suchtkranken sich nur hinsichtlich ihres Ausprägungsgrades von denen in anderen Familien auszeichneten.

Es gibt also offensichtlich Gemeinsamkeiten in Familien, die, aufgrund von inneren und äußeren Faktoren, Belastungen erfahren haben und in alten Mustern verharren, anstatt sich weiterzuentwickeln. Dies läßt jedoch nicht den Schluß zu, daß alle diese Familien sowie die ganze Gesellschaft an einer – und zwar ein- und derselben – Krankheit leiden. Unklar bleibt weiterhin, weshalb die Autorin als grundlegende Krankheit einen „Suchtprozeß" postuliert. Verständlich würde dies, wenn Sucht hier im ursprünglichen Sinne von „siech" verwandt würde, denn die von Wilson-Schaef angeführten Merkmale können allgemein als „lebensfeindlich", „entwicklungsfeindlich" oder schlicht als „Kränkungsprozeß" genannt werden. In der Bundesrepublik ist der Begriff einer in diesem Sinne süchtigen Gesellschaft zumindest in Kreisen der Suchtkrankenhilfe nicht unüblich. Ein derart differenzierter Umgang mit Sprache ist bei Wilson-Schaef jedoch nicht zu finden: Sie etikettiert den von ihr postulierten Krankheitsprozeß als Suchtprozeß („I call this disease process the addictive process" – amerikanische Originalausgabe 1986, 21) und versteht dabei unter Sucht schlicht „alles, worüber wir unserem Empfinden nach lügen müssen" („an addiction is anything we feel we have to lie about" – a.a.O., 21). Nach übereinstimmenden Aussagen vieler Betroffener – süchtig oder co-abhängig – gehen Sucht oder Co-Abhängigkeit und Lüge zwar „Hand in Hand", jedoch ist der Umkehrschluß „Lügen ist Sucht" nicht angemessen. Ebensowenig kann Lügen mit Krankheit gleichgesetzt werden, insbesondere dann, wenn die Gesellschaft als krank betrachtet wird – in einer kranken Gesellschaft kann es Situationen geben, in welchen Lügen geradezu als Überlebenstechnik notwendig ist und damit einen gesunden Anteil darstellt.

Der zweite wichtige Aspekt an Wilson-Schaefs Ansatz besteht schließlich in einer Herausforderung der professionellen Suchtkrankenhilfe: Die Autorin wirft konsequent die Frage nach Sucht und Co-Abhängigkeit in der Helferszene auf. Sie weist darauf hin, daß Angehörige helfender Berufe häufig „chronisch Co-Abhängige" sind, und daß Personen, die mit Alkoholsüchtigen arbeiten, in Gefahr sind, von ihren Klientinnen und Klienten abhängig zu werden. „Wir haben aber noch lange nicht erkannt, was das für die Behandlung von Co-Abhängigen bedeutet. Wir dürfen uns keine Illusionen darüber machen, wie oft wir, die wir die Co-Abhängigkeit behandeln, selber von ihr infiziert sind" (Wilson-Schaef, deutsche Ausgabe 1986, 105). Als „Krankheitssymptome in der Behandlung" führt sie an: Die Außenorientierung, d. h. eine Behandlung, die sich nur auf den Suchtkranken und dessen Bedürfnisse konzentriert; das Vergleichen, zu dem dann auch der Wunsch gehört, besser sein zu wollen als andere. Weitere Symptome sind das Kontrollieren und das Bedürfnis, auf alles eine Antwort haben zu müssen: Versuchen Therapeut und Therapeutin zu kontrollieren, so sind sie selbst nicht mehr unabhängig und es ist typisch co-abhängig zu meinen, die eigene Lebensaufgabe bestehe darin, Antworten und Erklärungen für die anderen zu finden.

Anmerkungen

[1] Diese Regel führt Subby erst 1987 in seinem Buch „Lost in the Shuffle — the Co-dependent Reality" an.

[2] Da die Fallbeispiele aus der Zeit stammen, in der mir die Publikation von 1987 noch nicht vorlag, beziehen sie sich auf die früher zusammengestellten Regeln 1 bis 8.

[3] Hier scheint bei der Redaktion eine Unaufmerksamkeit vorzuliegen: Obwohl sich Norwoods Buch an Frauen richtet, ist in der deutschen Übersetzung tatsächlich das Wort „Co-Alkoholiker" zu lesen.

[4] Siehe hierzu die Buchbesprechung von v. Schlippe (1987).

[5] Es drängt sich die Frage auf, ob die Autorin nicht selbst dem perfektionistischen Anspruch erliegt, den sie als Symptom von Co-Abhängigkeit aufführt.

13 Resümee und Entwicklung eines Konzepts der Co-Abhängigkeit im engeren Sinne für die Arbeit mit den Angehörigen von Suchtkranken

Verhaltensweisen und Charakteristika, die in der bisherigen Darstellung co-abhängig genannt wurden, können dies im wörtlichen Sinne nur dann sein, wenn sie tatsächlich in der Interaktion mit einer suchtkranken Person auftreten oder entwickelt wurden: Nicht umsonst stammt der Begriff ursprünglich aus dem Bereich der Suchtkrankenhilfe bzw. -selbsthilfe.

So wurde Co-Abhängigkeit zunächst als zwanghafte Reaktion auf die dauernde Anspannung betrachtet, die das Leben mit einem drogenabhängigen Familienmitglied mit sich bringt. „Diagnostiziert" wurde sie, wenn emotionale Taubheit oder emotionaler Schmerz vorlagen, wenn die Betroffenen in ihrer familiären Rolle extrem rigide und „festgefahren" waren, und wenn die Beziehung zu einem suchtkranken Menschen einen wichtigen Platz in ihrem Leben einnahm.

In den letzten Jahren wurden auch zwanghaftes Spielen, zwanghafte sexuelle Aktivität sowie Eßstörungen (insbesondere Anorexie und Bulimie) zunehmend als Sucht begriffen. Es zeigte sich, daß die Familien von derart Süchtigen die gleichen Verhaltensmuster und familiäre Rollenverteilung entwickelt hatte, die auch in Familien von Alkohol- oder anderen Drogenabhängigen beobachtet worden waren. Daher wurde das Konzept der Co-Abhängigkeit über den Bereich der traditionellen Suchtkrankenhilfe hinaus ausgedehnt, und inzwischen wird in der amerikanischen Literatur auch dann von Co-Abhängigkeit gesprochen, wenn eine zwanghafte und schmerzhafte Reaktion auf irgendein Familiengeheimnis vorliegt: Hierzu gehören nicht nur Drogen- und andere Sucht, sondern zum Beispiel auch Inzest, körperliche und insbesondere sexuelle Gewalttätigkeit und andere Belastungen, die in unterschiedlichem Ausmaß zu sozialer Stigmatisierung führen – wie chronische körperliche und/oder seelische Krankheiten, Behinderung, Tod und Trennung sowie auch bereits bestehende Co-Abhängigkeit selbst. Umgekehrt kann das Aufrechterhalten eines rigiden familiären Dogmas seinerseits der Co-Abhängigkeit zugrundeliegen. Der Name „Co-Abhängigkeit" ist diesem generellen Phänomen von streßbedingten Entwicklungen zwar nicht mehr angemessen, jedoch hat er sich zur Zeit als Schlagwort und Oberbegriff in der Diskussion etabliert, vielleicht auch aus Mangel an Alternativen.

Co-Abhängigkeit wird in der Literatur oft und in unterschiedlich differenzierter Weise als Krankheit bezeichnet. Die Kombination aus holistischem Menschenbild und amerikanischem Pragmatismus macht es möglich, Co-Abhängigkeit als Krankheit – durchaus in medizinischem Sinne – zu begreifen, die sich auf alle Potentiale der betroffenen Personen schädigend auswirkt und daher mit einem entsprechend umfassenden – keineswegs rein medizinischen – und vielseitigen therapeutischen Angebot zu behandeln ist. Zur Behandlung gehört dabei im allgemeinen die Teilnahme an Selbsthilfegruppen, die nach dem Zwölf-Schritte-Programm arbeiten. Weiterhin gibt es verschiedene stationäre und ambulante Angebote, zu denen neben Beratung und Therapie von Einzelnen und Familien auch Gruppen gehören. Im Bereich der Suchtkrankenhilfe werden derartige Programme zum Teil auch über die Krankenversicherung finanziert.

Es gibt jedoch auch Autoren, die im Gegensatz zum vorherrschenden Trend insbesondere die Existenz einer eigenständigen Krankheit Co-Abhängigkeit anzweifeln. Kellerman (vgl. Nelson 1986) – Wegbereiter für die Sichtweise von „Spieler und Mitspielenden" – betrachtet das Verhalten der Betroffenen als eine natürliche Reaktion auf das Verhalten des suchtkranken Familienmitglieds. Er schlägt vor, mehr die grundlegenden familiären Interaktionen zu betrachten und weniger Betonung auf Pathologisches zu legen. Auch Gierymski und Williams betrachten die „sogenannten Symptome von Co-Abhängigkeit" als normale Anpassungsprozesse auf chronischen Streß und fordern, jede Familie in ihrer speziellen Situation zu berücksichtigen (Gierymski/Williams 1986).

Andererseits machen jedoch die Arbeiten von Wegscheider und Cermak deutlich, daß es nicht immer ausreicht, nur die familiäre Interaktion zu betrachten, sondern daß auch die individuelle Entwicklung durch das Zusammenleben mit einem Suchtkranken schwerwiegend beeinträchtigt werden kann. Daher erscheint es mir sinnvoll, bei der Betrachtung der Entwicklungen in den betroffenen Familien sowohl die generellen – allgemein streßbezogenen – als auch die suchtspezifischen Anteile zu berücksichtigen.

So erleben die Angehörigen von Suchtkranken durchaus Belastungen, die zu einem Teil mit denen von Familien mit einem behinderten oder chronisch kranken Mitglied verglichen werden können. In Kapitel 2 wurden zum Beispiel einige Gemeinsamkeiten von Familien mit einem suchtkranken, behinderten oder depressiven Mitglied angesprochen. Wegscheider-Cruse und auch Subby führen ähnliche Gemeinsamkeiten als typisch für Familien an, in denen Co-Abhängigkeit gefördert wird. Schließlich weisen Wegscheider wie Cleveland darauf hin, daß die von ihnen in Familien von Suchtkranken beobachteten Rollen sich nicht wesentlich von denen in anderen Familien unterscheiden, sondern nur durch ihre extreme Ausprägung und Rigidität, ihre Zwanghaftigkeit und Realitätsverkennung. Sucht ist durch Extreme gekennzeichnet – daher liegt die Annahme nahe, daß Co-Abhängigkeit (deren Merkmale ja auch in anderweitig belasteten Familien beobachtet wurden) in Begleitung von Sucht ebenfalls besonders extrem ausgeprägt wird.

Diese Sichtweise macht es möglich, Co-Abhängigkeit gleichzeitig als generelles Phänomen zu betrachten, dessen Entwicklung durch die familiäre Belastung der Betroffenen erklärt werden kann, sowie als Phänomen, das Angehörige von Suchtkranken in besonderer Weise betrifft, da die Sucht sich in spezifischer Weise auswirkt.

Die Abhängigkeit von psychoaktiven Substanzen unterscheidet sich in einem wesentlichen Aspekt von anderen Problemen: Die abhängige Person steht nicht nur in Interaktion mit anderen, sondern sie entwickelt auch eine Beziehung zur Droge, deren Konsum Veränderungen ihres Erlebens und Verhaltens bewirkt. Die Probleme, die eine Person im Verlauf der Entwicklung zur Drogenabhängigkeit mit sich bringt, unterscheiden sich daher von anderen Belastungen (zum Beispiel durch ein behindertes oder psychosomatisch krankes Familienmitglied) durch ein Zusammenspiel spezifischer Faktoren.

Hierzu gehören die Beziehung einer süchtigen Person zur Droge, deren Konsum unter anderem zu jähen Stimmungsumschwüngen führt sowie zu Gedächtnislücken, Blackouts etc.; die langfristige Persönlichkeitsveränderung eines Suchtkranken, die durch Verstärkung von Abwehrmechanismen und zunehmenden Realitätsverlust gekennzeichnet ist; das zunehmend unverantwortliche Verhalten des Süchtigen in Bereichen, in denen er früher durchaus verantwortlich gehandelt haben kann; schließlich der kaum wahrnehmbare „Einstieg" und die ebenso schwer zu unterscheidenden zahlreichen kleinen Schritte in der weiteren Progression der Sucht: Während dieser Zeit wird die Sucht als Krankheit lange nicht erkannt, der Eindruck, zu dem die Angehörigen im Verlauf dieser Entwicklung schließlich einmal gelangen – daß der Süchtige sich ja offensichtlich aus eigenem Entschluß selbst die Substanz zuführt, die ihn – und mit ihm die Angehörigen – doch ebenso offensichtlich zunehmend in Schwierigkeiten bringt und schädigt.

Die Angehörigen erleben somit vieles, das für sie unerklärlich ist, sie verwirrt, verletzt, ihnen Angst macht. Dies führt bei allen Familienmitgliedern zu jeweils individuellen emotionalen Krisenbewältigungs- bzw. Anpassungsversuchen, wie sie von Wegscheider detailliert beschrieben worden sind. Das Ergebnis dieser Veränderungsprozesse ist ein familiäres Gleichgewicht, das durch Verkennung und Leugnung der Realität erkauft ist und die strikte Einhaltung der klassischen Regeln erfordert, die ein derart belastetes Familiensystem auch weiterhin aufrechterhalten: So wird zum Beispiel nicht über Gefühle gesprochen, die Familienmitglieder dürfen niemals die Kontrolle verlieren und vor allem nicht außerhalb der Familie Hilfe suchen. Das Leben wird mit der Zeit immer freudloser. Insbesondere für Familienmitglieder in „hilfreichen" Rollen (Enabler-Rolle, Held, Heldin) wird die persönliche Sinnfindung und Bedeutung des Lebens zunehmend davon abhängig, daß sie nur für und durch andere da sind und Anerkennung bis hin zum Gefühl der Daseinsberechtigung nur durch andere erfahren können. Aus dieser Abhängigkeit von anderen entspringt schließlich Ärger und Zorn, die wiederum unterdrückt werden müssen und Schuldgefühle hervorrufen. Die Situation der Betroffenen führt schließlich auch zu Selbstzweifeln und Verwirrung, – bis hin zum charakteristischen Gefühl, verrückt zu werden –, weil die Sucht vom Abhängigen selbst geleugnet wird.

Die Belastung wird irgendwann so groß, daß die Familie ihr nicht mehr gewachsen und eine Entwicklung alternativen Verhaltens nicht mehr möglich ist. Eventuell waren potentielle Alternativen bereits vorher schon durch familiäre Regeln beschränkt, die eine Entwicklung verhindern – insbesondere dann, wenn der Drogenkonsum bereits eine Reaktion auf Streß war. Auf jeden Fall werden solche Regeln spätestens jetzt etabliert. Dabei greifen die einzelnen sowie die Familie insgesamt auf Problembewältigungsmechanismen zurück, die sich in früheren Situationen durchaus bewährt haben, der aktuellen Situation jedoch nicht mehr angemessen sind. Da die Betroffenen hierdurch jedoch eine teilweise Entlastung erfahren, klammern sie sich immer mehr an diese Mechanismen, obwohl sie gleichzeitig mit zusätzlicher emotionaler Belastung bezahlen, bis sie schließlich fest darin verharren und emotional erstarrt sind: Jede Veränderung stellt nun eine Bedrohung des mühsam erkauften Gleichgewichts dar.

Für meine praktische Arbeit hat es sich insbesondere bewährt, die Regeln aufzuspüren, die in der betroffenen Familie dazu dienen, „alles im Lot" zu halten. Die von Subby aufgeführten Familienregeln, die zum Teil direkt, zum Teil indirekt in den Arbeiten von

Wegscheider und Norwoods und Wilson-Schaefs angesprochen werden, können als klassische Beispiele betrachtet werden. Auch die Fallbeispiele in Kapitel 12 verdeutlichen, wie solche Regeln erkannt und in ihrer Bedeutung für die persönliche Entwicklung und das aktuelle Verhalten entdeckt werden können. Diese Familienregeln, die in vielen Fällen in der Kindheit internalisiert wurden, können Jahre später im Zusammenleben mit einem drogenkonsumierenden Menschen zur Entwicklung von co-abhängigem Verhalten beitragen. Die Betrachtung der Familie als System, das mit Hilfe seiner Regeln ein Gleichgewicht herstellt, ist besonders für Betroffene hilfreich, die nicht in einer belasteten Familie aufgewachsen sind, und doch später in ihrem Leben Co-Abhängigkeit entwickelt haben. Typische Beispiele für Betroffene, die in einer Krisen- oder Streßsituation im wahrsten Sinne des Wortes „nicht mehr weiterkamen", sind die Mütter amerikanischer Drogenabhängiger, die selbst zur Einwanderergeneration gehören (siehe Kapitel 2), die Eltern, die nach dem Verlust eines Kindes die anderen Kinder nicht aus den Augen lassen und sie möglichst vor allen Unbilden des Lebens bewahren wollen, die Frauen von Alkoholikern, die nach dem Umzug in eine fremde Stadt oder der Aufgabe ihrer Berufstätigkeit anfangen „zu klammern", oder selbst zu trinken. Nach Wegscheider stellt schließlich das Zusammenleben mit einem Suchtkranken bereits genug Streß dar, um eine Entwicklung zur Co-Abhängigkeit auszulösen. Gerade ihre Darstellung macht deutlich, daß nicht in jedem Fall bereits von vornherein eine „Beziehungs-", „Liebes-" oder ähnliche Sucht bestanden haben muß: So kann dieser Entwicklungsprozeß mit zunächst ganz normalem Hilfeverhalten beginnen, welches in einem anderen Zusammenhang nicht als co-abhängig, sondern als sozial wertvoll betrachtet werden kann.

Die betroffenen Familien unterliegen ihrerseits gesellschaftlichen Erwartungen, die co-abhängiges Verhalten oft begünstigen. Am deutlichsten zeigt sich dies vielleicht für Eltern von Drogenabhängigen, die oft auf Unverständnis in der weiteren Familie oder Gesellschaft stoßen, wenn sie versuchen „loszulassen". Hier gibt es auch Verwicklungen juristischer bzw. finanzieller Art – zum Beispiel dann, wenn Eltern zu Unterhaltszahlungen herangezogen werden. Meines Wissens hat sich außer den Betroffenen selbst noch niemand damit befaßt, was der Konflikt zwischen Rollenerwartung an Eltern – die einem kranken Kind natürlich helfen sollen –, und deren Bemühungen, sich aus ihrer co-abhängigen Verstrickung mit diesem Kind zu lösen, für die Angehörigen bedeutet.

Oft werden Abgrenzungs- und Lösungsversuche Betroffener von der Umwelt als herzlos, kalt und egoistisch bewertet. In der Praxis stellt sich tatsächlich immer wieder die Frage: Wie sollen Co-Abhängige es durchhalten, sich gegen derartige Reaktionen zu behaupten – schließlich sind gerade Außenorientierung und mangelnder Selbstwert typisch für ihre Betroffenheit. Ein bezeichnendes Beispiel für die zusätzliche moralische Erwartung und Belastung von außen ist die Situation der Frau eines Alkoholikers, die sich scheiden lassen möchte, und als Reaktion zu hören bekommt „Von einem kranken Mann kannst Du Dich doch nicht scheiden lassen, dann hat er doch erst recht Grund zum Trinken, dann verkommt er doch völlig". Insbesondere die Frauen sind von derartigen Einstellungen betroffen, da die gesellschaftliche Rollenerwartung sie noch immer für das Wohlergehen anderer verantwortlich macht – einem Mann hingegen wird mehr Verständnis entgegengebracht, wenn er sich von seiner suchtkranken Frau trennt. Ist ein Kind suchtkrank, sieht sich überwiegend die Mutter mit Schuldvorwürfen konfrontiert.

Wer auch immer auf die zunehmende Verantwortungslosigkeit des Suchtkranken mit Übernahme von zusätzlicher Verantwortung reagiert – Co-Abhängige sitzen tatsächlich in der Falle. Zur emotionalen Belastung und Verwirrung kommt die wachsende Anstrengung, „alles in den Griff" zu bekommen, die bis zur körperlichen und seelischen Erschöpfung und psychosomatischen Erkrankung führen kann. Gleichzeitig erleben die Betroffenen, daß es ihnen trotz aller Anstrengung und Aufbietung von Willenskraft nicht gelingt, die Sucht ihres Angehörigen unter Kontrolle zu bekommen – dies ist mit einem tiefen Gefühl der Ohnmacht und Wertlosigkeit verbunden. Zur Abwehr dieser schmerzlichen Gefühle entwickeln sie weiter zwanghaftes Verhalten – typisch sind Eßstörungen und „workaholism" – oder greifen schließlich selbst zu stimmungsverändernden Substanzen. Ebenso wie der Konsum von Drogen kann auch co-abhängiges Verhalten eine eigene Dynamik entwickeln, die bis zu einer süchtigen Ausprägung eskalieren kann.

Dies bedeutet jedoch keineswegs, daß Co-Abhängigkeit in jedem Fall mit Krankheit gleichgesetzt werden kann. Ebenso wie der Konsum von stimmungsverändernden Substanzen zunächst ein im Grunde übliches menschliches Verhalten darstellt – von „Abschalten" und Entspannung über Betäubung von Schmerz bis zur Suche nach Rausch und Ekstase – so kann auch co-abhängiges Verhalten in der Interaktion mit einer hilfsbedürftig erscheinenden Person zunächst als normale menschliche oder mitmenschliche Reaktion betrachtet werden. Dies schließt nicht aus, daß eine zwanghafte und süchtige Ausprägung geeigneter Hilfe bedarf.

Unabhängig davon, zu welchem Zeitpunkt ihres Lebens und in welchem Ausmaß die Betroffenen Co-Abhängigkeit entwickeln, hat es sich in meiner Praxis grundsätzlich als nützlich erwiesen, wenn sie ihr Verhalten in den Zusammenhang mit der Sucht des anderen Familienmitgliedes stellen können – als Mit-Betroffenheit, als Kränkung, als Mit-Erkrankung. Dies scheint mir wichtiger als die pauschale Etikettierung von Sucht und Co-Abhängigkeit als Krankheit der gesamten westlichen Welt, wie Wilson-Schaef sie vornimmt, da damit die spezifischen Probleme der Angehörigen von Suchtkranken wieder nicht berücksichtigt werden.

Erst wenn die Betroffenen sich angenommen und sicher fühlen können, ist es auch sinnvoll, auf ihren eigenen Beitrag zum gemeinsamen Spiel hinzuweisen: Die Anerkennung der persönlichen Kränkung (anstelle der oft erwarteten und auch erlebten Schuldzuschreibung) vermittelt auch die Achtung und Wertschätzung der Person der Betroffenen, die – über den grundsätzlichen Anspruch hinaus – deshalb so notwendig ist, weil Co-Abhängige sich selbst gegenüber kaum noch Achtung und Wertschätzung empfinden.

In diesem Zusammenhang halte ich einen weiteren Aspekt an Wegscheiders Ansatz für äußerst wichtig – ihre Betonung der positiven Anteile *aller* Rollen, die die Betroffenen übernehmen. So entwickeln zum Beispiel die Kinder – die einzigen Betroffenen, die für eine bestimmte Zeit ihres Lebens aufgrund ihrer Abhängigkeit von der Familie als „Opfer" betrachtet werden können – im Chaos der Familie mit einem Suchtkranken primär *Überlebensstrategien*. Hierzu gehört auch die Ausprägung individueller Stärken, die positive und konstruktive Aspekte haben, wenn sie nicht (mehr) als Zwang erlebt werden, sondern in freier Entscheidung genutzt werden können. In der therapeutischen Arbeit ist gleichzeitig zu beachten, daß die jeweiligen Charakteristika zur lebensnotwendigen Ausstattung und Identität der Betroffenen gehören und „Lebenlernen" statt „Überleben" hier oft mit dem Gefühl existenzieller Bedrohung einhergeht.

Schließlich dürfte es sehr interessant sein zu untersuchen, ob es spezifische Wechselwirkungen zwischen den Äußerungsformen von Störungen und der Entwicklung von co-abhängigem Verhalten gibt. So legen einige Beobachtungen an Familie von schizophrenen Patienten die Vermutung nahe, daß die Einstellung bestimmter Angehöriger von Schizophrenen der Co-Abhängigkeit von Angehörigen Suchtkranker recht nahe kommt. Auch die Familie eines Drogenabhängigen erlebt einen Menschen, der auf unerklärliche Weise zwei Persönlichkeiten in sich zu tragen scheint – das „Dr. Jekyll and Mr. Hyde-Syndrom". Die in der Suchtkrankenhilfe beobachtete Enabler-Rolle scheint Parallelen bei emotional übermäßig engagierten Angehörigen

Schizophrener zu finden. So beschreiben Berkowitz u. a. (1984) sowie Köttgen u. a. (1984) Betroffene, deren Einstellung zum erkrankten Familienmitglied durch starkes emotionales Engagement gekennzeichnet ist. Diese Angehörigen glauben, der Kranke könne seine Symptome mit Willenskraft selbst kontrollieren. Entsprechend fühlen sie sich durch den vermeintlich bösen Willen des Schizophrenen gekränkt. Ähnlich sind auch hier die Bemühungen, den Kranken „zur Vernunft zu bringen" − vergleichbar schließlich der „Offenbarungseid", wie Dörner die Kapitulation dieser Betroffenen nennt (siehe Kapitel 8).

Bei der Arbeit mit Angehörigen oder anderen Bezugspersonen von Suchtkranken beziehe ich mich auf Co-Abhängigkeit im engeren bzw. ursprünglichen Sinne als Erklärungsmodell für das, was die Betroffenen im Zusammenleben mit dem Abhängigen erlebt haben oder noch erleben. Ich greife dabei die hier vorgestellte entwicklungs- und systemorientierte Sichtweise einer wechselseitigen Bedingtheit von Sucht und Co-Abhängigkeit nach Wegscheider (1981) auf, ohne jedoch Co-Abhängigkeit grundsätzlich als Krankheit zu betrachten. Obwohl Angehörige von Suchtkranken auch Rollen übernehmen können, die die Sucht in einer indirekten und weniger aktiven Weise unterstützen, werden in der dargestellten Literatur sowie in der Praxis unter „Co-Abhängigen" überwiegend Personen verstanden, die in der Enabler-Rolle oder als Held bzw. Heldin „hilfreich" aktiv sind. Dies sind im allgemeinen auch die Betroffenen, die eine Beratungsstelle aufsuchen. − In diesem Rahmen definiere ich Co-Abhängigkeit wie folgt: „Co-Abhängigkeit ist ein Problem- und Lebensbewältigungsmuster, das in der Interaktion mit einer suchtkranken Person entwickelt oder verstärkt wird. Die Entwicklung co-abhängigen Verhaltens ist gekennzeichnet durch zunehmende Einschränkungen in der Wahrnehmung von Verhaltensalternativen bis hin zum Gefühl existenzieller Bedrohung durch jegliche Veränderung. Sie geht mit den gleichen Begleiterscheinungen einher wie eine Entwicklung zur Drogenabhängigkeit: Verlust von Selbstwert, Unterdrückung von Gefühlen, Verstärkung von Abwehrmechanismen, Kampf um Kontrolle, Verlust der Realität, Beeinträchtigung allere Potentiale der Persönlichkeit."

Für eine bildhafte Darstellung von Co-Abhängigkeit und ihrer Entwicklung zu verschiedenen Ausprägungen erscheint mir ein Kontinuum geeignet, auf dem sowohl sporadisch als auch gewohnheitsmäßig co-abhängiges Verhalten Platz hat sowie Co-Abhängigkeit, die zwanghaften Charakter hat, bis hin zur Störung der Persönlichkeit, wie sie von Cermak beschrieben ist. Obwohl die Übergänge fließend erscheinen und die Unterschcidungen zunächst gradueller Art sind, ist es möglich, eindeutige Zuordnungen zu den genannten großen Kategorien vorzunehmen.

Diese Gesamtentwicklung ist durch zwei gegenläufige Prozesse charakterisiert. Erstens durch die Eskalation im Kampf um die Kontrolle – auch als verzerrte Beziehung zur Willenskraft bezeichnet: Die Betroffenen sind davon überzeugt, ihre Probleme bzw. die Sucht der abhängigen Person mit Hilfe ihrer Willenskraft unter ihre Kontrolle bringen zu können. Dabei nimmt die subjektiv empfundene Bedeutung dieser Willenskraft immer mehr zu. Co-Abhängige durchlaufen den gleichen Prozeß, den Bateson im Hinblick auf die Beziehung zwischen Alkoholiker und Alkohol beschrieben hat. Zweitens nimmt die subjektiv empfundene Möglichkeit der co-abhängigen Person, eine Entscheidung treffen zu können bzw. Verhaltensalternativen zu haben, immer mehr ab.

Schließlich ist keine Weiterentwicklung mehr möglich, sondern die co-abhängige Person befindet sich in einem Circulus vitiosus: Sie versucht, immer mehr der vermeintlich notwendigen Willenskraft aufzubringen, um das als ihren persönlichen Mißerfolg erlebte süchtige Verhalten des Abhängigen doch noch unter ihre Kontrolle zu bekommen. Die Entwicklung bis zu diesem Kreislauf ist in Abbildung 7 dargestellt.

Diese Darstellung in Form einer Spirale, deren Windungen immer mehr Raum einnehmen, erscheint mir besonders geeignet, weil die Entwicklung co-abhängigen Verhaltens kontinuierlich und gleichförmig – ohne Sprünge und Brüche – erscheint, jedoch in einem geschlossenen Kreislauf endet. Co-abhängiges Verhalten entwickelt sich durch dauerndes Wiederholen entsprechender Verhaltensweisen, wobei im Laufe der Zeit auch eine Steigerung zu beobachten ist, – beides ist in Form der Spirale wiedergegeben. Die Übergänge sind fließend, doch können verschiedene Ausprägungsgrade in verschiedenen Phasen der Spirale unterschieden werden.

In dieser Darstellung sind die verschiedenen Ausprägungen der Co-Abhängigkeit daran orientiert, ob die Möglichkeit zur Entscheidung empfunden wird. Demnach ergeben sich folgende Phasen:

1. Sporadisch co-abhängiges Verhalten

Hier wird eine Entscheidung als möglich empfunden, jedoch nicht immer bewußt getroffen: „Ich mache das jetzt, aber immer will ich das nicht."

2. Gewohnheitsmäßig co-abhängiges Verhalten

Eine Entscheidung wird zwar als möglich empfunden, sie wird jedoch nicht als solche erwogen bzw. getroffen: „Ich mache das eben so, das fällt mir gar nicht mehr auf, ich denke nicht darüber nach."

Abbildung 7: Entwicklung von Co-Abhängigkeit

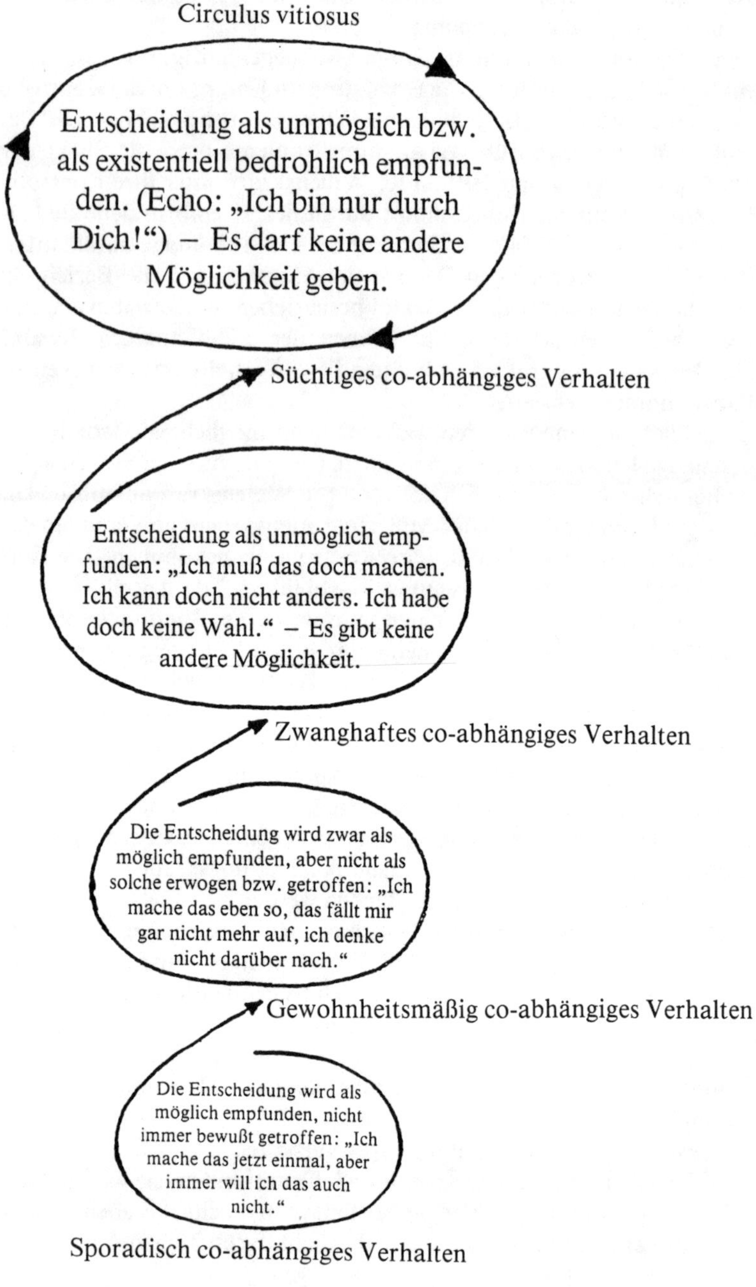

Circulus vitiosus

Entscheidung als unmöglich bzw. als existentiell bedrohlich empfunden. (Echo: „Ich bin nur durch Dich!") − Es darf keine andere Möglichkeit geben.

Süchtiges co-abhängiges Verhalten

Entscheidung als unmöglich empfunden: „Ich muß das doch machen. Ich kann doch nicht anders. Ich habe doch keine Wahl." − Es gibt keine andere Möglichkeit.

Zwanghaftes co-abhängiges Verhalten

Die Entscheidung wird zwar als möglich empfunden, aber nicht als solche erwogen bzw. getroffen: „Ich mache das eben so, das fällt mir gar nicht mehr auf, ich denke nicht darüber nach."

Gewohnheitsmäßig co-abhängiges Verhalten

Die Entscheidung wird als möglich empfunden, nicht immer bewußt getroffen: „Ich mache das jetzt einmal, aber immer will ich das auch nicht."

Sporadisch co-abhängiges Verhalten

3. Co-abhängiges Verhalten in der Ausprägung eines Persönlichkeitsmerkmals (zwanghaft)

Hier wird eine Entscheidung nicht mehr als möglich empfunden: „Ich muß das doch machen. Ich kann doch nicht anders. Ich habe doch keine Wahl." Für die Betroffenen hießt das: Es gibt keine andere Möglichkeit.

4. Co-Abhängigkeit als Störung der Persönlichkeit (süchtig)

Eine Entscheidung wird hier als nicht möglich bzw. als existentiell bedrohlich empfunden. Beispiel ist die Nymphe Echo: „Ich bin nur durch Dich." Für die Betroffenen heißt dies: Es darf keine andere Möglichkeit geben.

Diese Darstellung ist besonders zur Illustration einer co-abhängigen Entwicklung geeignet, die eine erwachsene und zunächst nicht co-abhängige Person in der Interaktion mit einem suchkranken Menschen durchlaufen kann: Mit ihrer Hilfe läßt sich aufzeigen, daß der Anfang einer co-abhängigen Entwicklung in vielen alltäglichen Entscheidungen begründet liegen kann, und wie sich der Kampf um die Kontrolle zunehmend auf das ganze Leben der co-abhängigen Person auswirkt, bis es keinen Ausweg mehr zu geben scheint. Natürlich muß diese Entwicklung nicht in jedem Fall bis zum letzten geschlossenen Kreis durchlaufen werden.

Personen, die bereits in einer suchtkranken oder anders belasteten Familie aufgewachsen sind, haben im allgemeinen einen wesentlichen Teil dieser Spirale durchlaufen, wenn sie als Erwachsene eine Beziehung eingehen. Wenn sich in dieser Beziehung Anzeichen einer süchtigen Entwicklung zeigen, so lassen sie diese Entwicklung zu bzw. unterstützen sie – sie sind dies schon gewohnt. Im extremen Fall sind sie in ihrer Persönlichkeitsentwicklung so beeinträchtigt, daß sie sich bereits gestörte Partner suchen, mit denen sie das alte Beziehungsmuster fortsetzen können, auch wenn sie sich dessen nicht bewußt sind.

Zur Verdeutlichung des familiären Geschehens insgesamt sowie der Entwicklung der einzelnen Rollen in der Familie bietet sich das Familienmobile an. Entsprechend dem Vergleich eines Familiensystems mit einem Mobile wird ein Mobile mit fünf Figuren gezeigt, das sich in Balance befindet. Ein Familienmitglied wird suchtkrank: Es erfährt eine spezifische Belastung. Um dies zu demonstrieren, wird diesem Familienmitglied im Mobile ein zusätzliches Gewicht – zum Beispiel in Form einer Flasche – angehängt oder aufgesteckt. Hierdurch gerät die ganze Familie aus dem Gleichgewicht. Nun kann gezeigt werden, daß die anderen Familienmitglieder ihrerseits spezifische Belastungen tragen, indem sie ihre Rollen übernehmen – auch sie erhalten zusätzliche Gewichte, bis die ganze Familie wieder in einem Gleichgewicht ist. Dieses ist jedoch durch die Belastung aller erkauft. Diese Belastungen bzw. Rollen bleiben erhalten, auch wenn nun die Flasche beim suchtkranken Familienmitglied wieder entfernt wird – die Familie gerät hierdurch nur erneut aus dem Gleichgewicht. Erst wenn alle Mitglieder ihre zusätzliche Belastung abgeworfen haben, kann eine neue Balance entstehen – sonst muß das süchtige Familienmitglied für Ausgleich sorgen, indem es wieder rückfällig wird oder sich auf andere Art „beschwert". Diese Demonstration, die ich in Glenbeigh kennengelernt und leicht variiert habe, hat sich als sehr verständlich und einprägsam erwiesen.

Die Darstellung des Familienmobiles ermöglicht, in jedem Rollenverhalten auch dessen Beitrag für die Balance der gesamten Familie ersichtlich zu machen und somit auch dessen Wert hinsichtlich der Loyalität gegenüber der Familie aufzuzeigen. Erfahrungsgemäß gibt diese Erkenntnis auch Betroffenen, die sonst nichts Positives an sich und ihrem Verhalten finden können, die Chance, sich in einem neuen Licht zu sehen – die Chance, doch ein Gefühl von Selbstwert zu entdecken.

Das Aufzeigen der positiven Aspekte im Verhalten von Co-Abhängigen ist für mich zum unverzichtbaren Bestandteil der Arbeit mit den Betroffenen geworden. Da diese von vornherein ein geringes oder gar kein Selbstwertgefühl haben, ist es nicht nur wenig nützlich, sondern ausgesprochen schädlich, wenn sie in ihren Gefühlen, schuldig, verrückt und für alles verantwortlich zu sein, noch unterstützt werden, indem sie primär erfahren, was sie alles verkehrt gemacht haben. Ich betone daher nochmals die wesentlichen Funktionen co-abhängigen Verhaltens als *Überlebensstrategie* – insbesondere von Kindern – in Familien, die von Chaos charakterisiert sind, als *loyales Verhalten* des einzelnen der gesamten Familie gegenüber – um nicht noch mehr Chaos zu schaffen, und als Verhalten, das auch die *Entwicklung und Intensivierung bestimmter Stärken* mit sich bringt.

Das Aufgeben solchen Verhaltens erfordert Trauerarbeit, macht Angst, macht unsicher, kann schließlich die vermeintliche Identität in Frage stellen. Dies ist unbedingt zu beachten. Wenn Betroffene sich sicher genug fühlen, können sie auch zu der Erkenntnis stehen, daß sie mit ihrem Verhalten die Sucht unterstützen und welchen „Gewinn" sie daraus ziehen. Schließlich geht es nicht darum, co-abhängiges Verhalten „auszumerzen". Bezogen auf die zwei Charakteristika der Spirale co-abhängiger Entwicklung sind die allgemeinen Ziele meiner Arbeit vielmehr, die Betroffenen dabei zu unterstützen, die Fähigkeit (wieder) zu erlangen, Entscheidungen zu treffen, statt süchtig, zwanghaft oder aus Gewohnheit heraus zu handeln. Hierzu gehört auch die Kapitulation – das Akzeptieren, keine Macht über das Verhalten des anderen zu haben, begrenzt zu sein. Diese ermöglicht eine realistischere Wahrnehmung der Dinge, „die ich ändern kann" und die Entwicklung einer entsprechenden Beziehung zur eigenen Willenskraft. Diese Ziele stecken einen groben Rahmen ab, innerhalb dessen die jeweils individuelle Entwicklung und die Situation der Betroffenen berücksichtigt werden muß.

14 „Den Frosch an die Wand werfen": Eine Interpretation des Märchens vom Froschkönig für Co-Abhängige

In den amerikanischen Selbsthilfegruppen für Angehörige von Suchtkranken wird folgende Geschichte erzählt: „Hast Du schon von der Frau gehört, die einen Frosch küßte? Sie hatte gehofft, er würde sich in einen Prinzen verwandeln – tat er aber nicht: Sie wurde auch ein Frosch."

In dieser Anekdote ist viel über das Wesen der Co-Abhängigkeit ausgesagt. Die Illusion „wenn ich den Frosch küsse – also genug Liebe und Überwindung aufbringe –, wird er so werden, wie ich ihn haben will" steht im krassen Gegensatz zur Realität: Denn stattdessen wird die Co-Abhängige dem Abhängigen immer ähnlicher und verwandelt sich selbst in den „garstigen" Frosch, wie er im Märchen der Gebrüder Grimm beschrieben wird.

Im Märchen vom Froschkönig wirft die Prinzessin den Frosch an die Wand, und er verwandelt sich in einen Prinzen. Der Psychotherapeut Hans Jellouschek, der vor allem mit Paaren arbeitet, hat dieses Märchen im Hinblick auf die Partnerschaft von Mann und Frau interpretiert. Verschiedene Aspekte seiner Interpretation haben sich in meiner Arbeit als ausgesprochen nützlich erwiesen, um Beziehungsmuster verstehbar zu machen, die auch bei Sucht und Co-Abhängigkeit auftreten.

Jellouschek (1985) weist auf die Bedürftigkeit hin, die sowohl die Prinzessin als auch den Frosch charakterisiert. In der Umgebung der Prinzessin fehlt das mütterliche Element, es gibt nur Schwestern und einen König-Vater. Der Frosch ist eigentlich ein Prinz – ein Prinz für seine Mutter, die in dieser Interpretation den Sohn braucht, da sonst das männliche Element in ihrem Leben fehlt. Sie läßt ihn deshalb nicht gehen, sondern straft ihn für seine Ablösungstendenzen, so daß er unter Schuldgefühlen und mangelndem Selbstwert leidet. „So lieb ihn seine Mutter hatte, in diesem Sinne war sie eine ‚böse Hexe', ihr Festhalten wurde für ihn zum Bannfluch, der ihn in den Brunnen verbannte, in den tiefen Brunnen der Depression und Selbstabwertung" (a.a.O., 34). Aus der Sicht des Therapeuten haben also Frosch und Königstochter in ihrer Herkunftsfamilie die Rolle des „braven Kindes" übernommen. Sie könnten somit auch als Held und Heldin nach Wegscheider angesehen werden. „Der Frosch-Mann war so ein kleiner Prinz und Helfer für seine Mutter, ... während die Prinzessin-Frau sich bemüht, das Prinzeßchen für ihren Vater zu sein" (a.a.O., 36). Beide haben also gute Chancen, co-abhängig zu sein bzw. zu werden.

Die Prinzessin gerät in Not: Ihre goldene Kugel fällt in den Brunnen. Eigentlich steht hier eine Veränderung an – das Leben ohne das „liebste Spielzeug", von Jellouschek als Abschied von der Kindheit gedeutet. Aber diese Szene kann auch allgemein als eine Lebenssituation gesehen werden, zu deren Bewältigung Veränderung und Anpassung nötig sind. Die Königstochter jedoch will die alte Situation wieder herstellen und entwickelt dabei Verhaltensweisen, die in ihrer Gesamtheit als co-abhängig interpretiert werden können.

Aber auch der Frosch ist in Not. Er wünscht sich nichts sehnlicher, als aus seinem Brunnen herauszukommen. Da scheint sich in Gestalt der weinenden Prinzessin eine Chance anzubieten, daß er sich wirklich nützlich machen kann. Er hat das Muster gelernt „Nur wenn ich helfe, werde ich geliebt", und für sich daraus abgeleitet „Wenn ich helfe, dann mußt du mich dafür auch lieben". Also bietet er seine Hilfe an – und nennt seine Bedingung: Er erwartet die Liebe der Königstochter dafür.

Hier beginnt nun auf beiden Seiten die selektive Ausblendung der Realität, die doch darin besteht, daß die alte Situation nicht wiederhergestellt werden kann – denn nun ist der Frosch mit im Spiel, darin, daß die Liebe – die der Frosch sich ausbedingt – nicht erzwungen werden kann, und die Königstochter etwas verspricht, was sie nicht halten kann: „Ach ja, ich verspreche Dir alles, was Du willst, wenn Du mir nur die Kugel wiederbringst."

In der Sehnsucht nach dem, was sie sich so sehr wünschen, lassen beide die Illusion der Übereinstimmung entstehen, und beide manipulieren, ohne es wahrhaben zu wollen. Illusion – Verkennung der Realität – und Manipulation sind typisch für Co-Abhängigkeit, und Co-Abhängige sind Frosch und Prinzessin zugleich – sowohl Retter als auch Opfer als auch Verfolger, wie im weiteren Verlauf ersichtlich wird.

Die Prinzessin scheint zunächst ihr Ziel, den alten Zustand wieder herzustellen, erreichen zu können: Der Frosch bringt ihre goldene Kugel zurück und sie läuft ihm damit davon ins väterliche Schloß. Doch die Sehnsucht des Frosches läßt ihn große Leistungen vollbringen – will er sich doch die versprochene Liebe abholen. So folgt er der Königstochter und verlangt die Einlösung des Versprechens.

Nun scheint sich das Blatt zugunsten des Frosches zu wenden, denn er erhält Unterstützung durch die königlich-väterliche Moral: „Moralische Grundsätze und logische Konsequenzen herrschen vor, es gibt keine Einfühlung in die konkrete Situation und kein Verständnis für die spezifische Lage. Wichtig ist nur, daß die Tochter ein braves Mädchen ist, das gut funktioniert und dem König-Vater Anlaß gibt, sich in einer überlegenen Position zu fühlen und in moralischer Rechtschaffenheit zu gefallen." (a. a. O., 64).

Die Königstochter gerät nun in die Klemme: Einerseits ist sie voller Abscheu und Ekel vor dem Frosch, andererseits hat sie ein schlechtes Gewissen, Schuldgefühle und Angst vor dem Vater. Nach außen hin verhält sie sich „brav" und unterdrückt ihre wahren Gefühle, denn sie hat ihre Familienregeln gut gelernt: Sie spricht nicht über Probleme und sie zeigt ihre Gefühle nicht. Sie ist perfekt, indem sie den Vater in seiner Position bestätigt und – Schritt für Schritt – ihr Versprechen „einhält". Sie ordnet ihre egoistischen Bedürfnisse denen von Frosch und Vater unter – und vor allem: Sie rüttelt nicht an der Situation.

So wird der ehemalige Retter, wie so oft, zum Verfolger, der die Prinzessin mit seinen Ansprüchen konfrontiert. Zunächst will er getragen werden, da er ja nicht so gut laufen kann wie die Königstochter. Unterstützt vom moralisierenden König zeigt er sich nach und nach in seiner unersättlichen Bedürftigkeit und will von der Prinzessin rundum versorgt werden. Wie es um diese steht, „was sie fühlt, ihre Angst und Verwirrung, das allerdings fällt dem Frosch alles gar nicht mehr auf. Es geht nur noch um ihn. (...) Aber auch die Prinzessin-Frau nimmt ihre Gefühle nicht wirklich ernst. Sie spürt, daß sie zu all dem, was da von ihr verlangt wird, doch gar nicht in der Lage ist. (...) Hier wäre eine andere Moral wichtiger als die der Prinzipien des König-Vaters, nämlich die Moral der Übereinstimmung mit sich selbst. Danach ist es unmoralisch, zu geben, was man nicht geben kann, auch wenn es der andere noch so dringlich verlangt. Beziehungen kommen dadurch nicht in Ordnung, sondern verstricken sich immer mehr, wenn einer, weil es der andere ja so dringend möchte, gibt, was nicht aus dem Herzen kommt, sondern aus dem schlechten Gewissen" (a. a. O., 69).

Hiermit spricht Jellouschek einen Prozeß an, den Wilson-Schaef (1986) als „Verlust der eigenen inneren Moral" bezeichnet – ein Merkmal von Co-Abhängigkeit, das durch Selbstbetrug, Verstrickung und Betrug an anderen gekennzeichnet ist. Schließlich will der Frosch erzwingen, daß die Königstochter ihn mit sich in ihr Bett nimmt und droht „Ich sags Deinem Vater". „Da ward sie erst bitterböse, holte ihn herauf und warf ihn aus allen Kräften an die Wand" – und der Frosch fiel als Königssohn herab.

In dieser Phase des Märchens zeigt der Frosch eindeutig süchtige Züge, die in seinen unersättlichen und erpresserischen Forderungen zum Ausdruck kommen. Die Prinzessin verhält sich ihm gegenüber co-abhängig, indem sie aus moralischer Verpflichtung, Angst und Schuldgefühlen heraus handelt – ihn so behandelt, wie er verlangt, obwohl es ihr innerlich vor ihm graust. „Liebe als moralische Verpflichtung, Liebe aus schlechtem Gewissen, das ist keine Liebe, sondern Vortäuschung falscher Tatsachen" (a.a.O., 67), ist die nüchterne Einschätzung Jellouscheks. In Beziehungen, in denen Sucht und Co-Abhängigkeit dominieren, ist die wahre Liebe – die ja durchaus einmal gegeben sein konnte – verkümmert, verschüttet und oft auch gestorben, manchmal hat es sie in diesen Beziehungen noch nie bzw. nur als Illusion gegeben. Die Königstochter merkt nun, daß ihr auch die „Vortäuschung falscher Tatsachen" nicht weiterhilft, denn die Forderungen des Frosches werden immer größer, je mehr sie ihnen nachkommt. Es sieht schließlich so aus, als gebe es keinen Ausweg mehr: Egal, was sie macht – es wird immer etwas Schreckliches daraufhin geschehen.

Entscheidend ist nun, daß die Königstochter an dieser Stelle aufhört, dem Schein – der Leugnung der Realität – den Vorrang zu geben vor dem, was ist: Sie bringt den Mut auf, ihre Wut zu zeigen, „häßlich" zu sein, zu ihren dunklen Seiten zu stehen – und findet sich damit selbst. Sie grenzt sich ab und bringt eindeutig zum Ausdruck: „So nicht mehr". Sie übertritt die Verbote des Vaters und getraut sich auch „unmoralisch" oder „böse" zu sein. Sie wagt es, andere zu verletzen und riskiert den Verlust dessen, was sie bisher als „Liebe" kennengelernt hat. Sie mutet dem Frosch und dem Vater zu, mit ihren Bedürfnissen allein zu bleiben und „läßt sich nicht durch die Frage bremsen, ob die das wohl aushalten werden. Sie denkt – endlich – auch an sich und bringt ihre eigenen Bedürfnisse kraftvoll zur Geltung. Dies wird oft nicht möglich sein, ohne wie sie bitter, böse und häßlich zu werden" (a.a.O., 87).

Wie sich herausstellt, hilft die Prinzessin genau mit diesem Verhalten dem Frosch, sich von seiner Verwünschung zu befreien und zu verwandeln. „Ihre Härte war nötig, um ihm weiterzuhelfen. Es ist ein wichtiges Ziel für Paare, konstruktive Härte gegeneinander zu lernen: sich abgrenzen, sich dem anderen zumuten, den anderen herausfordern" (a.a.O., 93). Konstruktive Härte ist nicht nur in der Partnerbeziehung notwendig, sondern auch zwischen Eltern und Kind. So ist „tough love" (etwa: Liebe, die hart ist) der Name einer Anleitung zur Selbsthilfe für Eltern, deren Kinder Drogen nehmen (York/York, 1980), und „tough love" ist in den USA zu einem bekannten Konzept geworden.

Sowohl für betroffene Eltern als auch andere Angehörige kann der Frosch – stellvertretend für die suchtkranke Person – schließlich zur Herausforderung werden, sich mit allen Seiten, auch den bisher so gern versteckten, kennenzulernen und anzunehmen. Er kann sogar Retter sein und zur Entdeckung der eigenen Kraft verhelfen, die genutzt werden kann, sich aus gesellschaftlichen, traditionellen und elterlichen „Aufträgen" zu lösen, zu sich zu finden, selbst zu bestimmen, welchen Sinn das Leben haben soll.

So beschrieb eine Mutter, wie sie sich durch jahrelange Arbeit im Elternkreis aus den engen althergebrachten Regeln ihrer Familie emanzipiert hat: „Früher hätte ich um vier Uhr nachmittags daheim sein müssen, heute bleibe ich – vielleicht bis zehn sogar. Ich bin auch zum erstenmal in meinem Leben in die Kur gefahren. Und in ein paar Wochen fahre ich mit zum Treffen mit anderen aus Elternkreisen – auch wenn meine Mutter dazu sagt ‚Muß das sein?' !" (Die zitierte Betroffene ist über 50 Jahre alt, lebt im selben Dorf wie ihre Mutter, die ihr Verhalten kommentiert.) Sie kam zwar alleine zum Arbeitskreis, berichtete aber, ihr Mann habe über sie mitgelernt. Eine andere Mutter sagte, über die Drogenabhängigkeit ihres Kindes habe sie neue Wege kennengelernt, die ihr Leben bereichern.

Helga R., die mit ihrem alkoholabhängigen Mann nach dessen Therapie das gemeinsame Leben wieder ganz neu aufbauen mußte, sieht die Bedeutung der Sucht bzw. ihres süchtigen Partners wie folgt (Merfert-Diete/Soltau 1984, 87): „Die Frage, wie mein Leben ohne meinen Mann aussehen würde, habe ich mir eigentlich in all den Jahren nie gestellt. Sie ist auch für mich nur sehr schwer zu beantworten. Ohne ihn und die Alkoholabhängigkeit würde ich sicher mein Leben nicht so bewußt leben wie heute. Ohne ihn würde ich sicher in den Tag hineinleben, wie die meisten Frauen in meinem Alter – Beruf, Familie, Haushalt und vielleicht ein kleines Hobby. Vielleicht gehörte auch ich zu dem Heer unzufriedener Frauen. Ohne ihn und die erlebte Abhängigkeit würde mein ganzes Leben und damit auch die Partnerschaft sicher nicht so zufrieden und ruhig verlaufen, wie ich dies z. Zt. empfinde. Ohne ihn hätte ich gewiß viel Schweres nicht erlebt, aber ich hätte auch sicher nicht gelernt, Verständnis für andere aufzubringen und ihre Schwächen zu tolerieren. Ohne ihn wäre es mir sicher nicht in den Sinn gekommen, die mir zuteil gewordene Hilfe an andere Hilfesuchende weiterzugeben und Aufklärungsarbeit über die Gefahren des Alkoholismus zu leisten."

Befreiung, Entwicklung und Bereicherung sind jedoch erst dann möglich, wenn die co-abhängige Person das Risiko eingeht, „den Frosch an die Wand zu werfen". Im Märchen werden beide befreit –

der Frosch und die Prinzessin. Tatsächlich liegt auch in der Beziehung zwischen Abhängigen und Co-Abhängigen für beide eine Chance zur Genesung, wenn die co-abhängige Person Grenzen setzt – dies bedeutet jedoch keine Garantie, daß die abhängige Person sich auch verändert. (Im Falle, daß die co-abhängige Person weiterhin den Frosch erträgt, könnte eher eine Garantie gegeben werden: Sie wird wie in der Anekdote selbst zum Frosch, nur hat sie keine Prinzessin, die sie herumträgt.)

Literatur

Ackermann, R. J.: Children of Alcoholics. A Bibliography And Resource Guide. Health Communications, Pompano Beach 1987

Alcoholics Anonymous: Alcoholics Anonymous. A. A. World Services, Inc., New York ¹1939

Alexander, B. K./Dibb, G. S.: Opiate Addicts and Their Parents. In: Family Process 14/1975, 499 – 514

Anderson, D. J.: Perspectives on Treatment – the Minnesota Experience. Hazelden Foundation, Center City 1981 a

Anderson, D. J.: The Psychopathology of Denial. Hazelden Foundation, Center City 1981 b

Angermeyer, C./Finzen, A. (Hg.): Die Angehörigengruppe – Familien mit psychisch Kranken auf dem Weg zur Selbsthilfe. Stuttgart 1984

Arbeitsgruppe Familientherapie und Sucht (Hg.): Vom Symptom zum System. Tagungsbericht. Kassel o. J.

Bachmann, C. H.: Kritik der Gruppendynamik. Frankfurt 1981

Balzer, B./Rolli, S.: Sozialtherapie mit Eltern Behinderter. Weinheim ²1979

Bateson, G.: The Cybernetics of › Self ‹: A Theory of Alcoholism. In: Psychiatry 34/1971, 1 – 18

Bateson, G.: Die Kybernetik des › Selbst ‹: Eine Theorie des Alkoholismus. In: Bateson, G.: Ökologie des Geistes. Frankfurt 1981

Bateson, M. C.: Mit den Augen einer Tochter. Reinbek 1986

Beattie, M.: Codependent no more. Hazelden Foundation, Center City 1987

Ben-Yehuda, N./Schindell, B. J.: The Addict's Family of Origin: An Empirical Survey Analysis. In: International Journal of the Addictions 16/1981, 505 – 525

Bepko, C./Krestan, J. A.: The Responsibility Trap. The Free Press, Macmillan Inc., New York 1985

Berenson, D.: Alcohol and the Family System. In: Guerin, P. J. (Ed.): Family Therapy: Theory and Practice. Gardner Press, New York 1976

Berger, H.: Fixersein als Lebensstil. In: Völger, G./von Welck, K. (Hg.): Rausch und Realität, Band 3, Reinbek 1982, 1207 – 1216

Berger, H./Reuband, K. H./Widlitzek, U.: Wege in die Heroinabhängigkeit. München 1980

Berkowitz, R. u. a.: Intervention bei Angehörigen von rückfallgefährdeten Schizophrenen. In: Angermeyer, M. C./Finzen, A.: Die Angehörigengruppe. Stuttgart 1984, 146 – 165

Bertram, W.: Angehörigenarbeit. Familientherapie für die psychiatrische Alltagspraxis. München ²1986

Biermann-Ratjen, E. M.: Frauenspezifische Probleme in der Psychiatrie. GwG Zeitschrift 70/1988, 5 – 13

Binion, V. J.: A Descriptive Comparison of the Families of Origin of Women Heroin Users and Non-Users. In: National Institute on Drug Abuse: Addicted Women. Washington, D. C. 1979

Black, C.: It Will Never Happen To Me! Printing and Publications Division, Denver 1981

Blechman, E. A.: Conventional Wisdom about Familial Contributions to Substance Abuse. In: American Journal of Drug and Alcohol Abuse 9/1982, 35 – 53

Blechman, E. A./Berberian, R. M./Thompson, W. D.: How Well Does Number of Parents Explain Unique Variance in Self-Reported Drug Use? In: Journal of Consulting and Clinical Psychology 45/1977, 1182 – 1183

Bösch, H./Bickel, P./Uchtenhagen, A.: Familiäre Verhältnisse von Drogenabhängigen und ihre Beziehung zur aktuellen Situation. In: Social Psychiatry 14/1979, 41 – 47

Boszormenyi-Nagy, I. u. a.: Unsichtbare Bindungen. Stuttgart 1981

Brakhoff, J. (Hg.): Kinder von Suchtkranken. Freiburg 1987

Brockman, J. (Ed.): About Bateson. Dutton, New York 1977

Bundesministerium für Jugend, Familie und Gesundheit (Hg.): Jugend und Drogen. In: Konsum und Mißbrauch von Alkohol, illegalen Drogen, Medikamenten und Tabakwaren durch junge Menschen. Bonn 1983, 50 – 85

Cermak, T. L.: Diagnosing and Treating Co-Dependence. Johnson Institute Books, Minneapolis 1986

Clayton, R.: Cocaine Use in the United States: In a Blizzard or Just Being Snowed? In: Kozel, N. J./Adams, E. H.: Cocaine Use in America: Epidemiologic and Clinical Perspectives. NIDA Research Monographs 61/1985, 8 – 34

Cleveland, M.: Familien und Drogenabhängigkeit von Jugendlichen: Strukturanalyse der familiären Rollen von Kindern. In: Familiendynamik 7/1982, 265 – 283

Coleman, S. B.: Incomplete Mourning in the Family Trajectory: A Circular Journey to Drug Abuse. In: Ellis, B. G.: Drug Abuse from the Family Perspective. NIDA, DHHS Publication, Washington, D. C. 1980, 18 – 32

Coleman, S. B.: Gruppentherapie mit den Geschwistern von jugendlichen Drogenabhängigen. In: Kaufman, E./Kaufmann, P. N. (Hg.): Familientherapie bei Alkohol- und Drogenabhängigkeit. Freiburg 1983, 142 – 161

Coleman, S. B./Davis, D. J.: Family Therapy and Drug Abuse: A National Survey. In: Family Process 17/1978, 21 – 29

Collado-Herrell, L. J.: Hispanic Family Factors and Drug Abuse. In: Ellis, B. G. (Ed.): Drug Abuse from the Family Perspective. NIDA, DHHS Publication, Washington, D. C. 1980

Cook, C.: The Minnesota Model in the Management of Drug and Alcohol Dependency: Miracle, Method or Myth? In: British Journal of Addiction 83/1988, 625 – 634 (I), 735 – 748 (II)

Deissler, K. J.: Beobachtungen und Gedanken zum ,bürgerlichen' Drogensüchtigen. In: Suchtreport 1/1986, 45 – 48

Deissler, K. J.: Geschwister als Opfer der Süchtigen in den Familien. ajs-informationen 2/1987, 8

Dell, P. F.: Klinische Erkenntnis. Zu den Grundlagen systemischer Therapie. Dortmund 1986

Deutsche Hauptstelle gegen die Suchtgefahren (Hg.): Familie und Sucht-erkrankung. Hamm 1977

Deutsche Hauptstelle gegen die Suchtgefahren (Hg.): › betroffen ‹ — Zeit-schrift zur Suchtwoche im ZDF 28. 9. – 2. 10. 1986, 7

Dörner, K.: Handwerksregeln für Angehörigengruppen. In: Dörner, K./ Egetmeyer, A./Koenning, K. (Hg.): Freispruch der Familie. Rehberg-Loc-cum 1982, 34 – 67

Dörner, K./Plog, U.: Irren ist menschlich oder Lehrbuch der Psychiatrie/ Psychotherapie. Wunstorf 1978

DSM-III — Diagnostische Kriterien und Differentialdiagnosen des ‚Diagno-stischen und statistischen Manuals psychischer Störungen‘. Weinheim 1986

Fawzy, F. J. u. a.: Family Composition, Socioeconomic Status, and Adoles-cent Substance Use. In: Addictive Behaviors 12/1987, 79 – 83

Fort, J. P.: Heroin Addicition among Young Men. Psychiatry 17/1954, 251 – 259

Frankl, V. E.: Das Leiden am sinnlosen Leben. Freiburg 1977

Friel, J. / Subby, R. / Friel, L. D.: Co-Dependency and the Search for Identity — A Paradoxical Crisis. Health Communications, Pompano Beach 1984

Gerdes, K./von Wolffersdorff-Ehlert, C.: Drogenszene — Suche nach Ge-genwart. Stuttgart 1974

Gierymski, T./Williams, T.: Codependency. In: Journal of Psychoactive Drugs 18/1986, 7 – 13

Glatt, M. M.: Gemeinsamkeiten und Unterschiede in der Therapie von Dro-gensüchtigen und Alkoholikern: Vor- und Nachteile der gemeinsamen Be-handlung. In: Wiener Klinische Wochenschrift 981/1986, 642 – 646

Glenbeigh Adolescent Hospital: Intern Notebook. Cleveland 1984/1985

Glynn, T. J. (Ed.): Drugs and the Family. NIDA, Research Issues Series 29/ 1981

Goode, E.: Drugs in American Society. Knopf, New York ²1984

Gray-Ellis, B. G. (Ed.): Drug Abuse from the Family Perspective. NIDA, DHHS Publication, Washington, D. C. 1980

Greenglass, E. R.: Geschlechterrolle als Schicksal. Stuttgart 1986

Haley, J.: Ansätze zu einer Theorie pathologischer Systeme. In: Watzlawick, P./Weakland, J. (Hg.): Interaktion. Stuttgart 1980, 61 – 84

Hallmeyer, R.: Alkoholismus und Co-Alkoholismus. In: Suchtgefahren 31/ 1985, 271 – 277

Harbin, H./Maziar, H. M.: The Families of Drug Abusers: A Literature Re-view. In: Family Process 14/1975, 411 – 431

Hargens, J.: Familien-System und Alkohol. In: Suchtgefahren 29/1983, 47 – 50

Harding, W.M.: Kontrollierter Heroingenuß – ein Widerspruch aus der Subkultur gegenüber herkömmlichem kulturellen Denken. In: Völger, G./ von Welck, K. (Hg.): Rausch und Realität. Band 3, Reinbek 1982, 1217 – 1231

Hessischer Sozialminister: Hessisches Programm zur Bekämpfung des Drogenmißbrauchs – Fortschreibung, Wiesbaden 1983

Huberty, C.E./Huberty, D.J.: Treating the Parents of Adolescent Drug Abusers: The Necessity for Marriage Counseling. In: Contemporary Drug Problems 5/1976, 573 – 592

Huberty, D.J./Huberty, C.E.: Sabotaging Siblings: An Overlooked Aspect of Family Therapy with Drug Dependent Adolescents. In: Journal of Psychoactive Drugs 18/1986, 31 – 42

Huberty, D.J./Malmquist, J.D.: Adolescent Chemical Dependency. In: Perspectives in Psychiatric Care XVI/1978, 21 – 27

Hubschmid, T./Kurz, C.: Das Elternkind. In: Familiendynamik 3/1986, 223 – 233

Jellouschek, H.: Der Froschkönig. Ich liebe Dich, weil ich Dich brauche. Kreuz Verlag, Zürich 1985

Johnson, V.D.: I'll Quit Tomorrow, Harper and Row, San Francisco 1980

Johnson, V.D.: Intervention. How to Help Someone Who Doesn't Want Help. Johnson Institute Books, Minneapolis 1986

Johnson Institute: Chemical Dependency and Recovery are a Family Affair. Johnson Institute, Minneapolis 1979

Jung, C.G.: Bewußtes und Unbewußtes. Frankfurt 1957

Jung, C.G.: Spiritus contra Spiritum. Briefwechsel zwischen W.G. Wilson und C.G. Jung. In: Weltweite Hilfe – Kirche – Diakonie – Gesellschaft. Informationen für die Gemeinden in Hessen und Nassau 2/1980, 15 – 18

Kaufman, E.: The Psychodynamics of Opiate Dependence: A New Look. In: American Journal of Drug and Alcohol Abuse 1/1974, 349 – 370

Kaufman, E.: Myth and Reality in the Family Patterns and Treatment of Substance Abusers. In: American Journal of Drug and Alcohol Abuse 7/1980, 257 – 279

Kaufman, E.: Family Structures of Narcotic Addicts. In: International Journal of the Addictions 16/1981, 273 – 282

Kaufman, E.: Family systems and Family Therapy of Substance Abuse: An Overview of Two Decades of Research and Clinical Experience. In: International Journal of the Addictions 20/1985 a, 897 – 916

Kaufman, E.: Substance Abuse and Family Therapy. Grune & Stratton, Orlando 1985 b

Kaufman, E.: A Workable System of Family Therapy for Drug Dependence. In: Journal of Psychoactive Drugs 18/1986, 43 – 50

Kaufman, E./Kaufmann, P.N. (Hg.): Familientherapie bei Alkohol- und Drogenabhängigkeit. Freiburg 1983

Kaufman, E./Kaufmann, P.N.: Vom psychodynamischen zum strukturellen familientherapeutischen Ansatz bei der Behandlung von Drogenabhängigkeit. In: Kaufman, E./Kaufmann, P.N. (Hg.): Familientherapie bei Alkohol- und Drogenabhängigkeit. Freiburg 1983 a, 45 – 60

Kaufman, E./Kaufmann, P.N. (Hg.): Therapie mit mehreren Familien von Drogenabhängigen. In: Kaufman, E./Kaufmann, P.N. (Hg.): Familientherapie bei Alkohol- und Drogenabhängigkeit. Freiburg 1983 b, 97 – 118

Kaufman, E./Pattison, E.M.: Differential Methods of Family Therapy in the Treatment of Alcoholism. In: Journal of Studies on Alcohol 42/1981, 951 – 971

Kellermann, J.: A Guide for the Family of the Alcoholic – Amerikanische Erstausgabe 1962. Deutsche Ausgabe: Al-Anon Familiengruppen Interessengemeinschaft e.V. (Hg.): Al-Anon Familiengruppen. Köln 1979

Kellermann, J.: Alcoholism – A Merry-Go-Round Named Denial. Amerikanische Erstausgabe 1968. Deutsche Ausgabe: Al-Anon Familiengruppen Interessengemeinschaft e.V. (Hg.): Alkoholismus, ein Karussell des Leugnens. Köln 1979

Kirschenbaum, M./Leonoff, G./Maliano, A.: Characteristic Patterns in Drug Abuse Families. In: Family Therapy 1/1974, 43 – 62

Klingemann, H. (Hg.): Selbsthilfe und Laienhilfe. Alternativen einer Gesundheitspolitik der Zukunft? ISPA-Press, Lausanne 1986

Köppl, B./Reiners, W.: Hilfen für Kinder von alkoholkranken Vätern. Freiburg 1987

Köttgen, C. u.a.: Therapie mit Angehörigen von jungen rückfallgefährdeten schizophrenen Kranken. In: Angermeyer, M./Finzen, A. (Hg.): Die Angehörigengruppe. Stuttgart 1984, 134 – 145

Kosten, T.R./Novak, P./Kleber, H.D.: Perceived Marital and Family Environment of Opiate Addicts. In: American Journal of Drug and Alcohol Abuse 10/1984, 491 – 501

Kozel, N.J./Adams, E.H.: Cocaine Use in America: Epidemiologic and Clinical Perspectives. NIDA Research Monographs 61/1985

Kübler-Ross, E.: Interviews mit Sterbenden. Stuttgart 1969

Kurtz, E.: Why AA Works: The Intellectual Significance of Alcoholics Anonymous. In: Journal of Studies on Alcohol 41/1982, 38 – 80

Kuypers, U. (Hg.): Familienbehandlung bei Suchtkranken. Freiburg 1980

Kuypers, U.: Bis daß der Tod uns scheidet? Selbsthilfe aus systemischer Sicht. In: Geier, R. (Hg.): Suchtkrankenhilfe – Perspektiven und Tendenzen. Freiburg 1986, 26 – 36

Laundergan, J.C.: Alcoholism Treatment Outcomes, Hazelden and the Minnesota Model. Hazelden Foundation, Center City 1983

Laundergan, J.C./Flynn, D./Gaboury, J.: An Alcohol and Drug Counselor Training Program: Hazelden Foundation's Trainee Characteristics and Outcomes. In: Journal of Drug Education 16/1986, 167 – 179

Lawson, G./Peterson, J.S./Lawson, A.: Alcoholism and the Family. Aspen Systems Corporation, Rockville 1983

Lazarus, H.: Selbst- und Elternbild bei Drogenkonsum. In: International Journal of Rehabilitation Research 1/1977, 71 – 79

Lazarus, H.: Objektive und subjektive Familienstruktur bei Drogenkonsumenten. In: Kutsch, T./Wiswede, G. (Hg.): Drogenkonsum. Einstieg, Abhängigkeit, Sucht. Königstein 1980, 116 – 125

Leroyer, M.: Ich bin die Mutter eines Fixers. Hallwag-Verlag, Bern 1980

Lipset, D.: Gregory Bateson: Early Biography. In: Brockman, J. (Hg.): About Bateson. Dutton, New York 1977, 20 – 53

Macdonald, D. J./Blume, S. D.: Children of Alcoholics: What Physicians Should Know. In: American Journal of Diseases of Children 140/1986, 750 – 754

Madanes, C./Dukes, J./Harbin, H.: Familiäre Bindungen von Heroinsüchtigen. In: Familiendynamik 1/1981, 24 – 43

Merfert-Diete, C./Soltau, R.: Frauen und Sucht. Reinbek 1984

Meueler, E.: Erwachsene lernen. Stuttgart 21986

Meyer, E.: Eltern im Drogenproblem. Frankfurt 1983

Meyer, E.: Mitbetroffen vom Drogenproblem – betroffen von der Hilfe. Selbsthilfe als letzter Ausweg. In: EK-Informationen 1/1984, 15 – 21

Meyer, E.: Damit aus Typen wieder Menschen werden. In: drogen-report 6/1985 a, 13 – 15

Meyer, E.: Möglichkeiten für eine Anwendung der Logotherapie in der Elternarbeit. In: EK-Informationen 2/1985 b, 5 – 14

Minuchin, S.: Familie und Familientherapie. Freiburg 1981

Minuchin, S./Fishman, H.C.: Praxis der strukturellen Familientherapie. Freiburg 1983

Nelson, C.E.: The Styles of Enabling Behavior. In: Smith, D.E./Wesson, D.R. (Eds.): Treating the Cocaine Abuser. Hazelden Foundation, Center City 1985, 49 – 71

Nelson, C.E.: Editor's Introduction. In: Journal of Psychactive Drugs 18/1986, 1 – 6

Niedersächsische Landesstelle gegen die Suchtgefahren (Hg.): Der Suchtkranke im Spannungsfeld von Familie, Arbeit und Freizeit. Hannover 1986

Noone, R.J./Reddig, R.L.: Case Studies in the Family Treatment of Drug Abuse. In: Family Process 15/1976, 325 – 332

Norwood, R.: Wenn Frauen zu sehr lieben. Die heimliche Sucht, gebraucht zu werden. Reinbek 1986

Possberg, H.: Familientherapie und Alkoholismus. Diplomarbeit an der Universität Bielefeld 1985

Projektgruppe Tudrop (Hg.): Heroinabhängigkeit unbetreuter Jugendlicher. Weinheim 1984

R. Helga: „Ich bin immer für ihn da". In: Merfert-Diete, C./Soltau, R. (Hg.): Frauen und Sucht. Reinbek 1984, 84 – 87

Reilly, D.M.: Drogenfamilien: ihre familiale Dynamik und eine Kurztherapie in drei Phasen. In: Kaufman, E./Kaufmann, P.N. (Hg.): Familientherapie bei Alkohol- und Drogenabhängigkeit. Freiburg 1983, 119 – 141

Rennert, M.: Bericht über einen Arbeitskreis mit Eltern und Angehörigen drogenabhängiger Jugendlicher. In: Kuypers, U. (Hg.): Familienbehandlung bei Suchtkranken. Freiburg 1980 a, 49 – 59

Rennert, M.: Elternarbeit – Ein Stiefkind der Drogenberatungsstellen? In: Suchtgefahren 26/1980 b, 189 – 194

Rennert, M.: Die Rolle der Beratungsstelle bei der Einleitung der Behandlung Suchtkranker. In: Keup, W. (Hg.): Behandlung der Sucht und des Mißbrauchs chemischer Stoffe. Stuttgart 191, 7 – 13

Rennert, M.: Familientherapeutische Ansätze mit Opiatabhängigen. In: Heckmann, W. (Hg.): Praxis der Drogentherapie. Weinheim 1982, 55 – 64

Rennert, M.: Die Behandlung minderjähriger Drogenkonsumenten in den USA. In: Forum Jugendhilfe 1 – 2/1986, 49 – 83. – Der gleiche Bericht ist unter dem Titel „Suchtbehandlung in den USA" bei Conecta Partner erschienen. Frankfurt 1986

Reuband, K. H.: Rauschmittelkonsum in der Bundesrepublik Deutschland. In: Völger, G./von Welck, K. (Hg.): Rausch und Realität. Band 3, Reinbek 1982, 1040 – 1051

Salmon, R./Salmon, S.: The Causes of Heroin Addiction – A Review of the Literature, Part II. In: International Journal of Addiction 12/1977, 937 – 951

Schaltenbrank, J./Schaltenbrand M./Reh, J.: Modellseminar mit Eltern drogenabhängiger Jugendlicher und Sozialpädagogen, die im Bereich der Alkoholprophylaxe tätig sind. In: Jugendschutz 27/1977, 38 – 42

Schlippe, A. von: Familientherapie im Überblick. Integrative Therapie, Beiheft 6. Paderborn 1984

Schlippe, A. von: Co-Abhängigkeit – Kritische Bemerkungen zum gleichnamigen Buch von A. Wilson-Schaef. In: systhema 1/1987, 46 – 48

Schmerl, C.: Drogenabhänigkeit. Kritische Analyse psychologischer und soziologischer Erklärungsansätze. Opladen 1984

Schuchardt, E.: Soziale Integration Behinderter. Braunschweig 1980

Schwartzman, J.: The Addict, Abstinence, and the Family. In: American Journal of Psychiatry 132/1975, 154 – 157

Seifert-Schröder, B.: Drogenabhängigkeit Jugendlicher: Problematik, Prävention, Elternarbeit. München 1983

Seixas, J./Youcha, G.: Children of Alcoholism. A Survivor's Manual. Crown, New York, 1985

Siegert, M. T.: Adoleszenzkrise und Familienumwelt. Frankfurt 1979

Skarabis, H./Becker, B.: Epidemiologische Untersuchung zur Schätzung des Umfangs und der Sozialstruktur der Heroinszene in Berlin (West). Berlin 1979

Smith, D. E.: Substance Use Disorders: Drugs and Alcohol. In: Goldman, H. H. (Ed.): Review of General Psychiatry. Lange Medical Publications, Los Altos 1984, 278 – 297

Smith, D. E./Milkman, H. B./Sunderwirth, S. G.: Addictive Disease: Concept and Controversy. In: Milkman, H. B./Shaffer, H. J.: The Addictions. Multidisciplinary Perspectives and Treatments. Lexington Books, Massachusetts 1985, 14 – 159

Stahl, C. D./Panzer, W.: Soziales Umfeld und Familiensituation bei drogengefährdeten Jugendlichen. In: Praxis der Kinderpsychologie und Kinderpsychiatrie 22/1979, 230 – 235

Stanton, M. D.: Family Treatment Approaches to Drug Abuse and Addiction. Guilford Press, New York 1982

Stanton, M. D./Todd, T. C.: Strukturelle Familientherapie mit Drogenabhängigen. In: Kaufman, E./Kaufmann, P. N. (Hg.): Familientherapie bei Alkohol- und Drogenabhängigen. Freiburg 1983, 61 – 83

Steinglass, P.: Familientherapie mit Alkoholabhängigen: Ein Überblick. In: Kaufman, E. und Kaufmann P. N. (Hg.): Familientherapie bei Alkohol- und Drogenabhängigen. Freiburg 1983 a, 165 – 199

Steinglass, P.: Ein lebensgeschichtliches Modell der Alkoholismusfamilie. In: Familiendynamik 8/1983 b, 69 – 89

Stiksrud, A./Margraf, J.: Familien mit drogenabhängigen Jugendlichen. In: Praxis der Kinderpsychologie und Kinderpsychiatrie 7/1982, 271 – 277

Stimmel, B.: Dependency on Mood-Altering Drugs: The Need for a Holistic Approach. In: Advances in Alcohol and Substance Abuse 2/1983, 1 – 7

Stosberg, K./Pfeiffer-Beck, M./Lungershausen, E.: Wege aus der Heroinabhängigkeit. Erlangen 1985

Subby, R.: Lost in the Shuffle. The Co-dependent Reality. Health Communications, Pompano Beach 1987

Subby, R./Friel, J.: Co-Dependency: A Paradoxical Dependency. In: U. S. Journal of Drug & Alcohol Dependency and Health Communications (Eds.): Co-dependency – An Emerging Issue. Health Communications, Pompano Beach, 1984, 31 – 44

Thamm, B. G.: Einzel- und Gruppenarbeit mit Eltern drogengefährdeter und abhängiger Kinder. In: Deutsche Hauptstelle gegen die Suchtgefahren (Hg.): Familie und Suchterkankung. Hamm 1977, 185 – 191

Tiebout, H.: The Ego Factors in Surrender in Alcoholism. In: Quarterly Journal of Studies on Alcohol 15/1954, 610 – 621

Tikkanen, M.: Die Liebesgeschichte des Jahrhunderts. Roman in Gedichten. Reinbek 1981

Uchtenhagen, A.: Die Familien Drogenabhängiger: Sozialpsychologische, psychodynamische und theoretische Aspekte. In: Familiendynamik 7/1982, 284 – 297

Uchtenhagen, A./Zimmer-Höfler, D.: Heroinabhängige und ihre ‚normalen‘ Altersgenossen. Verlag Paul Haupt, Bern 1985

Uchtenhagen, A./Zimmer-Höfler, D./Widmer, A.: Zum Familienhintergrund bei Drogenabhängigen. In: Drogenbulletin 15/1982, 4 – 13

Ungerleider, J. T./Andrysiak, T.: Changes in the Drug Scene: Drug Use Trends and Behavioral Patterns. In: Journal of Drug Issues 14/1984, 217 – 222

Vaillant, G. E.: A 12-Year Follow-up of New York Narcotic Addicts III. Some Social and Psychiatric Characteristics. In: Archives of General Psychiatry 15/1966 a, 599 – 609

Vaillant, G. E.: Parent-Child Cultural Disparity and Drug Addiction. In: Journal of Nervous and Mental Disease 142/1966 b, 534 – 539

Vaillant, G. E.: The Natural History of Alcoholism – Causes, Patterns, and Paths to Recovery. Harvard University Press, Cambridge 1983

213

Villiez, T. von: Familientherapie bei Alkolholismus, ein Leitfaden für die Literatursichtung. In: Suchtgefahren 31/1985, 71 – 75

Villiez, T. von: Sucht und Familie, Berlin 1986

Villiez, T. von/Reichelt-Nauscef, S.: Alkoholismus und Familie – ein kritischer Überblick zum Forschungsstand. In: Suchtgefahren 32/1980, 373 – 385

Völger, G./Welck, K. von (Hg.): Rausch und Realität. Drogen im Kulturvergleich. Reinbek 1982

Walcker-Mayer, C.: Leben aus zweiter Hand – weibliche Existenz durch männliche Abhängigkeit. In: Merfert-Diete, C./Soltau, R. (Hg.): Frauen und Sucht. Reinbek 1984, 80 – 83

Watzlawick, P./Weakland, J. H. (Hg.): Interaktion. Stuttgart 1980

Wegscheider, S.: The Family Trap. Nurturing Networks, Crystal, 1976

Wegscheider, S.: Another Chance – Hope and Health for the Alcoholic Family. Science and Behavior Books, Palo Alto 1981

Wegscheider-Cruse, S.: Choicemaking. Health Communications, Pompano Beach 1985

Welter-Enderlin, R.: Familienarbeit mit Drogenabhängigen. In: Familiendynamik 3/1982, 200 – 210

Williams, T.: Free to Care. Hazelden Foundation, Center City 1975

Wilson-Schaef, A.: Co-Abhängigkeit – nicht erkannt und falsch behandelt. Wildberg 1986

Woititz, J.: Adult Children of Alcoholics. Health Communications, Pompano Beach 1983

York, P./York, D.: Toughlove. A Self-Help Manual for Parents Troubled by Teenage Bahavior. Community Service Foundation, Sellersville 1980

Ziegler-Driscoll, G.: The Similarities in Families of Drug Dependents and Alcoholics. In: Kaufman, E./Kaufmann, P. N. (Eds.): Family Therapy of Drug and Alcohol Abuse. Gardener Press, New York 1979, 19 – 39

Zierholz, R. A.: Bekehrung oder der gewisse ‚Klick'. Die Anonymen Alkoholiker. In: Suchtreport 4/1987, 18 – 23

Die Autorin

Dr. Monika Rennert ist Diplom-Psychologin, Klinische Psychologin und Psychotherapeutin. Sie hat die Jugend- und Drogenberatung für den Main-Taunus-Kreis in Hofheim (Träger: Jugendberatung und Jugendhilfe e. V., Frankfurt) aufgebaut und bis Ende 1989 geleitet.

Ihre Arbeitsschwerpunkte sind Einzeltherapie (vor allem mit Frauen: Suchtmittelmißbrauch, Selbstwertproblematik, Eßstörungen, Co-Abhängigkeit, sexueller Mißbrauch) und Angehörigenarbeit (Familiengespräche, Angehörigenseminar, Öffentlichkeitsarbeit zur Situation der Betroffenen). Ihr besonderes Interesse gilt der Unterstützung von Selbsthilfeinitiativen und der Kooperation zwischen Professionellen (nicht nur in der Suchtkrankenhilfe!) und den Selbsthilfegruppen.